シリーズ 古代史をひらく

国風文化

吉村武彦
吉川真司
川尻秋生 [編]

シリーズ 古代史をひらく

国風文化

貴族社会のなかの「唐」と「和」

岩波書店

刊行にあたって

歴史を知ること、古代史を知ることの「面白さ」を伝えたい。本シリーズは、私たち編集委員のそうした思いからスタートしました。

幸い日本の古代史に関心を持つ人は多く、各地の遺跡や博物館は訪問者で賑わい、古代史をテーマとする書籍や情報も巷にあふれています。いっぽうで最新の研究の進展はめざましく、より精緻なものとなっているために、その成果を専門家以外の方と共有することが難しくなっていることも事実です。

しかし、新しくわかってきた歴史の実像を知ることの興奮や喜びは、他の何にも替えがたいものです。私たち研究者が日々味わっているこの「面白さ」を、「やさしく、深く、面白い」歴史叙述によってさまざまに「ひらく」ことを通じて、読者の皆さんにお伝えしたいと考えました。

本シリーズは「前方後円墳」「古代の都」「古代寺院」「渡来系移住民」「文字とことば」「国風文化」と、数ある古代史の論点のなかでも特に「モノから語る」ことに適したテーマ＝問題群ごとに各冊を編成しました。これらは、考古学・文学・日本語学・美術史学・建築史学など、隣接分野との緊密な連携なしに語れない問題群です。各分野で活躍中の執筆陣の参加を得て、多様な方向からできるかぎり具体的に、当時の社会や民衆のありように迫ることをめざしました。同時に、海外の信頼できる研究者に執筆を依頼して、国際的な観点からの新しい視角を紹介していきます。

さらにもう一つの特徴として、単なる研究成果の羅列にならないように、執筆者相互が原稿を読みあい、その問題群の面白さ、現段階での争点や未解決の論点、そして今後の研究の方向性などを話しあう「座談会」を各冊ごとに収録します。

全編をつうじて、従来の「古代史」の枠内に閉じこもるのでなく、そのテーマが日本史全体のなかでどういう意味を持つのか、つねに意識するように心がけました。「学際」「国際」「通史」という三方向の視点を併せ持つことで、これまでにない古代史のシリーズを創り上げ、未来に向けて「古代史をひらく」ことをめざします。

二〇一九年四月

編集委員
吉村武彦・吉川真司・川尻秋生

目次

＊　引用文・引用挿図の出典や本文記述の典拠などを示す際には、［吉川、二〇一二］のように略記し、その文献名・出版社・出版年などは各章末の文献一覧に示した。

〈国風文化〉への招待

吉川真司

国風文化のイメージ

平安時代の中期、おおむね一〇―一一世紀ころに発達した文化を「国風文化」と呼んでいる。国風文化という言葉を聞くと、すぐに平安貴族の優雅なくらしぶりが目に浮かんでくるだろう。寝殿造《しんでんづくり》の邸宅で華やかな遊宴が行なわれ、女房装束(いわゆる十二単《ひとえ》)を着飾った女性たちが居並ぶさま。それは『源氏物語』や『枕草子』といった王朝文学に綴られ、いくつもの絵巻物に描かれている。そうした作品には平仮名が使われ、流れるような和様《わよう》の書が美しさを添えた。平仮名は一〇世紀初めの『古今和歌集』のころには完成していて(**図1**)、それらの和歌は平安貴族たちの基本的な教養とされていた。また、彼ら・彼女らは浄土《じょうど》の教えを信じた。宇治平等院の鳳凰堂《ほうおうどう》、定朝《じょうちょう》が制作したその本尊・阿弥陀如来像《あみだにょらいぞう》は、この時代を代表する浄土教の造形である。

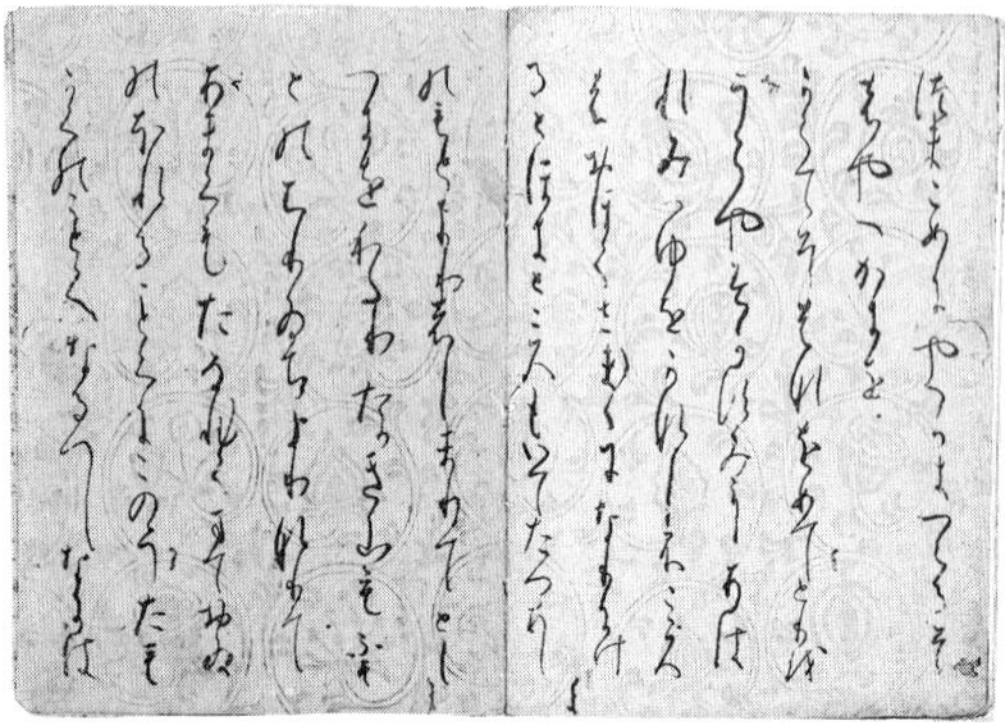

図1　元永本『古今和歌集』仮名序(ColBase: https://colbase.nich.go.jp/)

国風文化はこのように平安貴族社会のなかで生まれ、享受された。[1] 幅広い社会的基盤をもつ文化とは決して言えない。しかし、この時代の文学や美術や工芸は、後世に大きな影響を与えることになる。その意味で、国風文化は確かに日本の「古典文化」であった。

私たちは、国風文化を当然のように知っていて、「日本的な貴族文化」というイメージをもっている。それはなぜなのか。そう、学校で教わったからである。国風文化は中学校・高等学校の教科書で必ず記述されてきた。たとえば、次のように。

平安時代に入っても、遣唐使《けんとうし》の派遣はしばしばあったから、依然として唐《とう》文化の影響は大きかった。しかし、航海には危険が多く、唐が衰えて文化を学ぶ必要も少なくなったので、宇多《うだ》天皇の時代に遣唐使は停止された。[2] このため、い

(1) 平安貴族社会は一〇世紀後葉に確立し、天皇・キサキ・摂関《せっかん》・公卿《くぎょう》など、上級貴族(権門《けんもん》)の家が並び立つ秩序を基本としていた。権門には中下級貴族が家司《けいし》・女房として仕え、さらに身分の低い従者・従女もたくさんいた。家司・女房は受《ず》領《りょう》(国司《こくし》)やその妻として全国各地に赴くことがあり、従者たちは畿内近国の土《ど》豪《ごう》層でもあったから、国風文化の影響は思いのほか広い範囲に及んでいたようである。

(2) 「遣唐使の停止」は、「遣唐使の廃止」とされることが多いが(ニュアンスは同じ)、そうした理解は、現在では否定されている。寛平《かんぴょう》六年(八九四)には遣唐使の派遣を延期しただけであり、

ままで摂取してきた大陸文化は日本人の生活によく融合・同化され、制度・宗教・文学、さらに美術・工芸に至るまで、いずれも日本独特の発達をとげた。したがって、平安時代の文化の著しい特色は、外来文化の醇化《じゅんか》（純化して良いものにすること）と、国風文化の発達である。

これは一九三七年に発行された渡辺世祐《よすけ》『新制中学国史　上級用』（六盟館）の上巻「第五章　国風文化の発生」の一節を、今ふうの文章に改めたものである。このような記述は、さまざまな修正をほどこされながら、それから八〇年以上も中学・高校教科書に受けつがれ、生徒たちに国風文化の知識とイメージを与えてきた。

しかし、平安中期の文化をひとまとめにして理解することは、おそらく近代になって始まった思考態度である。また、それに「国風文化」という言葉が与えられたのは、昭和に入ってからのことであった。この『シリーズ古代史をひらく　国風文化』という書物を始めるにあたって、私は国風文化という考え方（国風文化論）の歴史をたどってみたいと思う。それこそが「国風文化とは何か」を考えるための準備体操になるからである。

中学校日本史教科書の「国風文化」

さきほど、一九三七年に渡辺世祐が書いた中学校教科書を紹介した。渡辺はその

そのまま中絶に至ったが、「廃止」されたのではない。それよりも、承和《じょうわ》五年（八三八）に入唐《にっとう》した「最後の遣唐使」以来、唐との国交が断絶していたことのほうが、文化史的にはずっと重要である。

五年前、『新制国史　上級用』（六盟館）という教科書でもほとんど同じことを述べていた。しかし、注目すべきことに、そこに「国風文化」という言葉は見えない。つまり、一九三二年に「国民文化の発達」とあっさり書かれていた部分が、一九三七年になって「外来文化の醇化と、国風文化の発達」に改められたのである。

その理由をさぐる前に、ひとつ確認しておきたい事実がある。かつては「国風文化」という言葉を使わなくとも、平安中期の文化がちゃんと説明されていたことである。「唐の影響を強く受けた文化から、日本独特の文化へと変わった」というふうに。このような考え方は、国風文化論の基本的な枠組みとして受けつがれていく。仮に〈古代文化変容論〉と名づけることにしよう。また、なぜ文化が変容したかという点については、ふつう三つの理由があげられてきた。すなわち、(1)唐との外交関係がなくなったこと、(2)平仮名が発達したこと、(3)藤原氏が繁栄したこと、の三点である。このうち(1)(2)は主として文学について、(3)は主として美術・信仰・生活について語られてきた。

このように、国風文化論はまず〈古代文化変容論〉があったところに、「国風文化」という言葉が貼り付けられたものなのである。そこで戦前の中学校日本史教科書を調べてみると、[3]〈古代文化変容論〉が二〇世紀初頭に広まったこと、「国風文化」という言葉は一九三七年に出現し、ほとんどの教科書で一斉に使われるようになった

（3）国立国会図書館・国立教育政策研究所教育図書館・広島大学図書館が公開している教科書デジタル画像で調査した。高等女学校などのものを含め、百数十冊のサンプル調査にすぎないので、さらに精査が必要である。なお、小学校教科書については、河上麻由子「国風文化と義務教育の教科書」（本書一五一頁のコラム）を参照されたい。

（4）『官報』三〇六八号（一九三七年三月二七日）。

ことがわかる。渡辺の『新制中学国史　上級用』もそうだったのだが、中学校教科書の用語が突如として「国風文化」にそろってしまうのは、いかにも不自然である。その理由としては、やはり文部省の検定方針を考えないわけにいかない。

文部省は一九三七年、訓令第九号で「中学校教授要目」を改訂した。このとき初めて、「国史」の教授要目に「国風文化」の語が用いられている。第一学年では「国風文化の発達」を教えることになった。第四・第五学年では「国風文化の発生」として、「外来の文物・制度が我が国民性に依りて漸次同化せられ、新なる日本的文化の発生するに至りし次第」を教授するよう定められた(4)。教科書もこの規定に即して、「国風文化」の語と新しい記述が求められたものと推察される。

一九三〇年代は軍国主義が高まり、国民の戦争動員が進められた時期であった。教育面では三五年に教学刷新評議会が設置され、翌年、「国体・日本精神の真義に基づく教学の内容の刷新」を答申した(5)。そこには「久しく我が国文化の中にあって我が国風に醇化せられたる東洋教学・東洋文化」を振興することや、「国史を貫く精神を闡明《せんめい》」することが盛り込まれていた。三七年の「中学校教授要目」はこれに基づいて、指導内容を詳しく定めたものである。そもそも「国風文化」という言葉は、一九三〇年に川上多助《たすけ》が初めて用いたものらしいが[川上、一九三〇／西村、二〇〇五]、文部省がそれを採ったとは限らない。むしろ、教学刷新評議会答申に「我

原文は片仮名を用いているが、平仮名に改めた）。このとき訓令第八号で師範学校、第一〇号で高等女学校、第一一号で実業学校の教授要目が改訂され、すべて「国風文化」の語が盛り込まれた。当時は中学校に加え、これら三種の学校が中等教育を担っていた。今回の教科書デジタル画像の調査は、これらの学校のものも含めて行なった。

（5）一九三六年一〇月二九日「教学刷新ニ関スル答申」（『近代日本教育制度史料』一四。原文は片仮名を用いているが、平仮名に改めた）。日本史関係の委員は三上参次、牧健二、平泉澄である。なお、この史料のことをはじめ、谷川穣氏からはさまざまな示教を受けた。

が国風」という言いまわしが三回も見えるので、こちらを意識した可能性がある。いずれにせよ、「国風文化」が中学校教科書に出現したとき、その語には「国体・日本精神」のイデオロギーがまとわりついていた。やがて四〇年代に入ると、教科書以外の歴史書にも「国風文化」の語が広まっていった。

一九四五年、アジア・太平洋戦争が終わった。「国風文化」は戦時体制期の文部省が採用・強制し、国体論的文脈に落とし込んだ言葉だったから、戦後は忌避されそうなものだったが、実際にはそうならなかった。戦後の学制改革により、旧制中学校は中学校と高等学校にわかれ、中学校が義務教育化された。新制の中学・高校でも日本史が教えられ、新しい教科書が作られる。そのなかに戦前の初級・上級の中学校教科書の用語を改めず、「国風文化」を使うものもあったのである。たとえば、中学校教科書では一九五一年の東京文理科大学歴史研究会編『私たちの歴史』(愛育社)、高校教科書では一九五〇年の史学会編『日本史概観』(山川出版社)など。(6)とは言え、戦後すぐには「日本風の文化」といった言葉を使い、〈古代文化変容論〉を記述する教科書のほうが多かった。「国風文化」にイデオロギー性を認めるかどうかが、用語選択の背景にあったのだろう。

やがて「国風文化」の語は定着していく。一九五五年度の『中学校学習指導要領社会科編』では「唐風文化と国風文化」の学習が指示され、翌五六年度の『高等学

(6) 一九五〇年前後の中学・高校教科書は、京都大学教育学部図書室・文学研究科図書館で調査した。中学が八点、高校が一〇点だけなので、サンプル調査の域を出ない。

校学習指導要領　社会科編』にも「いわゆる国風文化の成熟」が述べられている。その後も「国風文化」や「国風化」は学習指導要領に記載され、中学・高校の教科書記述に反映された。どこまでイデオロギー性があったのか、よく見きわめる必要があるが、ともあれ戦後の日本人はこうした教科書を通じて「国風文化」になじんできたのである。

国風文化論の源流

「国風」という言葉は、一八世紀から「日本風」という意味で使われてきた〔小沢、一九六二〕。「国風文化」という熟語は一九三〇年代に登場したが、すでに述べたように、その語を用いなくても「唐の影響を強く受けた文化から、日本独特の文化へと変わった」ことを語ることはできた。では、国風文化論の基本的枠組みである〈古代文化変容論〉はいつ、どのようにして生まれたのであろうか。

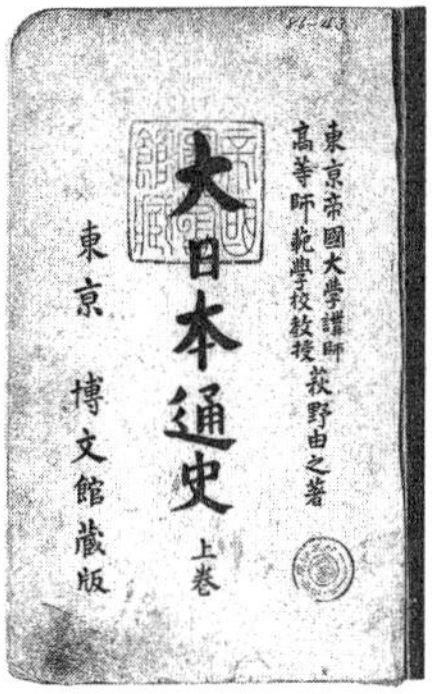

図 2 『大日本通史　上巻』(萩野由之，博文館，明治 31 年〈1898〉．国立国会図書館デジタルコレクションより)

私の知るかぎりでは、〈古代文化変容論〉を書物の形で最初に述べたのは萩野由之《よしゆき》(7)、一八九八年のことであった[萩野、一八九八、**図2**]。萩野は言う。九世紀前半までは「漢学」が盛んだったが、遣唐使の派遣をやめたため衰退していった。その反面で「国文学」が発達していくが、これは片仮名・平仮名の成立によるものである。書や絵画もそれに伴って「国風を樹立」した。また、藤原氏が権勢を打ち立てるにつれ、彫刻や織物、螺鈿《らでん》なども発達し、「純然たる日本風の工芸」となった。「国文学と美術とは彼我《ひが》調和してさらに一生面《いちせいめん》を開きたり」と書くように、「藤原氏摂関《せっかん》の時代」には文化全体が日本化し、新生したと萩野は理解した。まもなく彼は東京帝国大学に迎えられ、国史学を講義することになる。

ほぼ同じころ、美術史でも重要な著作が生まれつつあった。『稿本日本帝国美術略史』である[帝国博物館編、一九〇一]。これは一九〇〇年パリ万国博覧会に出品するため、帝国博物館で編纂され、同年にフランス語版、翌〇一年に日本語版が刊行された。もともと編纂主任だったのは岡倉天心(8)で、彼の構想に沿った時代区分がなされていた。このうち「藤原氏摂関時代」については、遣唐使の廃止と藤原氏の専権により、文化は「唐風の模倣」を脱し「国風のままに発展」した。それは国文学だけでなく、美術においても顕著だとして、絵画・彫刻・建築・工芸の優品を掲げながら、詳しい解説を行なったのである。この「最初の活字になった日本美術史」[高木、一九九五]も、明らかに〈古代文化変容論〉の立場をとっており、大きな影響

(7) 一八六〇—一九二四年。日本史学・日本文学の研究者で、東京帝国大学教授を務めた。著書は『日本制度通』など。

(8) 一八六二—一九一三年。本名は覚三。日本美術史研究の開拓者で、東京美術学校、日本美術院を創設した。著述は『岡倉天心全集』全一〇巻(平凡社、一九七九—八一年)にまとめられている。

を与えることになったのである。

『稿本日本帝国美術略史』の原型は、一八九〇年から三年間、岡倉天心が東京美術学校で行なった講義「日本美術史」にあった。学生の筆記ノートから講義内容が復原されているが〔岡倉、一九八〇〕、そこには〈古代文化変容論〉が完全な姿を見せている。ここで注目されるのは、岡倉がまず文学や書のことを述べ、それらが「日本風」に変じる際には、美術も同じようにならざるを得ない、と論じたことである。つまり、岡倉は日本文学史の議論を知っていて、それを文化全体の理解に及ぼそうとしたらしい。そう言えば、一八九〇年には三上参次《さんじ》[9]らが、日本最初の日本文学史教科書を刊行していた〔三上・高津、一八九〇〕。この教科書にも、(1)遣唐使廃止・(2)平仮名成立・(3)藤原氏専権によって漢文学が衰退し、国文学が隆盛をみたと書いてある。文化全体ではなく、文学に限られているとは言っても、三上らは確かに〈古代文化変容論〉を述べていたのである。

このように、〈古代文化変容論〉は一九世紀末期に誕生した。近代国家にふさわしい日本美術史・日本文学史が整えられたこの時期、おそらくは多面的な知的交流のなかで、平安文化に関する新しい理解が生み出され、総合化と定式化がなされたのであろう。私たちが知っている国風文化論の源流は、このあたりにあると思われる。

（9）一八六五—一九三九年。日本史研究者。重野安繹《やすつぐ》と久米邦武が去った東京帝国大学文科大学国史科を、萩野由之・田中義成とともに発展させた。史料編纂掛でも重要な役割を担った。

高度成長期までの国風文化論

「国風文化」という言葉がなくても、国風文化論は〈古代文化変容論〉として明治二〇年代には存在した。それは東京帝国大学や帝国博物館というアカデミズムの中枢で唱えられ、戦後まで受けつがれた支配的学説であった。

二〇世紀初頭には、萩野由之・三上参次・藤岡作太郎[10]・辻善之助[11]といった東京帝国大学教官が次々に中学校日本史教科書を出し、生まれたての〈古代文化変容論〉を盛り込んだ[12]。その記述はほかの教科書にも影響していく。〈古代文化変容論〉が急速に広まり、通説化したさまを見ることができよう。こうした中学校教科書は市民にも歓迎されたようだが、一般の歴史書でも西岡虎之助[西岡、一九二二]、栗田元次《もとつぐ》[栗田、一九二六]、川上多助[川上、一九三〇]、黒板勝美《かつみ》[黒板、一九三二]などが、〈古代文化変容論〉をそれぞれに変奏しつつ、すぐれた叙述を行なったのである。

しかし、歴史学界が〈古代文化変容論〉一色になったわけではない。たとえば、内藤湖南《こなん》[13]は国風文化の独自性をほとんど認めなかった[内藤、一九二四]。平安時代の国文学は漢文学の刺激によって興ったもので、絵画にも見るべきところがない。平安文化は中国文化の亜流にすぎず、そこから脱皮して文化的自覚に至るのは南北朝時代以後だというのである。内藤は日本文化を東洋文化の延長部分と考えており[増淵、一九八三]、それがこうした低い評価につながったものと思われる。

(10) 一八七〇―一九一〇年。日本文学研究者。『国文学全史　平安朝篇』(岩波書店、一九二三年)は名著の誉れ高い。日本史・美術史にも造詣が深く、岡倉天心の講義のノートには、藤岡が筆写して伝わったものがある。

(11) 一八七七―一九五五年。日本史研究者。東京帝国大学で長く史料編纂の任にあたり、国史科の教授も務めた。『日本仏教史』全一〇巻(岩波書店、一九四四―五五年)と『日本文化史』全一一巻(春秋社、一九四八―五〇年)は不朽の名篇。

(12) 発行順に、萩野由之『中学国史　一年級用』(冨山房、一九〇二年)、藤岡作太郎『日本史教科書　上』(開成館、

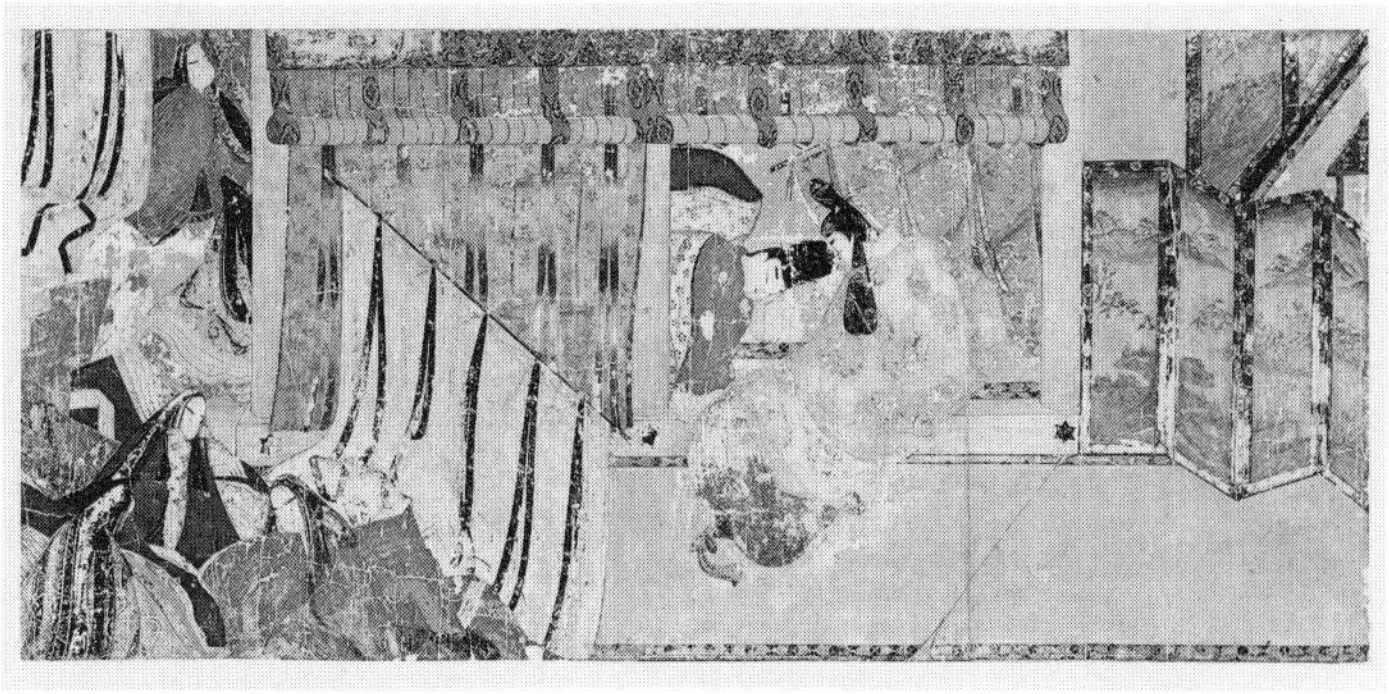

図3　「優美」か「惰弱」か．『源氏物語絵巻』柏木・二（徳川美術館所蔵，© 徳川美術館イメージアーカイブ／DNPartcom）

原勝郎《かつろう》⑭は、内藤とは異なった方向から国風文化を排撃した［原、一九〇六］。日本古代において、中国文化はせまい上流社会で皮相的に受容されただけである。国風文化はそうした旧弊を受けつぐ「懶《らん》惰《だ》と驕慢《きょうまん》と淫肆《いんし》」の文化であり、健全な武士勢力によって克服される運命にあった、と原は書いた。田口卯吉《うきち》『日本開化小史』［田口、一八七七］とさして変わらない論調である。ここでよく注意すべきは、平安貴族を遊興や恋愛にふける「惰弱」な存在と見なす思考が、戦前には根強くあったことである。国風文化を「優美」なものと高く評価する立場と、それは好対照をなすものであった⑮（**図3**）。

西田直二郎⑯は、国風文化を「第一のルネサンス」だと評した［西田、一九三二］。

一九〇二年）、辻善之助『新編国史教科書　初級用』（金港堂、一九〇三年）、三上参次『中等教科にほんれきし　上』（大日本図書、一九〇六年）。

（13）一八六六―一九三四年。東洋史研究者。本名は虎次郎。ジャーナリストから大学教官に転じ、桑原隲蔵《じつぞう》とともに京都帝国大学東洋史学講座の鼻祖となった。『内藤湖南全集』全一四巻（筑摩書房、一九六九―七六年）がある。

（14）一八七一―一九二四年。西洋史・日本史研究者。日本にヨーロッパのような「中世」を見出した『日本中世史』は、内田銀蔵『日本近世史』とともに近代史学を革新した。

平安中期になると私的関係が社会をおおい、古い「氏族制度の精神」がよみがえった。そこで日本古来の精神に基づく、中国の模倣でない文化が発達したというのである。西田は唐との関係には何もふれず、あくまで社会や精神の問題として文化変容を論じた。社会の変化を重くみるのは、三浦周行《ひろゆき》(17)の説を受けたものであろう〔三浦、一九二七〕。しかし、精神云々の観念論は「外来文化の模倣を去って国民精神にかなうところの和様への自《おのずか》らなる動き」が「世界にも類例稀なる高次なる」平安時代の文化を生み出したと讃える、文部省『国史概説』(18)の国体論的言説につながっていった。

はからずも京都帝国大学の東洋史・西洋史・国史教授の論説がならんだが、津田左右吉《そうきち》(19)が国風文化は「堅実な国民的文化」ではなく、国民的自覚という意味ももたないと評価したこと〔津田、一九一六〕、村岡典嗣《つねつぐ》(20)も国風文化を「日本文化の独立」とする見解を批判し、「唯美的現世享楽主義」の産物と突き放したこと〔村岡、一九三八〕を付言しておく。ただ、さまざまな議論があっても、国風文化論は通説としての地位を譲らなかった。戦後、一九五〇年代に「民族」「民族文化」が政治色をおびて議論されたため、国風文化を捉え直そうとする試みもあった〔河音、一九六二など〕。しかし、平安貴族社会に主眼をおく国風文化論は、高度成長期まで揺らぐことはなかったのである。

(15) 戦前は一〇世紀前葉～中葉の「延喜・天暦時代」をプラスに、一〇世紀後葉以降の後期摂関時代をマイナスに見る傾向があり、「惰弱」はことさら後者に適用された。平安貴族が政治的に退廃したため、武家政権が成立したとする考え方も一般的だった。「武士(中世)によって克服される貴族(古代)」という考え方は、戦後になってもさまざまな観点から変奏されていく。そのなかで、平安貴族社会で生まれた国風文化に価値を認めない、あるいは「優美」でない部分を評価しようとする傾向が残存したように思われる。

(16) 一八八六―一九六四年。日本史研究者。社会史を含み込んだ「文化

国風文化論の刷新

一九七〇年代、ちょうど高度成長が終わるころから、通説的な国風文化論への批判があいつぎ、理解の刷新がはかられていった。そのことは本書のいくつかの論考でも述べられるので、ここではごく簡略に紹介しておきたい。

先駆けとなったのは村井康彦である〔村井、一九七六〕。彼は、遣唐使が廃止されても中国文物は輸入されており、唐文化から離脱したとか、影響が稀薄化したとは言えないと考えた。また、九世紀の「国風暗黒時代」にもハレ(非日常)の場の漢詩、ケ(日常)の場の和歌という共存があり、そこから和歌が成長していくのは、漢詩の影響をうけ、平安京の都市化によって生まれた「雅《みやび》」の現われだとした。さらに「寄合《よりあい》」での和歌の制作、心情を吐露する「女日記」の成立などを評価し、中世文化への発展を見通してみせた。村井の議論は、「三浦周行―西田直二郎―林屋辰三郎」と続いた「文化の社会的研究」を受けつぎ、ワンパターンの国風文化論に反省をせまったものであった。

これをうけ、一九九〇年代には新しい国風文化論が登場する。まず注目されるのが、榎本淳一の研究である〔榎本、一九九二〕。彼は、中国海商《かいしょう》の役割を大きく評価する。唐との国交がなくなっても、海商のおかげで中国文物の輸入量が増えた。そ

史」を論じ、主著『日本文化史序説』は好評を博したが、戦時体制下では「日本精神」を称揚した。『京都史蹟の研究』は豊饒にして精緻な文化遺産研究。

(17) 一八七一―一九三一年。日本史研究者。法制史・社会史などの分野で先駆的研究を行なった。主著は『法制史の研究』正・続。

(18) 一九四三年、高等文官試験のために文部省が編纂した歴史書。国体論・皇国史観を宣揚する役割を果たした。

(19) 一八七三―一九六一年。日本・東洋思想史研究者。独特の文献批判によって記紀の叙述を否定し弾圧されたが、戦後

の結果、漢籍が広まり、その刺激を受けて仮名文学も発展した。中国文物は平安貴族の美意識にも影響をおよぼし、こうして国風文化が成立した、と述べたのである。これはどう見ても、村井説を「中国文物の大量摂取」という一点から尖鋭化させた考え方である。[21] その後、日本文学研究者の河添房江が議論を受けつぎ〔河添、二〇〇五など〕、西本昌弘が実証面で補完を試みたこともあり〔西本、二〇一五〕、榎本流の考え方は有力なものとなってきた。

しかし、榎本とはかなり違った理解も示されている。その基盤となったのが、やはり一九九〇年代に発表された美術史研究者・千野《ちの》香織の研究である〔千野、一九九三・一九九四〕。彼女が明らかにしたのは、〈唐〉と〈和〉が並立する構造であった。〈唐〉は中国的なもの、〈和〉は日本的なもの。国風文化ではこの両方が重んじられたが、単純に並立するのではない。〈唐〉は公・ハレ・男性性、〈和〉は私・ケ・女性性と結びつき、二項対立的な文化コードが機能したと述べる。[22] これまた村井説の発展形と言えようが、千野はジェンダー論に立脚しつつ、絵画・文字・建築から具体的に論を展開したのである。

千野説は、国風文化では〈唐〉の規範性が薄まり、〈和〉が生活に密着した文化要素として浮上した、と読むことができる。二〇一〇年前後から高まった榎本説への批判は、輸入文物を過大評価することを否定するとともに、千野の議論をいっそう深

の日本古代史研究に大きな影響を与えた。主著は『文学に現はれたる我が国民思想の研究』全四冊。戦後版は「我が」がなく、かなり修正されている。

(20) 一八八四―一九四六年。日本史研究者。本《もと》居宣長《おりのりなが》研究を始め、思想史の分野で画期的業績をあげた。主著は『日本思想史研究』全四冊。

(21) 遣唐使「廃止」後も中国海商が来航したことは、戦前の中学校日本史教科書でも記述されていた。一般書では、たとえば一九四二年の『日本文化大観』第一巻（紀元二千六百年奉祝会）が、事実関係については明晰な記述を行なっている。すなわち、最後の遣唐使が派遣された「仁明天皇

化させようとするものだった。佐藤全敏や皿井舞の研究がその代表である[佐藤、二〇〇八・二〇一七/皿井、二〇一二]。詳しい内容と新たな展開については、本書に収めた両者の論考によられたい。

実証的研究が進んだ現在、国風文化論はかえって混沌としてきたかに見える。しかし、榎本説をとるにせよ、とらないにせよ、確実に言えることがひとつある。それは、国風文化には〈唐〉と〈和〉の双方がしっかり組み込まれていた、ということである。「日本独自」の文化要素ばかりを評価するのは正しくない——明治以来の国風文化論を刷新する試みは、このような認識にたどり着いた。

これからの国風文化論

「国風文化」という言葉は、戦前に「国体・日本精神」のイデオロギーをまといながら登場した。しかし戦後も使われ続けて、すっかり定着しているのも事実である。生い立ちは不幸であったが、私には語義そのものがイデオロギー的だとも思えない。〈古代文化変容論〉が克服されつつある現在、〈唐〉〈和〉がそれぞれの役割をもって並立した、という新しい理解を盛り込んで、「国風文化」の語を積極的に使うこともできるはずである。(23)

とは言え、国風文化論にはさまざまな課題が残っている。私たちはこれから、何

の御代」の後、中国海商による貿易は「却って頻繁に行われた」。彼らがもたらした「珍奇なる物品がいたく貴族の欲望を満足せしめ、その文化生活を豊富にする」役割を果たした、とする。私は、輸入文物については、この程度の評価が妥当だと考える。ちなみに筆者は坂本太郎。

(22) 研究者によっては、〈唐〉を〈漢〉、〈和〉を〈倭〉と記すこともある。千野がこの二項対立を見出したのは、平安宮清涼殿の障子絵からであった。男性が侍候する公的エリアには唐絵、女性が侍候する私的エリアには倭絵が描かれていたのである(清涼殿については本書、佐藤全敏「国風文化の構造」を参照のこと)。私

を考えていく必要があるのだろうか。

第一に、国風文化の成立・展開・終焉をしっかり見きわめること。成立期としては、九世紀半ば(仁明《にんみょう》朝前後)と九世紀末(宇多朝前後)をどう位置づけるかが考えどころであろう。また、後期摂関政治が行なわれた一〇世紀後期〜一一世紀中期には、国風文化がさまざまな分野で展開するが、それらは成立期と比べ、どのような段差があったのだろうか。さらに国風文化がいつ、いかように終焉を迎えるかということも考える必要があり、それは日本中世文化の生成をどう見るかという問題と深くつながっている。

このような国風文化の動向を全体として捉えるためには、学際的研究が不可欠である。本書では、佐藤全敏が多分野を総覧する一方、皿井舞が美術作品、金光桂子が王朝文学、ブライアン・スタイニンガーが漢詩文について周到な分析を行なっている。

第二に、国風文化が生まれた要因をいっそう明らかにすること。国風文化論はその出発時点から、(1)唐との国交断絶、(2)平仮名の発達、(3)藤原氏の繁栄、の三つを成立要因と考えてきた。(1)については議論が深まっているが、これからは文物の輸入だけでなく、知識人や技術者の行き来による〈文化の直接的受容〉について深く考える必要があろう[吉川、二〇一四]。(2)では出土文字史料の増加がいよいよ期待さ

はもう一項目加えて、〈唐〉は「形式」、〈和〉は「実質」を示すものでもあったと考える。

(23) 「国風」文化を単に「日本風」の文化と捉えれば、いつの時代にもあったではないか、という批判も可能であろう。しかし、日本社会が圧倒的な中国文化を初めて受け入れ、八世紀半ば〜九世紀半ばに「唐風」全盛を迎えたことからすれば、それを前提に創造された〈唐〉〈和〉並立の「国風」文化は、やはり独自の意味をもつものである。

れる。[24]（3）は「平安貴族社会—摂関政治—国風文化」の相互関係、と大きく問題を立て直さねばならない。古代の終わりをどう考えるかという論点とも、それは直結しているのである［吉川、二〇一〇］。

第三に、比較史的検討を進めること。国風文化は、唐の衰退・滅亡とともに発生した、周辺国家の文化変容と見ることができる。〈唐〉〈和〉の並立は、そのことと深く関わる現象である。とすれば、日本以外の周辺国家・地域でも、それぞれに文化変容が起きていたのではないか。この問いはごく自然なものであろうが、これまで詳しい検討はなされてこなかった。本書に収めた河上麻由子の論考は、日本初の本格的な「古代文化変容の比較史」で、朝鮮半島・北部ベトナムとの比較は示唆に富む。今後はいっそう視野を広げ、唐文化の影響が少なかった中央アジアとの比較、さらには中国文化圏とインド文化圏の比較に及ぶことが期待される。[25]国際交流史は大切だが、比較史もまた重要なのである。

国風文化論はこれからも成長していくだろう。〈唐〉とは何か、〈和〉とは何か。アジアの変動のなかで生まれた文化が、日本の「古典」となっていったのはどうしてか。こうした問題を考えることは古代史を、日本史全体を見直すことにつながる。「優美」あるいは「惰弱」な国風文化のイメージも、そのなかで少しずつ変わっていくかもしれない。

（24）平仮名を書いた九世紀の墨書土器については、この「シリーズ古代史をひらく」の『文字とことば』（二〇二〇年）を参照されたい。

（25）カンボジア史について「国風文化」の語を用いた研究がある［石澤、二〇一三］。

引用・参考文献

石澤良昭、二〇一三年『〈新〉古代カンボジア史研究』風響社
榎本淳一、一九九二年「「国風文化」と中国文化」池田温編『古代を考える　唐と日本』吉川弘文館（『唐王朝と古代日本』吉川弘文館、二〇〇八年）
岡倉天心、一九八〇年「日本美術史」『岡倉天心全集』4、平凡社（平凡社ライブラリー、二〇〇一年）
小沢正夫、一九六一年『古今集の世界』塙書房
川上多助、一九三〇年『綜合日本史大系　第三巻　平安朝史上』内外書籍
河添房江、二〇〇五年『源氏物語時空論』東京大学出版会
河音能平、一九六二年「「国風」的世界の開拓」『講座日本文化史』2、三一書房
栗田元次、一九二六年『綜合日本史概説　巻上』中文館
黒板勝美、一九三二年『更訂国史の研究　各説上』岩波書店
佐藤全敏、二〇〇八年『平安時代の天皇と官僚制』東京大学出版会
佐藤全敏、二〇一七年「国風とは何か」鈴木靖民ほか編『日本古代交流史入門』勉誠出版
皿井　舞、二〇一一年「日宋交流と彫刻様式の転換」『新編森克己著作集』4、勉誠出版
高木博志、一九九五年「日本美術史の成立・試論」『日本史研究』400（『近代天皇制の文化史的研究』校倉書房、一九九七年）
田口卯吉、一八七七年『日本開化小史　巻一』自版（岩波文庫、一九三四年）
千野香織、一九九三年『岩波　日本美術の流れ3　10—13世紀の美術　王朝美の世界』岩波書店
千野香織、一九九四年「日本美術のジェンダー」『美術史』136（『千野香織著作集』ブリュッケ、二〇一〇年）
津田左右吉、一九一六年『文学に現はれたる我が国民思想の研究　貴族文学の時代』洛陽堂
帝国博物館編、一九〇一年『稿本日本帝国美術略史』農商務省
内藤湖南、一九二四年『日本文化史研究』弘文堂書房（講談社学術文庫、一九七六年）

西岡虎之助、一九二二年『日本文化史　平安朝中期』大鐙閣
西田直二郎、一九三二年『日本文化史序説』改造社(講談社学術文庫、一九七八年)
西村さとみ、二〇〇五年『平安京の空間と文学』吉川弘文館
西本昌弘、二〇一五年「「唐風文化」から「国風文化」へ」『岩波講座日本歴史5　古代5』岩波書店
萩野由之、一八九八年『大日本通史　上巻』博文館
原　勝郎、一九〇六年『日本中世史　第一巻』冨山房(平凡社東洋文庫、一九六九年)
増淵龍夫、一九八三年『歴史家の同時代史的考察について』岩波書店
三浦周行、一九二七年「平安朝の芸術に関する一考察」『仏教芸術』10(『日本史の研究　第二輯上』岩波書店、一九三〇年)
三上参次・高津鍬三郎、一八九〇年『日本文学史　上巻』金港堂
村井康彦、一九七六年「国風文化の創造と普及」『岩波講座日本歴史4　古代4』岩波書店
村岡典嗣、一九三八年『日本文化史概説』岩波書店
吉川真司、二〇一〇年「摂関政治と国風文化」京都大学大学院・文学研究科編『世界の中の『源氏物語』』臨川書店
吉川真司、二〇一四年「天平文化論」『岩波講座日本歴史3　古代3』岩波書店

国風文化の構造

佐藤全敏

はじめに

「日本」の歴史をどのように捉え、いかに語るべきか——。日本の歴史学の黎明期、歴史学者たちが煩悶するなかで、当時二八歳だった東京美術学校校長の岡倉覚《かく》三《ぞう》(天心《てんしん》)は、多くの古美術調査の経験と文献史料とを重ね合わせ、「日本美術史」を構想して講義した。するとその内容は、またたくまに各方面にひろまった。一八九〇年代初頭のころのことである〔岡倉、一九八〇／木下、二〇〇二〕。

「国風文化」とは「遣唐使が派遣されなくなったころより、それまで吸収していた大陸文化を消化し、日本の風土・好みにあったものに改変して生まれた文化である」。これは、現在の日本の高校や中学校の教科書にみられる国風文化の説明であるが、その骨子は、岡倉の講義によって作られたものであった。(1) それから一〇〇年あまりが過ぎ、途中一九三〇、四〇年代には、岡倉の学説がとりわけ国粋主義的に解釈され、利用もされたが、それでも彼の平安時代についての文化理解は、いまなお通説として生きている。

しかし、一九九〇年代以降の歴史学界では、国風文化について、これとずいぶん違った理解が影響力をもつようになっている。(2) そうした新しい理解の前提になって

(1) ただし岡倉は「国風」という語を使わず、「日本的」「日本風」としている。「国風」の語は、岡倉の構想をナショナリスティックに改変した『稿本日本帝国美術略史』(帝国博物館編、農商務省刊、一九〇一年、フランス語原版は一九〇〇年)のなかで姿を現す。

(2) 現在にいたる国風文化の詳しい学説史は、本書、吉川真司「〈国風文化〉への招待」を参照。

いるのは、「平安時代、遣唐使が派遣されなくなった後のほうが、日本・中国間の貿易は盛んであった」という歴史的な事実の再確認、そしてそうした事実の強調である。

そこから次のように説明される。国風文化とは「(遣唐使を派遣していた時代には)入手困難であったさまざまな中国の文物《ぶんぶつ》(3)を大量に摂取できるようになった」ことにより形成された文化であり、その意味で、「中国商船は「国風文化」誕生の物質的基盤を用意」したのである、と。そしてそこから、「国風文化」とは「中国文化の骨組みを利用して、その表面のみを日本的な装いに改めたもの」であり、「日本における中国文化の一種の大衆化」と捉えるべきであると主張される〔榎本淳一、一九九二／一九九七〕。これを受けて国文学の分野では、「国風文化」とは、「鎖国のような文化環境で花開いたものではなく、唐の文物なしでは成り立たない、ある意味では国際色豊かな文化」であった、と論じられたりもするようになっている〔河添、二〇〇七〕。

たしかに、これまでの優れた研究が教えてくれるように、遣唐使が派遣されなくなった一〇世紀以降になっても、中国の商人(中国海商《かいしょう》)たちが中国と日本との間を頻繁に往来し、「唐物《からもの》」と呼ばれる商品を日本に大量にもたらしていた。また一部の僧侶たちが、中国での聖地巡礼を目指し、海商の船に便乗して渡海していたこと

(3) 文化が生み出したもの。具体的には、法律・制度・学問・芸術・宗教など。

も事実である。

しかし、近年学界で流行している国風文化の捉え方は、はたして本当に正しいのであろうか。というのも、当時の日本国内の文化を丁寧に一つ一つ確認していくと、明らかに中国文化の影響が薄れているようにみえるからである。一九九〇年代以降の新しい国風文化論は何かがおかしい。二〇〇〇年代以降、疑問が次々と寄せられるようになっている。(4)

それでは研究の現段階で、国風文化はどのように捉えられるのだろうか。「平安時代における「日本」的とは何か」という問題とあわせ、再度考え直す時期がきているように思われる。本章では、前半の第1、2節で、国風文化が生まれる以前の様子をあつかい、後半の第3、4節で、国風文化を正面から取り上げることにする。「国風文化」と呼ばれる文化現象の「構造」と「成立過程」について、現在届く限りぎりぎりのところまで明らかにすること。それがここでの課題である。

(4) 年代順にあげると、[東野、二〇〇七/佐藤全敏、二〇〇八/吉川、二〇一〇/皿井、二〇一一/佐藤全敏、二〇一七/小塩、二〇一七]。

1　九世紀の文化のすがたⅠ――唐風文化の拡大

律令制国家の成立

国風文化が誕生する以前、日本の貴族社会の文化は「唐風《とうふう》」であったといわれる。

それでは、そもそもなぜ「唐風」であったのか。まずはこれをよりよく理解するため、国際社会のなかで「倭《わ》」と呼ばれていた国[5]が、律令制国家となるいきさつから確認しよう。遠回りなようであるが、国風文化を考える上で、のちに重要になってくるからである。

ときは飛鳥時代の七世紀半ばまでさかのぼる。当時、倭国をふくむ東アジア世界は、圧倒的な文明と軍事力をほこる唐のもと、強い緊張感に包まれていた（巻末図1参照）。六六〇年、倭国と同盟関係にあった百済《くだら》が、唐・新羅《しらぎ》連合軍によって滅ぼされると、その三年後には、倭国も朝鮮半島沿岸で同連合軍に壊滅的な敗戦を喫する（白村江《はくそんこう》の戦い）。

これ以降ヤマト政権は、唐・新羅の侵攻におびえつつ、これに対抗するため、唐のような中央集権体制を急いで築き始める。倭国が唐をモデルとする「律令制」を導入したのは、こうした抜き差しならない事情によるものであった［森、一九九八］。さらに倭国は、自分たちも唐のような「文明国」になることを目指し、朝鮮を通じて大陸文化を必死に学んでいく[6]。

そして、白村江の戦いから四〇年とたたない大宝《たいほう》元年（七〇一）、ついに体系だった律令（「大宝律令」）が完成し、「律令制」のしかれた唐風の中央集権国家が「日本」[7]でも姿を現す。中断していた遣唐使の派遣もこの年に再開され、ここから唐文化の

（5）「倭」は、自国内では「ヤマト」と訓読みされていた［吉田、一九九七］。

（6）この間、唐と新羅の間に対立が生じ、結局、倭国への侵攻はなかった。

（7）「倭」という国号も、六七四年から七〇一年の間に「日本」に改められていた［吉田、一九九七］。

直接的な導入が加速度的に進められる。
奈良時代の文化は、一般に「天平《てんぴょう》文化」と呼ばれる。この天平文化が「唐風」であり、その根本的な性格が「大唐帝国の文化を移植・受容した周辺文化」〔吉川、二〇一四〕であったのは、まさにこうした背景によるものであった。

「律令制」の展開

「律令制」と唐文化の導入は、九世紀にも継続した。かつては大宝元年(七〇一)に「大宝律令」が施行されると、そこで日本の「律令制国家」は「完成」したと理解されていた。そして奈良時代後半から平安時代前期にかけて、すなわち八世紀後半から九世紀にかけて、「律令制」は次第にゆるみ始め、一〇世紀に入って崩壊したと説明されることも多かった。

しかし現在は研究の進展により、少なくとも法制度という面においては、「律令制」は九世紀いっぱいは崩壊に向かうどころか、むしろ発展的に展開していたと捉えられるようになっている。以下、近年の理解をかいつまんで紹介しよう。

ポイントは「律令制」という言葉を、日本の律令条文に直接書かれてある制度だけでなく、日本がもともと模範として導入しようとしていた中国の律令制度全体や、さらにはその背後にある「礼」の理念(8)をも含むものとして定義し直し、これによっ

(8) ここでいう「礼」とは、中国の儒教にもとづく行動規範・社会秩序のこと。紀元前一世紀ころから、中国の国制は「礼」の秩序を基盤にしてデザインされていた。「礼」にもとづく儀礼が行われたほか、「律令制」も、礼の秩序を前提に形づくられた。

て日本の古代国家の成立過程を捉え返そうとする視点が生まれたことにある〔大隅、一九九五／大津、二〇一三〕。

そうした眼でみると、奈良時代の途中で、それまで輸入されていなかった唐の律令制度と似た制度が追加的に導入されていることが注目され、これは日本における「律令制」の拡充と捉えられることになる。また平安時代前期の九世紀を中心に、唐を参考にした「格式《きゃくしき》」や「礼」の制度が導入されているから、これは「律令制」の展開とみることができる。日本の古代国家が、法制度や理念という面で、どれだ

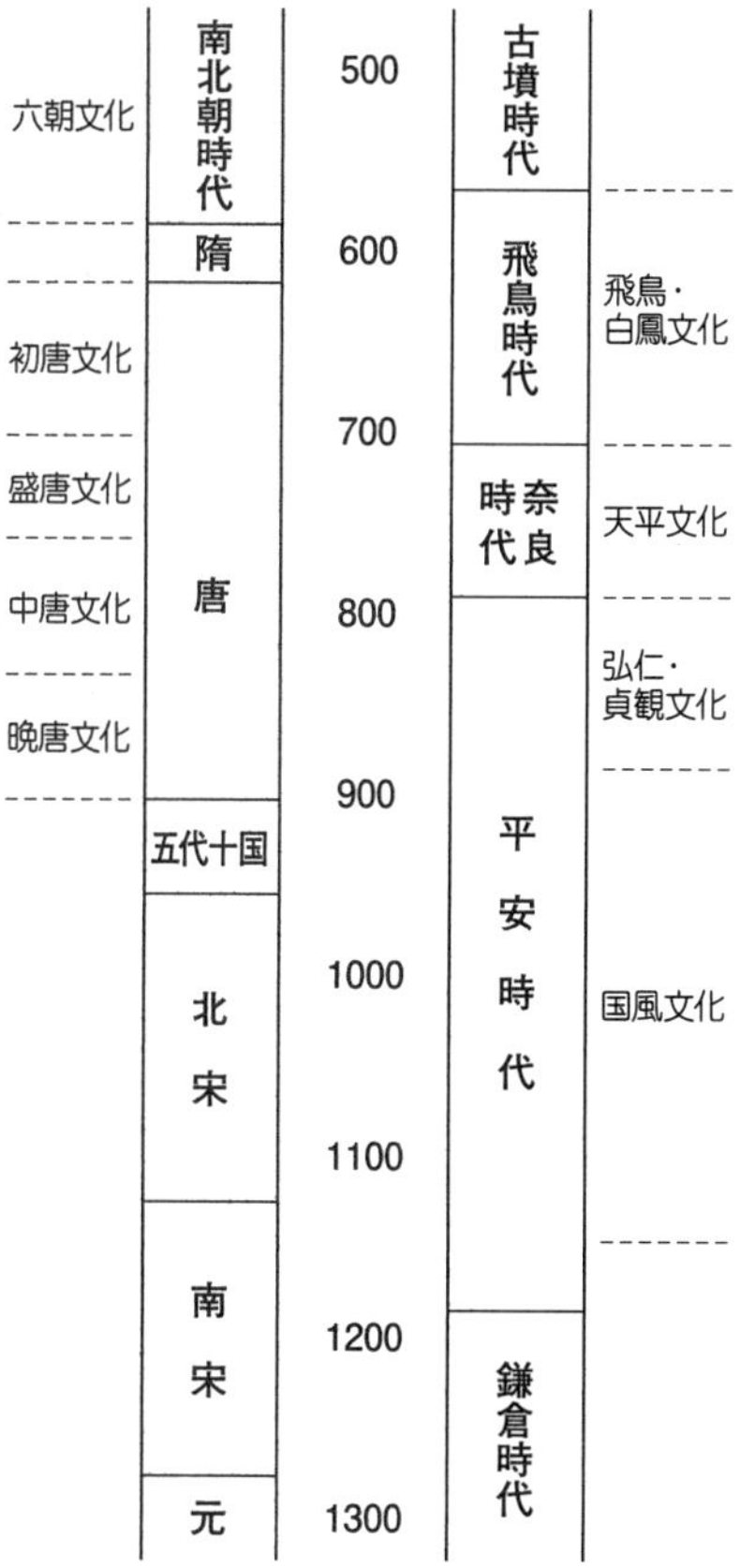

図1　時代対応年表(日本・中国)

け中国の律令制国家に近づいたか、という点に着目する考え方である。
やや教科書風になってしまうけれども、これをもう少し具体的にみていこう。

法典と儀礼の唐風化

たとえば法典のあり方に着目してみると、弘仁《こうにん》一一年(八二〇)に『弘仁格式』が編纂されている。(9) 実は中国では「律令」が編纂されると、あわせて「格式」がセットで編纂されることが多かった。日本でも「大宝律令」の施行から一〇〇年以上過ぎた九世紀前半になって、ようやく「格式」が作られるようになったのであった[大隅、二〇〇六]。法典編纂の面での唐風化の進展といってよい。九世紀後半の貞《じょう》観《がん》年間になると、この『弘仁格式』を補うために、さらに『貞観格』『貞観式』が編纂される。

ところで中国では、「律令」を編纂する際、「格式」だけでなく、多くの場合は儀礼書(儀礼のやり方を定めた書物)もセットで編纂された。これにより「律令」を支える「礼」の秩序も示されていたのである。九世紀の日本は、この点でも唐を追いかける。

早く奈良時代には、毎年、正月元日や五月五日、七月七日などの節日《せちにち》に、天皇が臣下に饗宴を賜う「節宴《せちえん》」が開かれていた。八世紀末になると、この「節宴」が唐

(9)「格式」のうち、「格」は「律令」(基本法典)を補足・修正する追加法令集、「式」は「律令」を実施するための細かいルール集。

(10) たとえば、儀式に参加する男女の衣服は唐風なものに改められ、天皇への拝礼の作法は七世紀以来の「四拝《しはい》・かしわ手」から、唐をモデルにした「再拝・舞踏」へと切り替えられている。臣

の「会《かい》」(朝廷行事にともなう宴会)を参考に改編され、「節会《せちえ》」として生まれ変わる。「節会」では、それまで「節宴」にあった「土俗的」な要素の払拭が図られたという[古瀬、一九九四]。

こうした唐風化が劇的に進んだのが、平安時代初期の嵯峨《さが》天皇の時代であった。弘仁九年(八一八)、朝廷儀式の唐風化が断行され⑩、朝廷の建物・門の名称も唐風なものに改められる。その上で、これらを規定した『内裏式《だいりしき》』という儀礼書が編まれた[西本、一九八七]。九世紀初頭の弘仁年間、嵯峨天皇のもとで、「朝廷の儀礼空間では唐風であることが正規である」という価値観が全面化したといえよう。

その後、九世紀半ば近くの承和《じょうわ》年間になると、遣唐使が持ち帰っていた唐の儀礼書を参考に、外国使節の応接マニュアルが整えられる。そして九世紀後半の貞観年間になると、唐の儀礼書の全体構成を参照した本格的な儀礼書が編纂される。書名を『儀式』という(『貞観儀式』とも)。

そもそも「貞観」という年号自体、唐の初期の皇帝・太宗《たいそう》の「貞観の治⑪」を意識したものであった。「礼」制度の導入という面からみると、日本の朝廷の唐風化は、ここに頂点を迎えたとみることができる⑫[大隅、一九九五/大津、二〇一三]。

その後も、ひろく唐風化を目指すことは、少なくとも九世紀末まで続いた。たとえば、唐には皇帝が臣下一人一人の意見を聴取する「議《ぎ》」という制度があったが、

下同士の拝礼のしかたも、「跪伏礼《きふくれい》」(土下座)から、唐と同じ「立礼《りつれい》」(立ったままのお辞儀)へと変えられた。

(11) 貞観の治とは、唐の第二代皇帝・太宗が、臣下の貴族たちの補佐を受け、安定した統治を行ったとされる世のこと(六二七—六四九年)。後世、理想化が進んだ。

(12) この貞観年間には、天皇の元服儀式も唐の儀礼を参考に実施されている。

(13) この宇多天皇は、自分で日記を書く際、崩れた日本風の漢文ではなく、中国古典の正しい文体で書こうと努力していたことがわかっている[佐藤全敏、二〇一五a]。

九世紀の日本の天皇はこれを追加的に導入し、九世紀末の宇多《うだ》天皇の時代まで実施している(13)[川尻、二〇〇二]。

このようにみてくると、九世紀の日本の貴族文化がとりわけ唐風となるのは、ある意味、当然であったと理解できよう。そこで次に、この九世紀の唐風文化、いわゆる「弘仁・貞観文化」と呼ばれる文化の実際を、ジャンルごとにざっとみていこう。

九世紀の漢詩文

まずは漢詩文から。漢詩文を作ることは、もともと中国文化の模倣そのものといえるが、九世紀になると、これが飛躍的に盛んになる。とりわけ漢詩文を愛好し、中国の思想や文物によって国家を統治しようとした嵯峨天皇は、「内宴《ないえん》」「重陽《ちょうようの》宴《えん》」という二つの宮廷詩宴を成立・復興させている。さらに研究が必要だが、これらは、唐の皇帝にならったものと考えてよいようである(14)[李、二〇一一など]。以後、この二つの詩宴は、日本の宮廷行事として定着する。

この嵯峨朝から次の淳和《じゅんな》朝にかけて、三つの勅撰漢詩文集も作られている。『凌《りょう》雲集《うんしゅう》』『文華秀麗集《ぶんかしゅうれい》』『経国集《けいこく》』である。そこに収められている漢詩をみると、六《りく》朝《ちょう》・初唐・盛唐(ならびにいくらかの中唐)(15)の詩の影響を、全面的に受けていることが

(14) 唐の第二代皇帝・太宗や、嵯峨と同時代の徳宗をモデルにしたと考えられる。

(15) 唐の文学・美術は、おおむね四つの時期に区分される[小川、一九五八]。「初唐」(六一八―七〇九年)・「盛唐」(七一〇―七六五年)・「中唐」(七六六―八三五年)・「晩唐」(八三六―九〇七年)。また、唐文化にさきだつ文化は、「六朝」(二二二―五八九年)に区分される(図1参照)。

(16) 奈良時代末から平安時代初期にかけて派遣されていた遣唐使がこれを可能にした。

(17) 王羲之は、四世紀の書家。初唐の第二代皇

わかる。奈良時代には六朝・初唐までの詩の影響どまりであったのに対し、この嵯峨天皇の時代には、盛唐・中唐の詩も受容されるようになったのであった⑯［小島、一九七三］。

その後、九世紀半ば近くの承和年間になると、同時代の唐で流行していた白居易《はくきょい》の詩がもたらされる。中唐に生まれた白居易の詩は、その後、日本の漢詩文の世界を大きく刷新していき［小島、一九七三］、九世紀末には菅原道真《すがわらのみちざね》のように、白居易の詩の圧倒的な影響のもと、高質な作品を生み出す文人たちも現れる。少なくとも九世紀末までは、日本の漢詩文の世界は、たしかに唐の状況を追いかけていたのであった。

九世紀の書と絵画

書の世界では、九世紀前半にいわゆる「三筆《さんぴつ》」と呼ばれる人々が現れる。空海《くうかい》・嵯峨天皇・橘逸勢《たちばなのはやなり》である［堀江、一九七五／石川、二〇〇二］。彼らは唐の書法、とりわけ初唐以来の流行であった王羲之《おうぎし》と欧陽詢《おうようじゅん》の筆法⑰の圧倒的な影響下にあったことが指摘されている。そうした傾向は、当時「三筆」以外の人々の間でも同様であったという。また八世紀までは、おおむね楷書・行書・草書だけであったのに対し、この時期には、遣唐使にしたがって唐で学んで帰国した空海により、「雑体書《ざったいしょ》⑱」・

帝・太宗がその書法に心酔し、以後、唐代だけでなく、中国の書史全体に決定的な影響をおよぼした。欧陽詢は、太宗の時代の書家。

(18) 雑体書とは、六朝時代に流行し、その後、唐代まで書かれていた特殊な書体。文字の字画を龍や蛇、鳥、雲、おたまじゃくし、水滴など、森羅万象の形で書き表す。

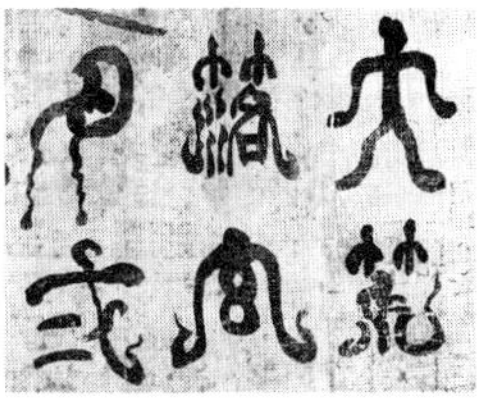
雑体書（空海「益田池碑銘」、部分）［空海の書刊行委員会編、一九七九］

図2　嵯峨天皇筆の光定戒牒（部分，延暦寺所蔵）［京都国立博物館編，2012］

「飛白体《ひはくたい》」(19)も伝えられている。これを受けて、さっそく嵯峨天皇は「雑体書」を取り込んだ書を書いている（**図2**）。

絵画の世界でも唐を追いかける。当時の絵画は、風景・風俗を描いた「世俗画」と、仏教関係の「仏画」に分けられる。このうち邸宅の衝立《ついたて》や屏風《びょうぶ》などに描かれていた世俗画は、八世紀に引き続き、技法・様式ともに唐のものをそのまま模倣したものであった。描かれるテーマも、やはり中国の風景や風俗であった。彼らがとりわけ好んで受容した画風は、緑青《ろくしょう》や群青《ぐんじょう》、あるいは金《こん》泥《でい》などを使用した、盛唐の「青緑山水《せいりょくさんすい》」系統のものであったという［米澤、一九六一／鈴木、一九七七］。

そうしたなか、九世紀後半に入るころより、技法・様式は唐の絵画のそのままに、テーマを日本の風景・風俗にして描くことが現れる。こうした絵画は「倭絵《やまとえ》」と呼ばれた。もっともこれ以後も、中国の風景や風俗をテーマにした絵画は並行して描かれ続け、これらは「倭絵」に対して「唐絵《からえ》」と呼ばれるようになっていく。こう

(19) 飛白体とは、雑体書の一種で、特に刷毛や木べらで書いたような書体。唐の第二皇帝・太宗の作品が残されている。

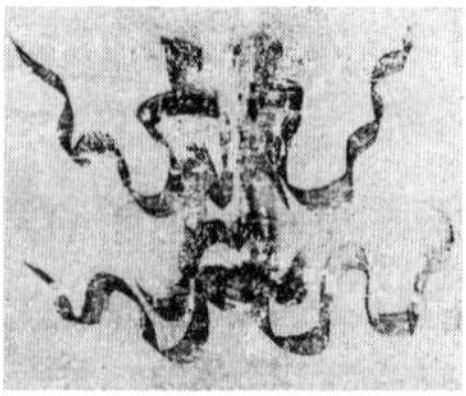

飛白体（空海「真言七祖像賛」、部分、東寺所蔵）［東京国立博物館編、二〇一九］

して彼らは、日本の風景・風俗を描くことを始めた。ただし、あくまで唐の技法と様式に拠ってであった。

一方、仏画では、九世紀前半の「高雄《たかお》曼荼羅《まんだら》」や、九世紀後半までに制作されたとみられる「伝真言院《でんしんごんいん》曼荼羅」(**図3**)が、現在まで伝えられる貴重な実例である。

図3　伝真言院曼荼羅〔胎蔵界〕(部分, 東寺所蔵)[『日本美術全集』7, 1991]

いずれも少し前に唐から持ち込まれていた曼荼羅図(原本)を手本に、これを描き写したものであって、それぞれ中唐と晩唐の作風を色濃く伝えているといわれている[有賀、一九九一]。ここでは、テーマ・技法・様式、すべてにおいて唐のあり方が遵守されていた。

九世紀の仏像と仏教信仰

仏像の作風でも同じことがいえる。この時期、唐から新しく運ばれてくる仏像を通じ、新しい作風が次々と摂取されている。たとえば八世紀半ばに鑑真《がんじん》一団が来日した際、木を彫って量感たっぷりに作る作風が伝えられたが、この作風は、その後、神護寺《じんごじ》の薬師如来《やくしにょらい》像や新薬師寺の薬師如来像(ともに八世紀末—九世紀初頭の制作、本書一六三頁、図4参照)に発展したかたちでみることができる[水野、一九九二]。また九世紀半ば近くには、東寺《とうじ》講堂の仏像群が完成するが、これらは中唐の最新密教を学んだ空海の構想によるものであった。その多くは、それまでの日本に存在していなかった外見をしている(**図4**)。さらに、空海の弟子たちの寺院でも新たに仏像が作られるようになるが、それらはまた、東寺講堂の像とは違った様式となっている[西川、一九七八](本書一六六頁、**図7**参照)。まだ謎は多いが、嵯峨天皇の皇后がかかわって、晩唐の様式が直接導入された可能性が高い。(20)

図4　東寺講堂の降三世明王像(東寺所蔵)[東京国立博物館編, 2019]

仏教信仰の面では、最澄《さいちょう》と空海という二人の僧が、九世紀の初頭、延暦《えんりゃく》の遣唐使にしたがって唐に渡り、帰国後、それぞれ天台《てんだい》宗と真言宗を開いている。そのうち

(20) 詳しい考証は別の機会に行いたい。

空海は、中唐の最新の密教を日本にもたらした。さらにその後、九世紀を通じて何人もの僧たちが、いまだ日本に伝わっていない仏の教え(とりわけ密教)を求めて次々と海を渡る。いわゆる「入唐求法《にっとうぐほう》」である。こうして九世紀後半まで、同時代の中国仏教が日本に導入し続けられる[曾根、二〇一五]。晩唐様式の曼荼羅が日本でみられるのは、彼らの努力の賜物であった。

九世紀の音楽・喫茶・薫物

国家的な儀式の場で奏演《そうえん》される「雅楽《ががく》」は、もともと七、八世紀に、中国・朝鮮・ベトナムなどの音楽を移入したものであった。九世紀になってからも、そのアップデートは続けられた。すなわち延暦・承和年間に派遣された二度の遣唐使が、盛唐期に再編された唐の宮廷音楽を伝え、貴族たちがその摂取に努めたことが明らかにされている[渡辺信一郎、二〇〇九]。こうして渡来音楽についての理解を深めた日本の貴族たちは、みずからの手で楽舞を改作し、新曲も作れるようになる。その創作のピークは、九世紀半ば近くの承和年間であるという[遠藤、二〇一三]。

九世紀前半には「茶」の文化も唐より伝わる。遣唐使とともに帰国したある僧が、唐の喫茶文化を日本に持ち込んで嵯峨天皇に紹介し、そこから朝廷周辺や寺院社会にひろがったらしい[村井、一九七九/橋本素子、二〇一六]。当時の漢詩のなかに、茶を煮る様子が登場する。(21) ほどなく天皇の近くでも茶が栽培・製造されるようになり、たとえば九世紀後半に成立した内裏の仏事では、僧侶たちに茶がふるまわれている。

香料（微細に砕いた香木《こうぼく》や樹脂など）を調合して香りをつくりだす「薫物《たきもの》」の文化も、やはり嵯峨天皇のころに始まっている。奈良時代には調合済みの薫香《くんこう》を輸入していたらしいが、この時期にいたり、自分たちの手で香料を処方・調合し、その方法を継承していく段階に入る。嵯峨天皇の周囲にいた上級貴族たちが、唐風の知的なたしなみとして開始したことが伝わっている［田中、二〇一二］。おそらく延暦年間の遣唐使が、処方・調合法を記した書物をもたらしたのだろう。

「唐風であることが正規である」という価値観

ここまで、九世紀における日本の貴族たちの文化を概観してきた。彼らは入手した唐の最新の文化に強い関心をもち、懸命に受容することに努めていた。唐への接近を目指すという点で、法制度や「礼」制度でみた傾向と一致している。特に嵯峨天皇は、統治者として、法制度や「礼」制度の唐風化を強力に進める一方、みずから唐風文化の担い手としてもふるまった。九世紀の日本の貴族社会では、国制（国家体制の枠組み）と文化とを問わず、「唐風であることが正規である」という価値観に貫かれていたということができるだろう。

(21) 唐代のお茶は茶を煮出して飲む方式であった（煎茶《せんちゃ》法）。これに対し、のちに一三世紀にひろまる宋代のお茶は、抹茶（粉末茶）にお湯を注いで飲む方式であった（点茶《てんちゃ》法）。

しかし、九世紀末になると、そうした価値観を維持しつつも、それとは異なる潮流も急激に現れてくる。ただしそのことを述べる前に、もう少し、九世紀全体の様子をみておくことにしよう。

2　九世紀の文化のすがたII——倭文化の生態

「倭」の文化

「唐風化」がまるで全面化したかのような九世紀の貴族社会において、それにそぐわない旧来の文化はどうなったのであろうか。そうした文化の関係資料は、唐風文化の陰に隠れてしまい、なかなか残されていない。ただ「和歌」と「琴歌《きんか》（絃《げん》歌《か》）」については、比較的資料が残されている。これらはいずれも、中国語による漢詩文とは違い、大和地方を中心とする、彼らの話し言葉（「倭言葉《やまとことば》」）によってうたわれる歌である[22]。

ここでは主に和歌を取り上げ、日本の従来の文化が、九世紀にどのように息づいていたかをさぐってみることにしよう。

その前に、天皇や貴族たちが、当時、自分たちの国のことをなんと呼び、どのように表記していたかを確認しておきたい。実は、七世紀後半に「日本」という国号

(22) 和歌は、『万葉集』の存在から知られるように、八世紀には盛んに詠まれていた。また琴歌は、弥生時代に発生した伝統楽器の「和琴」（やまとごと。「わごん」とも）のかなでるメロディにのってうたう歌であり、やはり日本列島の各地にみられた伝統的な文化であった。

が成立した後も、彼らは自国のことを「ヤマト」と呼び、「日本」という二文字を「ヤマト」と訓読みしていた〔吉田、一九九七〕。また書き記すときも、「日本」とするより、「倭」とするほうになじみ深さを感じていたこともわかっている（『釈日本紀』巻一「延喜講記」）。

いわゆる和歌は、現在「和歌」と表記されて「ワカ」とよまれているが、少なくとも一〇世紀までは「ヤマトウタ」と呼ぶのが一般的であり（『古今和歌集』仮名序など）、そのため表記も、多くの場合は「倭歌」となっている。それはまさしく、彼らが普段暮らしている「倭《やまと》」の国の歌であった。そこで本章では、当時のニュアンスがよりわかりやすい「倭歌《やまとうた》」という表記をそのまま用いることにしよう。また大和地方を中心にした従来からの文化を「倭文化」と呼ぶことにする。では早速、八世紀から九世紀にかけての倭歌の様子をみていこう。

九世紀における倭歌の生態

奈良時代、正月元日や五月五日などの節日に、天皇が臣下に饗宴を賜う「節宴」が開かれていたことは前にふれた通りである。実はこの節宴の席で、倭歌が詠まれていた(23)。またそうした節日だけでなく、奈良時代には、天皇が内裏で随時に開く宴会でも倭歌が詠まれていた(24)。

（23）『続日本紀』天平一五年（七四三）五月癸卯条、『万葉集』四四九四番（天《てん》平宝字《びょうほうじ》二年〈七五八〉正月七日のために準備された歌）を参照。

（24）『万葉集』四四八六番（天平宝字元年〈七五七〉一一月一八日）、四四九五番（同二年正月六日）などを参照。

ところが八世紀後半から九世紀初頭にかけての間に、節宴の席で倭歌を詠んでいる事例が消える。この間、「節宴」は「節会」に生まれ変わるが、節会に切り替わっても、いっさい倭歌の詠まれた形跡が見あたらない。時代がくだった一〇世紀以降になると、節会についての史料が豊富になるが、そこでも同様である。つまり倭歌は、節宴(節会)の場から姿を消したのである。同じことは、内裏などで天皇が随時行っていた宴会でも確認できる。

なぜ八世紀後半から九世紀初頭にかけての間に、内裏で開かれる節宴(節会)や随時の宴会から倭歌は姿を消したのであろうか。ここで想い起こしたいのは、ちょうどこの間に、朝廷儀式の唐風化が大きく進展していたことである。八世紀末、節宴から「土俗的」な要素が取り去られて節会が生まれ、さらに九世紀初頭の弘仁年間、嵯峨天皇のもとで「朝廷の儀礼空間では唐風であることが正規である」という価値観が全面化し、さまざまな儀式改革が進められたのであった。倭言葉による倭歌は、この過程のどこかで「土俗的」とみなされ、排除されたものと考えられるのである。

とはいえ、そうした朝廷儀式の場を離れたところでは、その後も貴族たちの間で倭歌が詠まれていた[25]。すなわち貴族たちは、九世紀を通じて、日常生活のなかでは倭歌を詠み続けていたが、ただその多くが散逸して残っていないだけなのであった。現在わずかながら残されている倭歌の分析結果から、九世紀の倭歌は、(1)恋の伝達

(25) このことは、早くから国文学の鋭敏な研究者たちによって指摘されてきた[風巻、一九四一／秋山、一九五三／目崎、一九六六／山口、一九八二／小町谷、一九八四など]。

手段、(2)酒宴の余興、(3)憂愁の吐露、としてうたわれていたことがわかっている。日常生活に密着した、私的で世俗的な文化として倭歌はうたわれ続けていたのであった。

それは天皇の周囲でも変わらなかった。たとえば唐風化を強く押し進めた嵯峨天皇の周囲でも、皇后が嵯峨天皇に詠みかけた歌、彼の息子や娘が詠んだ歌、さらには嵯峨天皇にもっとも近い側近であった左大臣・藤原冬嗣《ふゆつぐ》の歌など、いくつも残されている。(26)嵯峨天皇自身、即位して少したったころの弘仁四年(八一三)、弟(皇太弟、のちの淳和天皇)の私邸におもむいた際に一首詠んだことが記録されている。周囲の人々の様子からみて、その後も嵯峨が、ごく内々の個人的な場では倭歌を詠んでいたことは、まず間違いないとみられる。(27)

ただ九世紀には、国制と文化とを問わず、「唐風であることが正規である」という価値観がひろがっていたため、たとえ天皇が詠んだものであっても、倭歌は「私的」で「非文学的」なものとみなされ、いってみれば民間・世俗の文化と位置づけられていたのであった。これが九世紀における倭歌の姿であった。

変化のきざし

ただし九世紀半ば近く、嵯峨が崩御した承和年間の途中から、少し違う流れも生

(26) 順番に、橘 嘉智子《たちばなのかちこ》『後撰和歌集』一〇八〇番)、源 信《みなもとのまこと》(同一二五七番)、正子内親王(同一〇九三番)、冬嗣(同一六番)。ほかに嵯峨天皇の妃であった高津内親王(同一一五五番)など。

(27) 宮内庁に所蔵されている『奈良御集《ならぎょしゅう》』の後半部分は、嵯峨天皇の歌集ではないかとする説もある。

(28) 良岑 宗貞《よしみねのむねさだ》(のちの遍照《へんじょう》)と在原業平《ありわらのなりひら》。蔵人頭や蔵人に任じられた彼らは、のちに「六歌仙《ろっかせん》」に数えられるようになる。

(29) 良房はこのほか、嘉祥《かしょう》二年(八四九)の仁明天皇の四〇歳祝賀行事の際、興福寺の僧たちが、倭言葉による長歌《ちょうか》(倭歌

まれる。嵯峨の子である仁明《にんみょう》天皇の内裏において、天皇の秘書である蔵人《くろうど》のなかに、漢詩を得意とする文人に交じって、倭歌を得意とする歌人もわずかにみられるようになるのである。(28) 天皇が個人的な側近たちに倭歌を詠ませることが、必ずしも強くは憚られなくなったことをうかがわせている。また、ときの右大臣・藤原良房《よしふさ》が倭歌を重視する活動を行っている。たとえば仁寿《にんじゅ》元年(八五一)、良房が早世した仁明天皇のために私邸で個人的に法要を営んだ際、その法要にともなう席で、漢詩だけでなく倭歌を詠んでもよいことにしている。(29) 良房以外にも、嵯峨なきあと、私邸の宴会の余興として、憚ることなく倭歌を詠み交わす貴族たちが現れたことだろう。(30)

ただ結局のところ、そうした潮流は朝廷全体にはひろまらず、それ以上の発展をみせることはなかった。そして朝廷全体としては、九世紀後半もなお、唐文化の導入が強力に推し進められていたことは、すでにみてきた通りである。(31)

九世紀における琴歌の生態

メロディにのって「倭言葉」でうたう、琴歌にもふれておこう。調査してみると、琴歌もまた、倭歌とほぼ同様の経緯をたどったことが確かめられる。ただ倭歌と異なり、天皇の個人的な意向で行われる「内宴」や「御仏名《おぶつみょう》」、「御対面儀《ごたいめんのぎ》」などといった行事や、「律令制」にもとづいた正規の行事とはいえない「旬儀《しゅんぎ》」などでは、

の一種)を披露することに深くかかわったりしている。良房が倭歌を重視したことは[秋山、一九五三/小沢、一九八五]参照。このほか、良房の養子で関白となった藤原基経《もとつね》は、あえて復古的な言葉づかいで倭歌を詠む催しを行っている。

(30) 近年、平安京右京三条一坊六町跡から、平仮名が墨書された九世紀後半の土器が二〇点ほど発掘され、その墨書のいくつかは倭歌が書かれたものと判断されている[京都市埋蔵文化財研究所、二〇一三/丸川、二〇一五]。九世紀後半に、上級貴族が私邸の酒宴で倭歌を詠み交わしていたことを示す貴重な実例である。なおこの遺跡を、良房の弟である藤原良相《よしみ》

その行事のおわりの酒宴の席で、琴歌がうたわれることがあった(32)。さらに天皇が内裏から外出し、うるさい決まりごとから解放された場面でも、その宴会の席では琴歌がうたわれていた。

すなわち天皇個人の意向で行われる、律令国家としては必ずしも正規とはいえないような行事においては、唐風であることが絶対視されず、そのためその酒宴の席で琴歌がうたわれることがあった。逆にいうと、そうした場であっても倭歌は天皇の前で詠まれた形跡がない。この事実は、当時、倭歌は琴歌にくらべても、さらに俗っぽい、内々のものという位置づけにあったことを教えている。

倭歌・琴歌における実験と変容

なお倭歌や琴歌が、九世紀半ばから大きく変容していたことにもふれておく必要がある。八世紀の『万葉集』の歌風が、素朴・実直であるのに対し、一〇世紀に編まれた『古今和歌集』の倭歌になると、きわめて理知的・技巧的で、発想にひねりがあるものが多くなる。たとえば、同じ「梅の花」を取り上げるにしても、『万葉集』では率直にその美しさをうたいあげるのに対し、『古今和歌集』になると、その夜に漂う香りをうたうようになる。そしてこれが、これ以降の梅の花を詠むときの伝統的パターンになっていくのである。

の邸宅と特定する見解・報道もあるが、土器の年代との関係や文献史料の調査のあり方など、断定するにはなお課題が残されている。

平安京右京三条一坊六町出土仮名墨書土器（(公財)京都市埋蔵文化財研究所所蔵）［京都市埋蔵文化財研究所、二〇一三］

(31) 嵯峨が崩御した後のさまざまな動きは、急激に進んだ唐風化政策への反動という面も強かったようである［笹山、一九九五］。

実は現在までに、『古今和歌集』で新しく登場するテーマ・発想は、多くが中国の漢詩に起源をもつことが判明している。たとえば「夜の梅の香り」は、白居易の詩などにみられるテーマであった。倭歌によくみられる「涙」を「露《つゆ》」に、「紅葉」を「錦《にしき》」に見立てる(たとえる)ことも、漢詩の表現パターンをそのまま取り込んだものであり、「日本の王朝の美意識の結晶」などといわれることがある「雪月花《せつげつか》」も、白居易の詩に由来する。

なお、これらは中国の漢詩文から直接的に導入されたのではなく、日本の貴族たちが中国の漢詩文を参考にして大量に漢詩文を作っているなかで、その発想・表現技法がひろく共有されるようになり、そこから倭歌の世界に持ち込まれたものであった〔小島、一九七六/渡辺秀夫、一九九一〕。

琴歌にも、九世紀半ば近く、唐風文化の影響が大きく及んでいる〔臼田、一九三八/永池、一九九四/藤原、二〇〇八/豊永、二〇一一〕。すなわち承和年間、渡来音楽であるはずの雅楽の楽律《がくりつ》が琴歌に導入され、和琴だけでなく、琵琶・笙《しょう》・笛などの雅楽楽器も演奏に加わるようになる。いわば、「倭言葉を雅楽風の旋律にのせてうたう歌」へと琴歌が変貌するのである。(33) さまざまな楽器が加わったためか、琴歌は次第に「絃歌」と呼ばれるようになり、のちには箏《そう》・七絃琴《しちげんきん》といった渡来楽器もさらに加わっていく。

(32) 詳しい論証は別の機会に述べる。内宴・御仏名・旬儀の性格については〔佐藤全敏、二〇一五b〕参照。

(33) これには、承和の遣唐使にしたがって唐に渡り、雅楽を学んで帰った一人の琵琶の名手がかかわっていたらしい。

倭歌と琴歌（絃歌）は、このように九世紀に大きく変貌した。いずれにおいても、その変化は、当初おそらく斬新で実験的な試みと受けとられていただろう。唐風化が全面化するかのような文化環境のなかで、従来の倭文化も唐風文化を取り込み、刷新・再生したのであった。

3　九世紀末—一一世紀の「国風文化」Ⅰ——唐風文化の保持

ここで私たちは、「国風文化」と呼ばれる文化の時代にたどりつく。ただし「国風」といいながら、これ以降の日本の貴族社会の文化にも、中国文化の要素が色濃く見出せることは古くから指摘されてきたことだし、特に一九九〇年代以降の研究が盛んに強調してきたことでもある。では、はたしてその内実はどのようなものだったのであろうか。ここでもう一度、しっかり確認してみることにしよう。まずはこれまでと同様、当時の法制度や「礼」制度から確認していこう。

法典と儀礼　その後

最初は法典から。「格式」は、一〇世紀になってからも編纂される。延喜《えんぎ》七年（九〇七）、まずは『延喜格』が完成し、翌年に施行されている。ところが、これとセットで作り始められたはずの「式」のほうは、「格」に二〇年も遅れてから完成し、それからさらに四〇年が過ぎてからようやく施行されている。これが『延喜式』である。施行された『延喜式』は、当然のことながらすでに現実にあわなくなっていた部分があり、また、そもそも未完成の部分を多く残すような状態であった。こうした点からみて、『延喜式』の編纂と施行は、実質的な法典の更新というよりは、むしろ昔ながらに「式」を編纂・施行してみせるという、一種の「文化事業」のようなものであったと考えられている〔虎尾、一九六四〕。そしてこの『延喜格』『延喜式』を最後に、日本では本格的な「格式」の編纂が行われなくなる〔前田、二〇一五〕。

似たようなことが儀礼書でも起こっている。一〇世紀前半、『延喜儀式』が編まれ始めるが、こちらは未完成のまま放棄されている。そしてやはりこれ以後、国家が儀礼書を作ることが途絶えるのである。

このように日本の古代国家は、一〇世紀前半のうちに、「律令制」の根幹である法典や「礼」制度を、もはや更新したり、発展させていこうとはしない国家となった。九世紀に追加的に導入されていた「議」(意見聴取制度)も、九世紀末を最後に途絶えてしまう〔川尻、二〇〇一〕。

観念化して生き続ける「律令制」

ここで当時の社会状況に目を向けてみると、この前後より社会構造が大きく変化しており、これに応じて、国家の統治システムや国制(国家体制の枠組み)も否応なく変化していったことが指摘されている[大津、一九九三/吉川、二〇〇六/佐藤全敏、二〇〇八]。のちに紹介するように、これに連動して、九世紀末ころからは、唐に存在しないタイプの朝廷行事も数多く生まれていく。天皇や貴族たちは、もはや九世紀までの国制を維持できなくなるのである。

ここで興味深いのは、こうした状況がはっきりしていく一〇世紀後半以降になっても、天皇を頂点とする日本の上級貴族層は、法典ではなおも「律令」と『延喜式』を、儀礼書では『内裏式』を、折にふれては持ち出し、その規定を遵守しているかのような姿勢を保持することである。現実の世界はどんどん変わっていくから、それらの規定を守っているようにみせるには、苦しい辻褄あわせが必要となる[34]。ところが、どれほど現実とのズレが大きくなっても、彼らは「律令」や『延喜式』、そして『内裏式』を「あるべき正規の姿」を示すものとして、長く大事にしていく。

要するに彼らは、一〇世紀以降も、建て前上は、「律令制国家」を生きているという姿勢を保持し続けたのであった。その結果、現実の国のかたちはまったく別のものになっていっても、彼らの観念のなかでは、なおも「律令制国家」は「正規」

(34)『延喜式』と現実との辻褄あわせについては、たとえば[中込、二〇一三]に詳しい。

なものとして生き続け、形式的な維持がさまざまに図られていく［佐藤全敏、二〇一五b］。

「国風文化」とは、まさにこうした時期の貴族文化である。はたして、この時期の「国風文化」とは、いったいどのような内容と構造をもったものだったのであろうか。いよいよ「国風文化」そのものをみていくことにしよう。ここでもジャンルごとに確認していく(35)。

(35) 以下、第3、4節の内容は、各分野の数多くの優れた研究に依拠したものである。ここではその一つ一つを紹介できないため、第5節の内容とともに、詳細は［佐藤全敏、二〇一七］をご覧いただければ幸いである。

一〇、一一世紀の漢詩文

漢詩文は、一〇世紀以降も、引き続き盛んに作られる。一〇世紀半ばには『千載《せんざい》佳句《かく》』という漢詩のアンソロジーも編まれる。これは、当時日本のなかでよく知られていた唐代詩人の作品のなかから、特に漢詩を作るときに参考になるような句(フレーズ)を集成したものであった。前にもふれたように、日本の貴族たちは、「見立て」などの表現技法を唐の具体的な作品から学んでいたが、この『千載佳句』には、その基本表現パターンのかなりの部分がそっくり収められているという。

一一世紀前半になると、今度は、当時の貴族社会で愛誦されていた中国の漢詩句と日本の和歌とを並べて味わう『倭漢朗詠集《わかんろうえいしゅう》』(『和漢朗詠集』とも)が編まれる。そして実に、そのなかで取り上げられている中国漢詩句の多くが、『千載佳句』に収められた漢詩文から選ばれていた。

この事実はきわめて重要である。なぜならこのことは、一〇、一一世紀の日本において、人々に愛誦されたり、漢詩文の制作に影響を与えたりしていた中国の漢詩文とは、とどのつまり、一〇世紀前半までに日本に伝えられ、そしてひろまっていた作品群にほぼ限られていたことを指し示しているからである。

事実、一〇、一一世紀の日本の漢詩文には、同時代の中国(五代十国や北宋)(36)の詩文の影響が、まったくといっていいほど認められないことが指摘されている。すなわち一〇、一一世紀の日本の漢詩文の世界は、同時代の中国の漢詩文に対し、明らかに閉鎖的な態度をとっていたのであった。

では、こうした状況下、日本ではどのような漢詩が詠まれていたのだろうか。興味深いのは、一〇世紀半ばころから、同じ漢詩のなかでも、「句題詩《くだいし》」と呼ばれるジャンルが急速に普及していることである。一〇、一一世紀を代表する詩人たちの残した漢詩をみると、その半数以上が句題詩であるという。こうした極端な句題詩の愛好は、中国や朝鮮ではまったくみられず、日本独自の現象であったとされる。(37)

注目されるのは、そこで詠まれた内容である。この句題詩では、本来漢詩で重視されていたはずの「言志《げんし》」(自分の意思や感情を述べること)が形骸化し、基本的には、「句題」として指定された四季折々の風景や物を、ただひたすらに言葉巧みにうた

(36) 中国では、唐が九〇七年に滅亡した後、五つの王朝と一〇の国が、それぞれ成立・分立しては滅びていった(五代十国)。そうしたなか、九六〇年に生まれた宋が中国統一に成功した。なお宋の勢力領域は、その後、金《きん》の攻撃を受けて南方(江南地方)に限定されるようになるため、特に統一が行われていた時期の宋を「北宋」(九六〇—一一二七年)、南方に逃れた後については「南宋」(一一二七—一二七九年)と呼んでいる(図1、および巻末図2参照)。

(37) この句題詩を作るには、通常の漢詩の規則を守るだけでなく、さらにいくつかのルールがあった。ただし、これらのルールに従いさえすれば、

いあげるだけになっていたという。端的にいえば、そこで表現される世界は、「和歌の世界」と変わらないものになっていたというのである。

そのため、現在の句題詩研究の第一人者は、句題詩の普及とは「詩の国風化」にほかならないとし、「これ以後の平安時代の漢詩史は、和歌への歩み寄り、和歌への同化の歴史と言っても言い過ぎではない」と述べている〔佐藤道生、二〇〇七〕。これが、同時代の中国漢詩から切りはなされた、日本の漢詩の姿であった。

だれでも比較的簡単に漢詩(句題詩)を作ることができた。

一〇、一一世紀の絵画

次に絵画についてみてみよう。まずは「世俗画」をみてみると、一〇世紀以降も、盛唐風の色鮮やかな作品が描かれ続けている。たとえば当時の「唐絵」として唯一現存する東寺旧蔵「山水《せんずい》屏風」(一一世紀成立)をみると、たしかにそれは、技法・様式ともに唐風の「青緑山水」となっている。

ところが同じ時期の中国(北宋)の作品に目をむけてみると、そこでは「青緑山水」系統の画風がとうに下火となっており、墨の濃淡だけで描く「水墨山水《すいぼくさんすい》」が一般的になっている。東寺旧蔵「山水屏風」に代表される国風文化期の日本の絵画は、同時代の中国絵画から、技法的・様式的に乖離していたのである。観察してみると、東寺旧蔵「山水屏風」が手本としているのは、かつて唐から日本に伝わっていた古い様式・画風の作品であるという。

こうした事実を見抜いたある美術史研究者は、当時、日本で「中国的」とされていたものの中核にあったのは「過去の「唐」」であり、同時代の北宋ではなかった、と論じている。当時の日本は、「失われた唐の価値体系」を尊重し、これを意識的に維持し、発展させていたというのである〔板倉、二〇〇五〕。

同様のことは、「世俗画」だけでなく「仏画」についてもいえそうである。当時、呉越国《ごえつこく》(38)や北宋から日本にもたらされた「仏画」が、現在、数点確認されている。だが、それらは当時の日本の僧侶・貴族たちに衝撃を与えながらも、結局は彼らの眼に異質・異形に映ったためか、ひろく受容されることはなかったという。

とはいえ、新しい表現技法の一部を部分的に摂取し、これを取り入れて新たな仏画を描くことも、一一、一二世紀にはあった。だがその場合も、全体の型や様式そのものについては、九世紀に日本にもたらされていた作品のあり方が固く遵守されていたという。

このように現在までの優れた美術史研究は、渡海した僧侶たちがせっかく仏画を日本にもたらしても、多くの場合、ひろく受容されなかったことを明らかにしている。同時代の中国文化に背をむけ、古い唐代の文化を重視する日本の姿を、ここにもみることができるであろう。

(38) 呉越国は、唐の滅亡後に成立した一〇カ国のなかの一つ(九〇七—九七八年)。海上交易が盛んで、周辺諸国との外交・貿易を活発に行った。

一〇、一一世紀の書

書ではどうだったのだろうか。九世紀の「三筆」に対し、一〇、一一世紀には「三跡《さんせき》」と称される人々が現れる。小《お》野道風《ののみちかぜ》・藤原佐理《すけまさ》・藤原行成《ゆきなり》である(39)。彼らの書法は、同時代の貴族社会で尊重され、手本とされていた。それらは現在、「和様」の書と呼ばれている。

図5 王羲之の書と三跡の書[小松，1996より作成]
「中」「夜」「高」などに三跡の特徴がよく現れている．ただし「見」「陽」にみるように，三跡は基本的に王羲之の書をよく模倣している．

当時から知られていたように、彼らの書は、王羲之の書法を基盤としている。ただその一方で、王羲之の書法から離れる要素も多分にもっていた。そこでは、王羲之の突き刺すような筆致が避けられ、字の形や線の質がやわらかく、穏やかで丸みをもったものに変えられている(**図5**)。

(39) それぞれ「おののとうふう」「ふじわらのさり」「ふじわらのこうぜい」とも呼びならわされている。

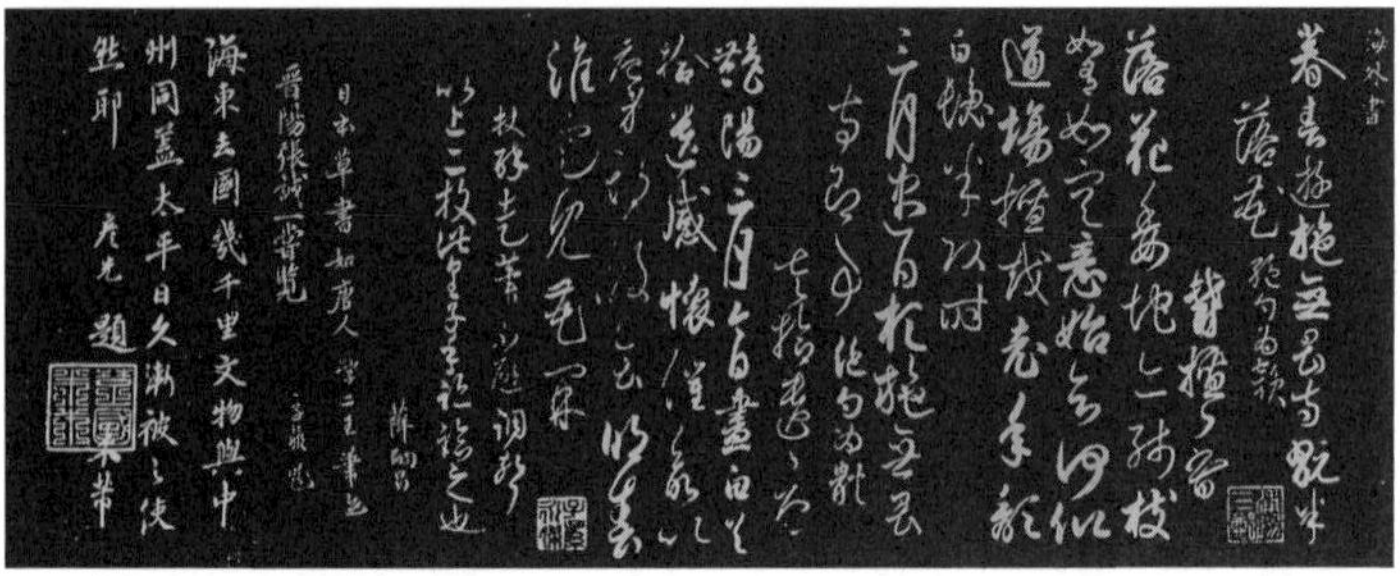

△2　△1

右の書を鑑賞した北宋の人々の書き込み

日本から伝わった「三跡」風の書(兼明親王の書か)をそっくりに写した部分

△1に「日本の草書，唐人の如し．二王の筆に学ぶなり」と記されている．
△2には米芾のサインもみえる．

図6　(伝)兼明親王「海外書」(董其昌『戯鴻堂帖』巻14)［塚本，2006より作成］

これをもって、新たな「様式」が生まれたとみることもできるかもしれない。

だが結局のところ、「三跡」の書のあり方は、大局的にみれば、唐代に一般化し日本でもそれを真似ていた、「王羲之書法の学習」という枠から抜け出るものではなかったようである。というのも、かの米芾《べいふつ》(40)をメンバーとする、北宋末期の書画鑑賞グループのなかの一人が、日本から渡っていた「三跡」風の書を目のあたりにして、「この日本の草書は、まるで唐人の作品のようだ。王羲之とその子の作品に学んでいる」と見切っているからである(**図6**)。このグループのメンバーは、王羲之らの

(40) 米芾は、北宋を代表する書家の一人。王羲之の書をはじめとする過去の作品の探究も尋常ではなく、北宋の皇帝も作品鑑定をゆだねた。いまなお、中国史上最高の鑑識眼をもつとされる。

書に大変詳しかっただけでなく、当然のことながら、唐代の書にもよく通じていた。そうした人々からすれば、日本の「三跡」の書は、つまるところ、唐代の流行のあり方のなかにおさまるものであった。北宋の人々の眼には、「三跡」の書は、前代の「唐」風のものに映っていたのである。

一〇、一一世紀の仏像

つづいて仏像について。一〇世紀以降、中国と日本との間で、仏像様式にも大きな乖離が生じている。たとえば日本の仏像は、一〇世紀の初めころから、全体の重み・厚みが急速に減退していき、衣文《えもん》(衣服の折り目・ひだ等)の彫りがごく浅いものとなっていく。顔は丸く、眼差しは穏やかになって、さらに全体がゆるやかな曲面・曲線で構成されるようになっていく。その行き着くところの先が、一一世紀半ばに制作された平等院鳳凰堂《びょうどういんほうおうどう》の阿弥陀《あみだ》如来像であった(本書一六一頁、図3参照)。

これに対し、同時代の中国の仏像彫刻は、顔立ちに一種の生々しさをもち、写実的な表現が随所にみられるなど、日本の仏像とはまったく異なるものとなっていた。

当時、渡海した僧たちは、少ないながらも中国の仏像をいくつか日本にもたらした。そしてたしかに、当時の貴族たちは、もたらされた仏像に強い関心をもった。たとえば一〇世紀末、僧・奝然《ちょうねん》が北宋から釈迦如来像を持ち帰ると、多くの人々がこれに参詣し、ときの摂政や右大臣らも相継いで参詣したことがわかっている。しかし、この奝然が持ち帰った像は、結局のところ、平安時代の仏像のかたちにまったく影響を与えることがなくおわったという。その部分的な造形表現であれば、のちに一部摂取されたことも確認される。だが、その造形のあり方全体は、ついに受容されずじまいであった。

この事実は、同時代の中国の仏像が、もはや造形上、絶対的な規範とされなくなったことを意味している。仏像様式における、こうした受容のあり方の転換は、実例からみて、九世紀末・一〇世紀初頭のころに起こったものと考えられている。

仏像についてはもう一つ興味深い事実がある。奝然が北宋から仏像を持ち帰ったころ、あたかもこれに対抗するかのように、飛鳥時代に作られた由緒ある仏像の「模刻[41]」が行われているのである。いわば、仏像様式の規範を、日本国内にすでにあるもののなかに見出す営みであった。その後もこうした営みが行われる。いまのところ、日本のなかにすでにある古仏に表現上の規範を求める最初期の例は、一〇世紀初頭のものであるという。

こうして九世紀末・一〇世紀初頭以降、日本のなかにすでにある古い仏像を意識し、そのかたちに学びながら新しい仏像様式を創り出していく流れが生まれる。実は、前にふれた平等院鳳凰堂の阿弥陀如来像にも、飛鳥・奈良時代の仏像に学んだ

(41) そっくりに真似て彫刻すること。

形跡の数多くあることが指摘されている。同時代の中国文化を絶対的な規範としない価値観は、仏像制作の場面でも展開していたのであった。

一〇、一一世紀の仏教信仰

では、仏教信仰そのものはどうだったのだろうか。北宋から釈迦如来像を持ち帰った奝然は、北宋の仏教信仰とその制度を直接日本に導入することを目指していた。一〇世紀末のことである。朝廷がこれを承認していたこともわかっている。ところがその試みは、日本国内の既存の仏教諸宗の強い反対を受け、頓挫する。

ふりかえってみると、九世紀半ば以降、日本の仏教界には、教学研究を特徴とする唐の仏教や、仏教の本源であるインドの仏教が衰退しているという情報が入っていたとされる。そのため一〇世紀に入るころには、日本の仏教のほうが中国やインドの仏教より優れているという自意識が発生していたという。

日本の仏教界の大勢は、その後も、教学研究を重んじる唐代のような仏教を重視し続け、そこから変質していた同時代の中国仏教をそのままのかたちでは受け入れようとはしなかったことが指摘されている。一部の巡礼僧や貴族たちが、いかに呉越国や北宋の仏教に直接ふれ、これを日本に移植することを志しても成功しなかったのは、そうした背景によるものであった。

こうした状況のなか、いわゆる「日本浄土教」が成立してくる。その淵源にあるのは、九世紀半ばに唐に渡った僧・円仁《えんにん》が比叡山《ひえいざん》に持ち帰った、中国・五台山《ごだいさん》の「五会《ごえ》念仏」である。もたらされた「五会念仏」は、音楽性豊かなもので、神秘的なメロディにのせて仏の名を称える「称名《しょうみょう》念仏」を重視していた。この「称名念仏」は、その後、比叡山の外にもひろがって雑多な観念や実践と入り交じり、一〇世紀前半には、ファナティックで呪術的な性格をもつ空也上人《くうやしょうにん》を生み出したりもしている。

そうした環境のなかで、甘美的・呪術的になりがちな「称名念仏」を否定し、むしろ、心のなかで仏の姿を詳しく想起して念ずる「観想念仏」こそがより正しい方法であるとして、浄土信仰を総合・体系化しようとしたのが学僧・源信《げんしん》であった。

源信は、比叡山の書庫にあった膨大な仏教典籍のなかに分け入り、中国より伝わっていた新旧さまざまの経典のなかから構想に沿う文章を抜き出し、それらを素材にして『往生要集《おうじょうようしゅう》』を著した。その途中で、早いものでは八世紀までに、遅いものでは一〇世紀半ばにもたらされていた中国の「往生伝」類を発見し、みずからこれらを利用するとともに、友人の慶滋保胤《よししげのやすたね》にもその存在を教えたらしい。これらを参考にして慶滋保胤が著したのが、『日本往生極楽記』である。

源信の『往生要集』と保胤の『日本往生極楽記』は、当時の貴族社会に圧倒的な影響を与えることになった。「観想念仏」という新しい方法による浄土往生信仰が、急速にひろがっていったのである。これが日本における浄土教の姿である。

こうしてみると、源信や保胤、そして空也にとって、中国仏教は「淵源」であり、また、ときに一種の「素材」であり、場合によっては「見本」であり「ライバル」であった。同時代の中国仏教を相対化するようになって、初めてそうした受容の仕方ができるようになったのであった(42)。

暦と医学

同時代の中国文化を受容しなかったことを示す事例を、二点つけ加えておこう。一つは「暦《こよみ》」である。日本では古墳時代以来、中国の暦を輸入して採用していたが、貞観四年(八六二)に当時最新であった唐の暦を取り入れたのを最後に、中国の暦を正式に採用することはなくなった。中国ではそれ以降も新しく計算しなおした暦が何度も作られ、切り替えられていくが、日本の貴族層はそうした事実を知り、また、たしかに新しい暦を取り寄せたりしていながらも、結局古い暦を使い続けた。この暦が新しいものに改められるのは、江戸時代に入ってからのことである(43)。

もう一つは、医学知識である。ある北宋の医学書は、刊行後まもなく天皇のもとにもたらされていたらしいが、この書は珍重されつつ秘蔵され、結局、天皇を治療

(42) 一〇、一一世紀の日本でひろまった「経塚」や金峯山《きんぷせん》・熊野信仰と、同時代の中国仏教との関係もまた興味深く、慎重に扱わなければならないテーマの一つである。

(43) 同様のことは「漢字の発音」についてもいえる。日本の一般社会では、唐代の標準音である「漢音」を受容したのを最後に、北宋以降の漢字音を基本的には受け入れなかった(一部の単語などは除く)。これは朝鮮半島などではみられない現象であった。

する医師たちがその内容を知り、薬の調合に利用するのは、一二世紀後半以降のことであった〔榎本渉、二〇一三〕。この一二世紀後半のもつ意味はのちに考えるが、ともあれそれまでは、基本的に唐代までの医学知識で治療されていたのである。

尚古の国

ところで、以上にみてきた日本の文化状況は、中国の人たちの眼にはどのように映っただろうか。実は、同時代の呉越国や北宋の人々は、日本のこうした状態をある程度理解していた。

たとえば北宋の人々は、同時代の日本の文物を、唐の伝統をとどめるものとして捉えていた。彼らは、唐の末期から五代十国時代にかけての戦乱により北宋社会ではすでに失われていた「古代」が、「日本」という国には保存されていると認識していたという。北宋の宮廷宝物館には、唐代の書風を伝えるものとして、同時代の日本の「書」が納められていたらしいことも近年指摘されている〔塚本、二〇〇六〕。

このように一〇、一一世紀の日本は、国際社会からは、古くて懐かしい唐文化を維持・温存した尚古《しょうこ》の国（いにしえを大事にする国）としてイメージされていた。こうした「日本」観は、ここまで整理してきた当時の日本の文化状況の一端を、たしかによく捉えているといえるだろう。

なお、一〇、一一世紀の日本では、必ずしも唐の最終段階の文化(中唐・晩唐の文化)が、第一のものとして愛好されていたわけではないことにも注意したい。たとえば書の分野では、九世紀までに、六朝・初唐以来のさまざまな時期の書家のスタイルが伝わっていたが、一〇世紀以降には、そのうちもっとも古典的な王羲之の書法に好みが収斂していっている。同様に仏像の分野では、中唐のみならず晩唐様式まで受容されていた可能性があるのに、一一世紀の平等院鳳凰堂の阿弥陀如来像などで参考にされるようになっているのは、初唐様式の奈良・飛鳥時代の仏像であった。一方、漢詩文の世界のように、最後に入ってきた中唐の白居易の詩が、一〇世紀以降の基本となるジャンルもある。

どうやら、八、九世紀の日本では、中国最新の文化を順次受容しながら、その一方で、過去の様式・スタイルへの好みも消えずに蓄積されており、一〇世紀以降になって、そうして堆積していたもののなかから、各分野でもっとも根を深くおろして親しまれていたスタイル・様式が浮上してきたものと考えられる(44)。

ともあれ、一〇、一一世紀の日本の貴族社会は、古き唐風文化を維持・温存していた。この時期、彼らはなお「律令制国家」を正規なものとみなし、「律令」や『延喜式』『内裏式』を大事にしていたが、これらはまさに根を等しくする現象といえるであろう。

(44) ちなみに、一〇世紀以降の日本の貴族社会では、「唐」的であることは「正統的」とみられる一方、「古風」で、ときに「かたくな」というイメージももたれるようになっていたという。

それならば、この時代の文化を、一九九〇年代以降の議論とはまた違った意味で、「唐風文化」と理解したらよいのだろうか。いや、それもまた少し違うようである。当時の貴族文化には、古い唐風文化の維持・温存という志向と並行して、もう一つ大きな志向が認められるからである。次にそのことをみてみよう。

4 九世紀末――一一世紀の「国風文化」Ⅱ――倭文化の浮上

倭文化の浮上

この時代には、唐風文化への志向と相並んで、「日本のなかにすでにある文化」を注視し、それを尊重することも盛んに行われるようになる。こうした志向は九世紀末ころから急速に強まり、一〇、一一世紀の貴族文化のもう一つの基調となっていく。一九九〇年代以降の研究では軽視されがちな文化現象であるけれども、これからみていくように、けっして見過ごしにできるような現象ではない。

たとえば俗っぽく内々のものとされていた倭歌が、九世紀の末、天皇の周囲で急に数多く詠まれ始める。そして一〇世紀に入ると、天皇の命令で『古今和歌集』が編まれ、これ以後、倭歌は貴族社会に欠かせない文化となっていく。ここには明らかに、大きな文化的な断絶がある。

いったい何が起こったのだろうか。その謎を解く鍵は、九世紀末の内裏のなかにある。

急増する天皇の「家」の行事

前節で、このころより社会構造が大きく変化し、国家の統治システムや国制が否応なく変化していったと述べた。ここではその具体例として、天皇や上級貴族たちが、それぞれ「家」(イエ)を経営するようになることを紹介したい。

九世紀のある時期より、天皇や上級貴族たちは、私邸での生活(45)や個人的な財産を維持・管理することを目的に、一定数の中・下級官人を「家人《けにん》」として抱え込むようになる。こうして天皇や上級貴族たちは、天皇や大臣といった立場とは別に、それぞれが「家」の主人という顔もあわせもつようになり、これらの「家」が、国家運営にも大きな影響をもつようになってくる[吉川、二〇〇六]。天皇の場合、蔵人や殿上人《てんじょうびと》が、その「家人」に相当する(46)。

そうした「家」のなかでは、主人のもとでさまざまな行事が行われた。ささやかな年中行事、主人やその家族の人生における通過儀礼、仏事・神事、各種宴会などである。

さて、ここで重要な点は、国家儀礼とは別に行われる、そうした天皇の「家」の

(45) 天皇の場合、内裏のいくつかある殿舎のうち、天皇が日常的に居住する殿舎が私邸としての性格をもった。九世紀末以降は「清涼殿《せいりょうでん》」であることが多い。これに対し節会などの国家儀礼は、内裏の正殿である「紫宸殿《ししんでん》」でおおむね行われていた(図7、図8)。

(46) 蔵人や殿上人は、天皇のそばにつかえているものの、「律令制」による正式な官職につくか、天皇の特別なとりはからいや指示がないかぎり、国家儀礼の場には近寄れない存在であった。

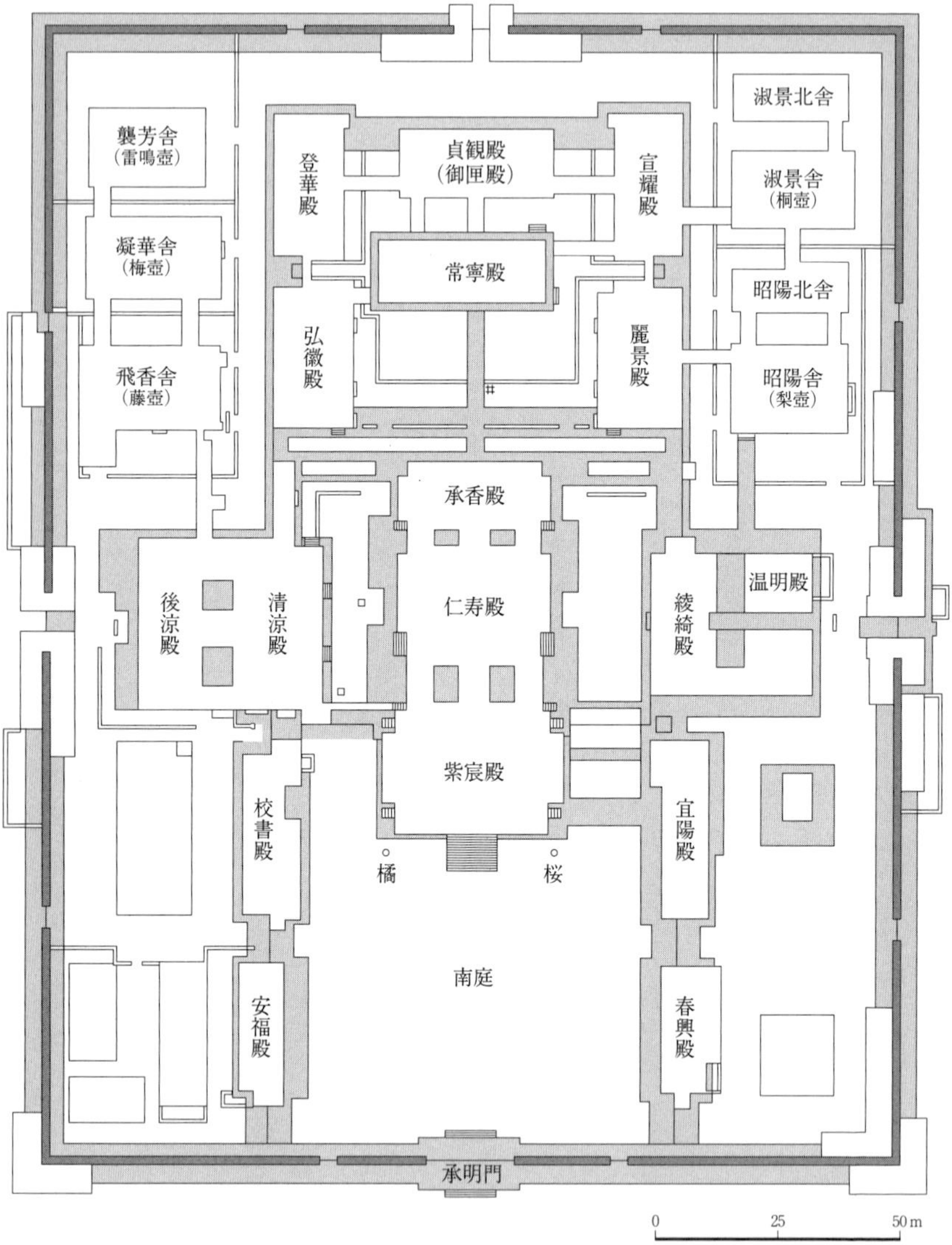

図 7　平安宮内裏図(10―11 世紀頃)

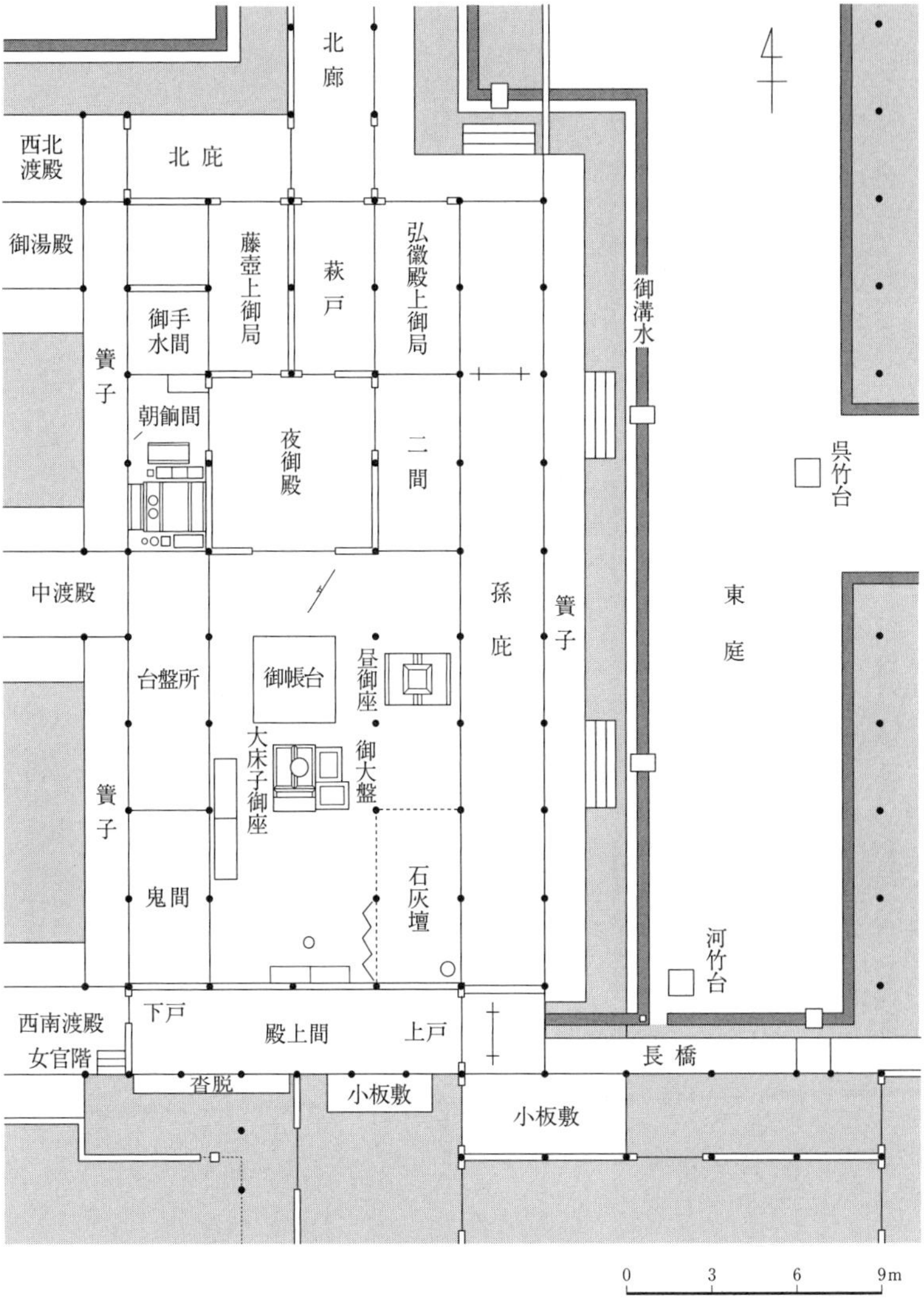

図8　平安宮清涼殿図(10—11世紀頃)
普段，殿上人たちは殿上間《てんじょうのま》に，女房たちは台盤所にひかえた．

図9　賀茂臨時祭の様子(鷹司本『年中行事絵巻』巻19より，宮内庁書陵部所蔵)
場面は，清涼殿の東庭と孫庇のあたりを北東の方角(**図8**では右上)から見下ろしたもの．倚子にすわっているのが天皇．

行事が、九世紀の末を境に急激に増加・拡大するという歴史的事実である［佐藤全敏、二〇一五b］。たとえば七月七日の「乞巧奠《きっこうでん》」、同一四日の「盆供《ぼんく》」、一一月の「賀茂《かも》臨時祭」(**図9**)、あるいは歳暮の「追儺《ついな》」などが、天皇の個人的な「家」の年中行事として、この時期以降、続々と確立していくのである。[47] このほか、季節ごとの「花宴《かえん》」や「菊合《きくあわせ》」、あるいは「御庚申《ごこうしん》」といった行事群も、天皇の「家」の臨時行事として、蔵人や殿上人の奉仕のもと、随時行われるようになっていく。[48] 九世紀末の宇多天皇が、こうした種類の行事を率先して始めたことがわかっている。

　これらの行事群は、「律令制」にもとづく国家儀礼に対し、あくまで非正規の、

(47)「乞巧奠」は七夕祭、「盆供」はお盆、「追儺」は節分といったかたちで、現代まで伝わっている。

(48)「花宴」は、桜・菊・藤などの花を鑑賞して漢詩や倭歌を詠みあう宴会、「菊合」は、人々が二つの陣営に分かれ、菊の花を生けた飾り盆を出し合ってそのすばらしさを競う遊戯、「御庚申」は、健康を祈って決まった日に徹夜を行う、道教にもとづいた行事。このほかにも、天皇の「家」のなかでは、政務の合間をぬって、近臣を集めた気楽な宴会が随時開かれるようになっていく。

天皇の「私的」な「家」の行事であった。なぜ、九世紀末を境に「家」の行事が急増・拡大していくのかという問題は、のちにあらためて考えることにしよう。ともかく宇多朝の九世紀末を転換点として、「律令制」に縛られない行事群が、内裏のなかで急増・拡大していったのである。

天皇の「家」の行事と倭歌

そしてそうした行事のなかで、倭歌や琴歌はなんのこだわりもなくうたわれた。「家」のなかで行われる内々の「私的」行事である以上、それは当然であった。

宇多朝以降、倭歌が内裏のなかで頻繁に詠まれるようになることは、これまでもしばしば指摘されてきた。ただ、『古今和歌集』をはじめとする各種歌集や、歴史書などをあらためて網羅的に調べ直してみると、内裏のなかで倭歌が詠まれたり披露されたりしているのは、実は、天皇の「家」の行事群のなかに限られている。つまり九世紀末以降、倭歌が内裏のなかで頻繁に詠まれるようになったとみえていたのは、実は、「律令制」に縛られない非正規の「家」の行事が、このときから急増・拡大したことによるものであった(49)。現にこれ以降になっても、「律令制」にもとづく、節会をはじめとした正規の儀式や行事では倭歌は詠まれていない(50)。

(49)『古今和歌集』に収められた同時代人の歌のほとんどが、宇多と醍醐天皇の個人的な近臣たちの作品であることも[目崎、一九九〇／川尻、二〇二〇]、深くこれと関係している。

(50) 以上、詳しい論証は別の機会に行いたい。

宇多天皇と倭歌

こうした変化を切り拓いた宇多天皇は、ただ倭歌を楽しんでいたわけではない。これまで国文学の研究が明らかにしてきたように、彼は、俗っぽく内々のものとされていた倭歌の社会的地位を、漢詩文に近づけようとさまざまに試みた。

たとえば自分の母や兄の邸宅で大規模な「歌合《うたあわせ》」(51)を開くことを主導し、多くの歌人たちの倭歌がそこで披露されている。宇多天皇は、それらのなかから秀歌を選りすぐり、今度は漢詩文を得意とする文人に、その秀歌に対応した漢詩を作らせ、その二つを並べてみせる詩歌集を作らせた(『新撰万葉集』)。またこのころには、「唐絵」の屏風に漢詩をそえるのにならって、「倭絵」の屏風に倭歌をそえる「屏風歌《うた》」というジャンルが成立してくるが、宇多はこの屏風歌の制作にも積極的にかかわった。

こうした試みのなかで、倭歌は、歌をやりとりする当事者間だけで心情を通わせるものから、独立した一つの作品として、鑑賞できるものへと変質していく。

このほか宇多天皇は、「古歌《こか》」(52)や「家集《かしゅう》」(53)を盛んに収集し、「古歌」を発想源にした「今歌《きんか》」を近臣に作らせたりもしている。そうしたなかで、『白氏文集《はくしもんじゅうぶんしゅう》』などの漢詩の句(フレーズ)の内容を、倭歌で詠んでみせる実験的な歌集も作られている(『句題和歌』)。

(51) 人々が二つの陣営に分かれ、準備していた新作の倭歌を一首ずつ出し合ってそのすばらしさを競う遊戯。

(52) 昔に詠まれた倭歌。これに対し、新しく詠まれた同時代の倭歌は「今歌」と呼ばれた。

(53) 倭歌を得意とする者の個人歌集。

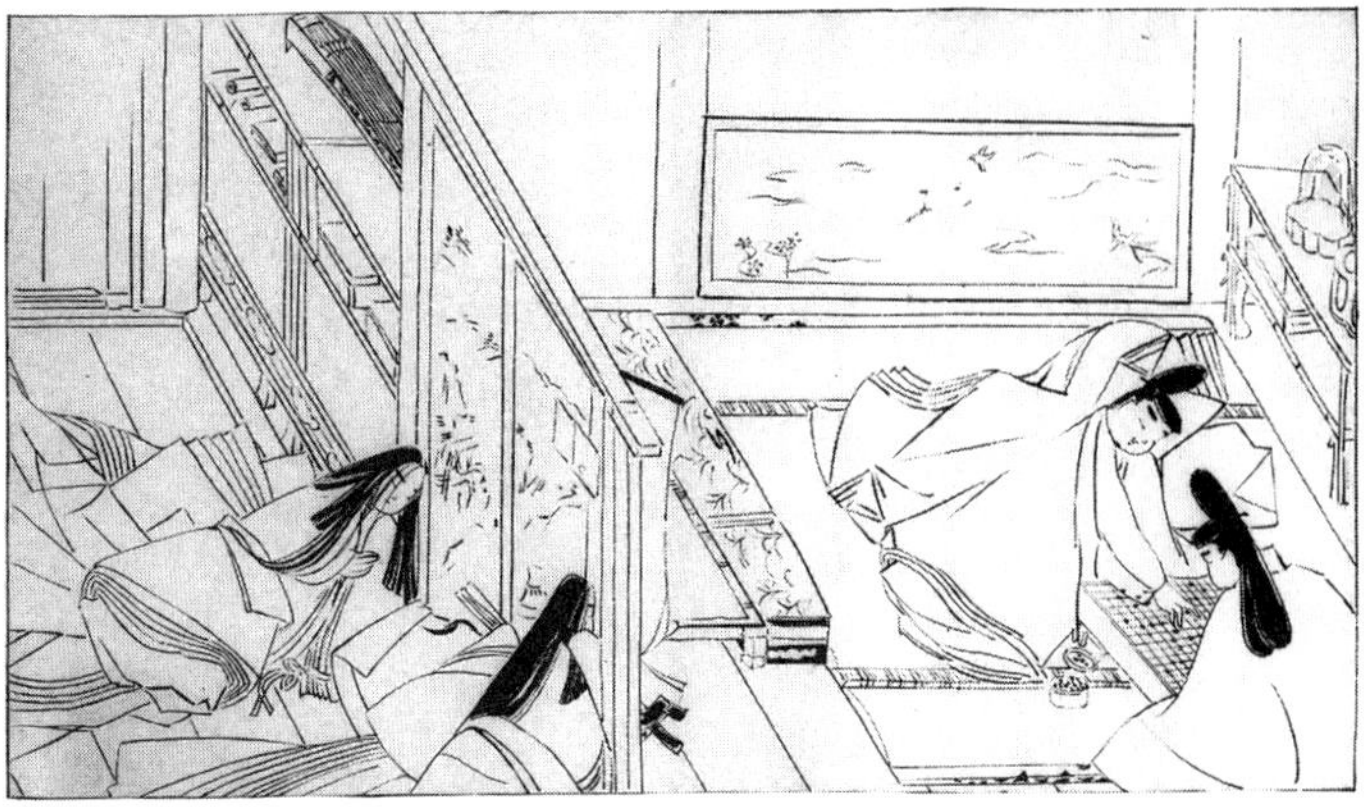

図 10　清涼殿の朝餉間《あさがれいのま》で，畳にすわって囲碁を打つ天皇（『源氏物語絵巻』宿木，模写（白描画），［佐野，1991，白描画＝切畑健，一部改変］）
朝餉間があった清涼殿の西側は，清涼殿の裏側（奥側）にあたり（**図 8** 参照），とりわけ唐のあり方から解放された空間であった．

こうして九世紀末以降、漢詩のあり方を模倣し、さらには漢詩と同一平面に並べるといった営みを通じて、民間・世俗の文化であった倭歌は、それなりに格式のあるものになっていく。

その後、一〇世紀に入ってまもなく、宇多の後をついだ醍醐《だいご》天皇のもとで、『古今和歌集』が勅撰される。『古今和歌集』とは、その名のとおり、「古歌」と「今歌」を選りすぐった歌集にほかならない。倭言葉による歌は、勅撰の対象になったという点で、ついに漢詩文と同じ待遇を受けるにいたったのである。

これ以後、倭歌は「和歌」と呼

ばれることも多くなり、長い時間をかけ、日本列島各地にひろがっていく。

一つ留意しておきたいのは、実はこれ以降も、倭歌は漢詩文とまったく同じ地位についたわけではないということである。『古今和歌集』が勅撰された後も、内裏のなかの、唐のあり方を意識した正規の儀式の席では、なお漢詩だけが詠まれ、倭歌はその場から排除され続けたことが近年明らかにされている［滝川、二〇〇二］。

これまでともすれば、倭歌が内裏のなかで頻繁に詠まれたり、『古今和歌集』が編まれたことをもって、倭歌は「公的」なものになったと説明されてきた。だが、倭歌はここまでみてきたように、内裏のなかでは、あくまで天皇の「家」の行事のなかだけで楽しまれたのであって、これを「公的」と言ってよいのか、少し憚られる。少なくとも「律令制」を建て前としていた当時の人々にとっては、けっして「公的」なものではなかった[54]。

とはいえ、九世紀末以降、倭歌が内裏のなかで頻繁に詠まれるようになったことも確かである。朝廷社会が変容し、唐を必ずしも規範としない場がひろがっていくにつれて、世俗の文化であった倭歌は、たしかに天皇の周囲で、華やかに楽しまれるようになったのである[55]（**図10**）。

絃歌と東歌の浮上

(54)『古今和歌集』が成立した後になっても、漢詩文が第一の文学とされ、倭歌はそれに次ぐ位置づけしか与えられなかったことは、すでにこれまでも指摘されてきた［風巻、一九五一／橋本不美男、一九七二／滝川、二〇〇二など］。その背景には、本文で述べたような事情があったのである。

(55) こうした状況について、「後宮の女性文化」が表舞台に出てきた、と説明されることも多い。ただ実際は、天皇の住む殿舎には蔵人や殿上人といった男性の家人たちも数多くつかえており、彼らも早い段階から倭歌を詠んでいた（良岑宗貞〈のちの遍照〉や在原業平がその代表）。天皇にとっての内々の場とは、必ず絃歌も、ほぼ同じような経緯をたどったことが確かめられる。もともと絃歌（琴歌）は、九世紀段階より、唐風であることが求められない非正規の場ではうたわれていたが、九世紀末以降になって天皇の「家」の行事が急増すると、天皇と殿上人たちが酒を飲みつつ、みずから楽器を演奏し、絃歌をうたって楽しむことが、やはり急増した。こうした内裏における天皇の「私的」な音楽遊びは、まもなく「御《ぎょ》遊《ゆう》」と呼ばれるようになっていく。

これまでも、一〇世紀の初めころより、天皇と殿上人たちが絃歌を楽しんでいる事例の増えることが指摘されてきた。その背景には、倭歌と同様、天皇の「家」の行事の急増・拡大があったのである。(56)

なお「東遊《あずまあそび》」という歌舞も、倭歌や絃歌に通じる例といえそうである。東遊は、古くは駿河地方（東国）の歌舞であったものが、変化しながら朝廷のなかに残ったものである。一〇世紀前半までは、東国の歌舞ということで、「東舞《あずままい》」と呼ばれていた。朝廷はこれを伝統ある古い歌舞として、細々とではあるが練習させ、保存していた。

九世紀末になってこの東舞に着目し、天皇個人の祭祀である「賀茂臨時祭」で奉納するようになったのが、ここでも宇多天皇であった。東舞は、その後「東遊」と名前を変えながら、同じく天皇個人の祭祀である石清水《いわしみず》臨時祭や祇園臨時祭などで

しも後宮に限られていなかったことに注意しておきたい。

（56）「絃歌」はその後、さらに「催馬楽《さいばら》」と呼び名を変え、貴族社会でひろく楽しまれていく。

も奉納されるようになっていく。

ここまで取り上げてきた倭歌・絃歌・東遊は、いずれも倭のなかの世俗の文化であり、自国の音声言語を用いるものであった。そうした性格の文化が、九世紀末から一〇世紀初頭にかけて、天皇を頂点とする上級貴族層の間で急速に浮上したのである。これらがその後、一〇、一一世紀の貴族社会に欠かせない文化となっていったことは、『源氏物語』や『枕草子』などの文学作品にみえるとおりである。[57] 倭の世俗の文化を尊重する姿勢は、こうして、自分たちの音声言語である倭言葉を肯定的に捉えることにもつながっていった。

仮名物語と和名

倭の世俗の文化に注目し、倭言葉を肯定的に捉える思潮は、平仮名を駆使した「物語」作品の執筆をうながすことにもなった。現存する最古の「平仮名を使って書かれた物語」は、『竹取物語』である。その成立は、九世紀末から一〇世紀初頭と考えられている。[58]

これに先だつ九世紀前半、日本の貴族社会では、中国の六朝や唐代に書かれた志怪・伝奇小説[59]が読まれていた。そして九世紀後半になると、そうした志怪・伝奇小説のテーマや表現技法を借りながら、日本に伝わる古い口頭伝承を漢文で記す作品

(57) たとえば『源氏物語』若菜下に、「ことごとしき高麗・唐土の楽《がく》よりも、東遊の耳馴《な》れたるは、なつかしく(親しみ深く)、おもしろく……」とみえる。

(58) この時期、平仮名を駆使した物語は、ほかにもいくつか書かれていたらしいが、いまはどれも残されていない。なお、平仮名そのものは、この少し前、九世紀後半には成立していたことが、一九九〇年代以降の発見によって明らかになってきている。注30の事例もその一つ。平仮名については[川尻、二〇二〇]を参照。

(59) 志怪小説は、六朝時代に書かれた奇怪な話。これが唐代に発展し、伝

が、文人貴族たちの手で作り出されるようになっていた。こうした流れのなかから、中国の小説(特に神仙譚《しんせんたん》)(60)のテーマ・表現技法を借りながら、日本の古い伝承を再編し、そのうえで漢字と平仮名の両方を駆使することにより、まるで倭言葉で「語っている」かのように書き記す作品が生み出されることになる。これが『竹取物語』などの初期物語群であった。

音声で伝えられていた古伝承を、倭言葉そのもので記述してみようとする試みが九世紀末ころに始まったのであり、倭言葉に価値を認める姿勢がここにも認められる。いったん生み出された平仮名による物語作品は、内裏や貴族の邸宅につかえる女房たちの間で特に愛好された。そして一〇世紀以降になると、そうした女房たち自身の手によって、優れた物語作品が生み出されるようになっていく(61)。

倭の世俗文化に注目し、倭言葉を肯定的に捉える姿勢は、新しい性格の辞書も生み出した。一〇世紀前半に編まれた『倭名類聚抄《わみょうるいじゅうしょう》』である。この『倭名類聚抄』は、醍醐天皇の娘(内親王)が、ある文人貴族に依頼して作らせた、一種の「漢語辞書」である。

その序文によれば、この辞書は、当時の貴族社会で用いられている漢語を、可能なかぎり「和名《わみょう》」(倭言葉での言い方)に置き換えようとしたものであった。また、当時「世俗」で使われている漢語であれば、それが仏教語であろうと、誤用がひろま

(60) 神仙譚は、仙人や奇小説となる。その世界を描いた小説。

(61) 唐風であることが原則なはずの朝廷において、女房たちが、倭言葉による物語作品を自由に読んだり書いたりすることができたのは、彼女らの控えていた場所が、唐のあり方にしばられない、天皇の個人的な空間(後宮など)だったことによる。『源氏物語』などは、そうした場で誕生した。

ってしまった漢語であろうと、どんなものでも集成しようとしたものであるという。倭言葉や倭の世俗の現実を重視しようとする姿勢がみてとれよう。

天皇の食卓の世俗化

倭の世俗文化への注視は、天皇の食卓の上にも映しだされた。九世紀末から一〇世紀前半にかけて、天皇の日々の食事に大きな変化が起こるのである。唐風の食事様式が形骸化し、一般貴族と変わらない、民間と同じ食事様式に切り替わるのである。こうした変更もまた、宇多天皇から始まっていた(62)。

宇多はまた、民間行事であった「節供《せっく》」も、内裏のなかに取り込んでいる。本人の日記によると、「俗間」(世俗)の「歳事」である正月一五日の「七種粥《ななくさのかゆ》」、三月三日の「桃花餅《とうかのもち》」、五月五日の「五色粽《ごしきのちまき》」、七月七日の「索麺《むぎなわ》」、一〇月初めの「亥《いのこの》餅《もち》」を、これからは自分にも準備するようにと指示している。こうした節供の行事は、奈良時代より前に、朝鮮半島か中国より伝わっていた「節日食《せちにちしょく》」という行事が変形し、社会に定着していたものであった(63)。宇多は、こうした「俗間」の年中行事を天皇も行うものとしたのである。毎日の食事にみられた変化と共通する趣向といってよいだろう。

(62) 詳しくは本章コラムを参照。

(63) 当時の日本の「伝統文化」とは、たとえばこの節供にみられるように、日本列島各地の文化と朝鮮半島・中国から伝わった文化とが、古くより幾重にも入り交じって形成されていたものであった。

倭文化への志向

こうして九世紀の末以降、倭のなかの文化が急速に注目を浴びるようになった。もちろん一〇、一一世紀になっても、倭の世俗に出自をもつ倭歌や絃歌のような文化は、唐風であることが求められる正規の場からは排除され続けた。この事実は、十分考慮しなくてはならない。ただ、それにもかかわらず、九世紀末以降、そうした倭のなかの文化事象が急速に浮上し、それらが摂関期の文化の一つの柱となったことも、また確かなのである。

前節でみたように、当時、日本の貴族層は、同時代の中国の文化に背をむけ、古い唐風の文化を尊重して、これを保持し続けていた。そのような、ある意味閉ざされた文化環境のなかで、彼らは倭のなかにも「文化」を発見し、これを肯定的に位置づけるようになったのである。

考えてみれば、そもそも唐のあり方を規範としない、天皇が個人として行う「家」の行事がひろがっていったのも、中国の国制を絶対的なものとしない思潮がひろがってきたことの結果であった。そしてそうした場において、倭歌や絃歌、東遊などが堂々と享受されるようになったのである(64)。摂関期の貴族文化の特徴の一つは、間違いなく、この「倭」のなかにある文化への注視・尊重と、これを許す場のひろがりに求められるであろう。

(64) 千野香織や吉川真司は、こうした世界のことを、「私・褻《け》・裏」ないし「私・ケ・現実」と言い表している[千野、一九九二／吉川、二〇一〇]。

5　唐の衰滅と「唐物」

転換の背景

では、なぜ九世紀末を境に、同時代の中国を絶対的な規範としない価値観がひろがっていったのであろうか。そしてまた、なぜこれと並行して、ほぼ同じころから、日本のなかにある文化が注視されるようになり、これを尊重する考え方がひろまっていったのであろうか。

ここで視野を大きくひろげてみると、この時期は、まさに唐が衰退し、滅びようとしていたときにあたっている。九世紀後半、唐では反乱が続発するようになり、特に八七五年に始まった大きな反乱（黄巣《こうそう》の乱）によって唐王朝は極度に衰退し、そのまま九〇七年に滅びている［松丸ほか編、一九九六］。当時、天皇をはじめとする日本の上級貴族層は、そうした唐の状況について、海商や中国在留の日本僧から相当正確な情報を得ていたことがわかっている(65)［田島、一九九八／森、二〇〇六］。長い間、唐のあり方を追いかけていた日本の天皇や上級貴族層は、これをどうみていたか。日本の朝廷社会のなかで、中国のあり方を絶対的なものとみない価値観が急速にひろがったのは、まさにこの時期のことであった。

(65)　寛平《かんぴょう》六年（八九四）、宇多天皇のもとで遣唐使の派遣が計画されながら、結局ひとまずとりやめになったのも、そうした唐の危険な情勢を知ってのことであった。

(66)　滅亡した国と年をあげると、南詔《なんしょう》（九〇二年）、渤海《ぼっかい》（九二六年）、ここからうかがわれるのは、唐の衰退と滅亡こそが、日本の天皇や多くの上級貴族たちの価値観を変えさせた理由ではなかったか、ということである。参考のため、日本以外の周辺諸国に目をやると、唐と強い政治的関係にあった新羅など三カ国が、唐の衰滅に連動して次々と滅亡し、他の国や王朝にとって替わられている。また唐の直接的な支配下にあった一部の地域は、独立して新しい国家を形成していく[66](巻末図2参照)。こうした動きは、いずれも唐の政治的・文化的な規制力がなくなったためであると理解されている。大帝国・唐の衰滅は、それほどまでに東アジアの周辺諸国に大きな変動をもたらしたのであった。

ひるがえって、唐との間に海をはさみ、強い政治関係も結んでいなかった日本の王朝は、唐の衰滅によって、直接的かつ甚大な影響を受けることはなかった。だが、外交関係や国際認識といった面で、大きな影響を受けていても不思議ではない。中国のあり方を絶対的とみる考え方がこの時期に急速に減退していったのは、こうした背景によるものだったと考えて、おそらく間違いないと思われる[67][佐藤全敏、二〇〇八]。

「唐物」の実像

そうだとすると、一つ解決しておかなければならない問題がある。当時、大量に

(66) 新羅(九三五年)。また直接唐の支配下にあった北部ベトナムは、九世紀末から一〇世紀にかけて独立する。

(67) こうした考え方を最初に示したのは西嶋定生である[西嶋、一九七五―一九七六/一九八五]。西嶋は、日本以外の周辺諸国でも、この時期以降、中国文化からの離脱現象がみられることを指摘し、日本における国風文化の成立は、東アジア世界の変動の一つとして捉えられることを論じた。こうした捉え方は、いまなお重要性を失っていない。本書、河上麻由子「唐滅亡後の東アジアの文化再編」は、こうした西嶋のアイデアを具体化し、さらに発展させたものとなる。

もたらされていたはずの同時代の「唐物」が、なぜ日本の文化状況にほとんど影響を与えなかったのか、という問題である。この疑問を解くため、以下、海商と僧たちが日本にもたらしていたものの実態を確認してみよう。なお、史料のなかで「唐物」といったとき、書籍が含まれていないことが多い。そこで、ここでは「唐物」と書籍をわけてみていくことにする。

まずは「唐物」から。残されている関係史料を検討してみると、意外なことが判明する。当時、海商が日本にもたらしていた「唐物」は、実はとても種類が限られているのである。列挙してみると、(i)薬材、(ii)薫香の素材（香料）、(iii)日本では作れない高級絹織物（錦・綾）、(iv)染料・顔料、(v)唐紙《からかみ》・唐硯・唐墨、(vi)茶埦、(vii)アジア各地の特産素材やそれをつかった製品[68]、などである。当時、大量に流入したといわれる「唐物」の実態は、ここに挙げたような、基本的には限られた品目の、一種の消費財（消費される物資）に過ぎなかったのである。ここには、絵画・書・仏像といった「文物」は含まれていない。もちろん、それらがまれに運ばれてくることもあったかもしれないが、ほとんど例外的といってよい状況なのであった。

そして、日本列島で入手できないこれらの物品は、いずれも、唐風文化を実践・演出する上で欠かせないアイテムにあたっている[69]。すなわち一〇、一一世紀の日本の貴族たちは、唐風文化を実践したり演出したりするための必要物資として、これ

(68) 香木・籐製品・豹虎の皮・犀の生角・水牛の角の如意・馬瑙《めのう》の帯・瑠璃《るり》の壺・竹類など。これらは基本的に、唐の文人らが珍重・愛好した物品であった[シェーファー、二〇〇七]。

(69) その消費・使用のされ方の実態は、[河添、二〇〇七／二〇一八]参照。

(70) 絹織物や紙なども「文化が生み出したもの」であり、広い意味では「文物」である。ただし、日本の貴族たちの関心は基本的には同時代の中国文化に向けられておらず、海商が運んでくる「唐物」も、同時代の中国文化そのものを楽しもうとして購入されていたわけではない。このことを明

ら「唐物」を購入していたと考えられるのである。(70)

次に書籍をみてみよう。これについては、一一世紀初頭、ある上級貴族が北宋に在留する日本僧にあてた書状が、当時の状況を端的に伝えている。彼は書状のなかで、中国の書籍を購入してくれるよう僧に依頼しつつ、次のように嘆いている。海商は利益になる商品ばかりを扱い、書籍をもたらさない。そのため自分たちは、長く中国の学問状況から切りはなされている、と。他にも複数の史料が、一一、一二世紀の貴族たちが、中国書籍を思うように入手できない状況にあったことを伝えている［小塩、二〇一七］。そもそも、当時の中国国内での書籍の流通のあり方からして、海商が日本で求めている書籍を集めてくることは、きわめて困難であった。摂関期には、同時代の中国書籍がひろく浸透していたという主張が近年みられるが、おそらく史実に反するであろう。(71)

僧侶のもたらすもの

これに対し、僧侶が海商の船に便乗して日中間を往来する際に、同時代の経典・仏画・仏像などを日本にもたらしていたことは、史料からみて疑いないところである。ただ、そもそも渡海した僧の絶対数が少なく、また彼らのほとんどが、中国皇帝や国王の庇護を受けずに行動していたから、実際に彼らが入手し、日本にもたら

確にするため、ここでは平安時代の「唐物」を「必要物資」（あるいは「必要消費財」）とも表現した。

(71) 次の事実も参考になる。一一世紀の男性貴族が中国書籍を学習する際には、幼少時も成人後も、唐代までに成立していたテキストを使っていた［小塩、二〇一七］。また、一二世紀前半に成立した『今昔物語集』の天竺《てんじく》・震旦《しんたん》部は、大量の中国書籍を参照して書かれていたが、そこで参照された膨大な書籍のほとんどは唐代までのものであり、北宋のものは、現在まで確認されているかぎり、その可能性があるものを含めても、わずか数点にとどまる［今野、一九八七／荒木、二〇一七］。

することのできた経典・文物は、必然的にけっして多いものではなかったと考えられる。

そもそも日本の仏教界は、唐から必要な経典などを導入することを九世紀のうちにほぼ終えていたとされ、また前にもふれたように、一〇世紀以降の日本の仏教界の大勢は、同時代の中国仏教を必ずしも正統なものとは認めていなかった。この時期の日本の仏教界が、九世紀までのように僧を派遣し、大量の経典・文物を求めようとしなかったのは、なによりこうした背景によるものと現在考えられるようになっている[横内、二〇〇八/曾根、二〇一五]。

「唐物」の果たした役割

こうしてあらためて確認し直してみると明らかなように、当時、中国から大量に流入したとされる物品は、そのほとんどが、天皇や貴族たちの生活を唐風に彩り、その社会的地位を誇示したり、あるいは儀式行事を従来通りの(つまり多くは唐風の)やり方で荘厳したりするための、稀少な贅沢品・消費財に限られていた。そしてまれに同時代の中国の絵画や仏像が運ばれてくることがあっても、古き良き唐風文化を愛好する日本の貴族社会は、それらを珍重しつつ、自分たちの文化のなかには基本的には取り入れなかった。仏画や仏像でみたように、まれに取り入れたとしても、一部の要素を断片的に摂取するだけにとどまる。「唐物」は、当時の日本の二元的な文化構造を補強することはあっても、これを揺るがすようなことはなかったのである。

ただし、この「唐物」の流入によって、唐風文化を享受できる階層はひろがった〔榎本淳一、一九九二／一九九七〕。中国商船が往来することで、財力とチャンスさえあれば、下級貴族や一般富豪層であっても「唐物」を入手し、唐風文化を実践できるようになったからである(72)。その意味で、中国商船の往来は、「国風文化」が「誕生」するための「物質的基盤」を用意したとはいえないものの、「国風文化」のなかの、「唐風文化」の部分を享受できる人々の裾野をひろげる役割を果たした、ということができるだろう(73)。

おわりに

「国風文化」とは何であったか

整理しておこう。九世紀末から一一世紀にかけて、日本の貴族文化は二つの要素をもつことになった。一つは、八、九世紀のうちに伝わっていた唐の文化を、尊重・愛好することである。唐そのものは、一〇世紀初頭に滅亡していたから、日本

(72) 延喜三年(九〇三)八月一日太政官符(『類聚三代格』巻一九所引)には、一般富豪層が「唐物」を購入している状況が記されている。

(73) ただし、だからといって、「国風文化」が「日本における中国文化の一種の大衆化」であり、「中国文化の骨組みを利用して、その表面のみを日本的な装いに改めたもの」ということにはならない。「国風文化」の最大の特徴は、唐風文化と倭文化の並立・融合そのものにあるからである。

の貴族たちは、滅びてしまった隣国の王朝の文化を、その後、二〇〇年以上も保持したことになる。

もう一つの要素は、倭のなかの世俗文化を再発見し、これを愛好することである。すでに九世紀後半には、一部の上級貴族たちの間で倭歌を再評価する声があがっていたが、まだ一部にとどまっていた。しかし九世紀末を境に、上級貴族の頂点にいる天皇の内裏のなかで大きな価値変動が起こったのであった。その背後には、唐帝国の衰退と滅亡があったとみられる。これ以降、天皇を頂点とする貴族社会では、中国を絶対的な規範としない考え方が急速にひろがっていき、唐風であることを意識しなくてもよい非正規の行事が数多く成立していく。そうした場で、天皇や貴族たちは倭の世俗文化を大いに楽しんだ。

当時、海商たちが多くの「唐物」をもたらし、それらが日本の貴族文化にとって欠かせない要素となっていたことは確かである。ただ、海商たちが運んでいた「唐物」とは、基本的には唐風文化を実践・演出するための必要物資に限られており、当時の二元的な文化構造を揺るがすようなものではなかった。また、渡海した僧により、同時代の中国の仏画・仏像彫刻など、最新の仏教文化がときに伝えられたが、結局その一部の要素が断片的に摂取されるにとどまったのであった。

寛平六年(八九四)の遣唐使派遣計画が立ち消えになると、その後、遣唐使の派遣

(74)『稿本日本帝国美術略史』(本章注1参照)以来、「遣唐使が派遣されなくなった結果、中国文

は二度と計画されなかった。これ以降、日本の王朝は、少なくとも平安時代を通じ、中国と正式な国交を結ぼうとしなかったことはよく知られている。本章で述べてきた事実からすると、天皇や貴族たちは、「中国」の正統性を前代の唐王朝のなかにみており、同時代の中国(五代十国・北宋)には認めていなかったものとみられる。そのため、中国との本格的な交渉に必要性を感じていなかったのであった。日本国内で入手できない稀少な消費財であれば、しばしばやってくる海商から購入することができたし、そもそもありがたいことに、五代十国や北宋は、唐と違って、侵攻してくるおそれがほとんどない国家であった(74)［松丸ほか編、一九九七／榎本渉、二〇二〇］。

このようにみてくると、やはりこの時代の文化は、ある種閉ざされた環境のなかで形成・維持されたものだったと判断するしかないようである。

分野によっては、唐風文化と倭文化がさらに交渉しあい、融合していく。たとえば漢詩と倭歌の間では、テーマ・技法・世界観などの点で一層浸透しあっていく。天皇や貴族たちは、その融合のさせ方にみずからのセンスをかけた(75)。また融合というかたちをとらなくても、各分野の文化は、一〇、一一世紀を通じ、それぞれ独自の発展・展開を遂げていく。

こうした文化状況を「国風文化」と呼ぶのであれば、「国風文化」とは、「すでに

化の影響を受けなくなり、国風文化が成立した」と説明されることが多かったが、むしろ、「同時代の中国に対し、外交や文化接取の強い必要性を感じなくなった結果、国家使節の派遣停止と国風文化の成立とが同時並行的に起こった」とするのが正しい理解だろう。

(75) 紫式部は『源氏物語』のなかで、唐風文化—倭文化の融合の実践例をいくつも示してみせている［河添、二〇一八］。現存する例では、たとえば、大胆なデザインが刷り込まれた色鮮やかな唐紙の上に、金銀泥で倭絵をうすく描き込み、その上に墨をつかって漢詩句と倭歌を端正、かつ大胆にのせていった「太田《おおた》切《ぎれ》本《ぼん》和漢朗詠集」など。

中国では失われたり、流行しなくなっていた古い唐風の文化」と、「倭のなかにあった文化」とが並立・融合し、そこに、「唐風文化を実践・演出するために必要な唐物（消費財）」、および「断片化したいくぶんかの同時代の中国文化（文物）」とが加わって展開していっていた文化である、ということになるだろう。(76)

「国風文化」以後

最後に、こうした国風文化がいつまで続くのか、簡単に見通しておこう。

変化がみられるのは、平安時代もおしせまった、一二世紀後半のようである［榎本渉、二〇一〇／二〇一四］。このころを最後に、朝廷は、船や人の往来を国家的に管理することを断念する。これにより海商の往来は一層活発化し、鎌倉時代に入る一二世紀末には、海商の船に便乗して中国に渡る僧が激増する。彼らは南宋の寺院(77)に入り、そこで数年にわたる修行・集団生活を行い、帰国後はその生活文化を日本で再現しようとする。

そのようにして彼らによって立ちあげられた日本の「宋風仏教教団」では、漢字は南宋の発音で読まれ、経典・仏画から法衣《ほうえ》・寺院建築・生活規範にいたるまで、すべて宋風であったという［大塚、二〇〇九］。宋代のお茶の文化(78)も、このとき初めて日本でひろまった［榎本渉、二〇〇八］。こうした宋風教団は、まもなく鎌倉幕府と

(76) 以前、筆者はこの点について、「「すでに大陸では失われたり、流行しなくなっていた古い唐の文化」と「倭のなかにあった文化」とが並立・融合し、そこにいくぶんかの同時代の「唐物」が加味されて成り立っていたもの」と述べていた［佐藤全敏、二〇一七］。今回、より趣旨が明確になるよう、本文のように改めた。もちろん、これは大局を示したものであり、ときに「（断片化した）同時代の中国文化」を実践・演出しようとして、「唐物」を用いることもあったことだろう。

(77) 南宋については注36参照。この時期にも、北宋時代に引き続き、海商たちが日本―南宋間を盛んに往来した。

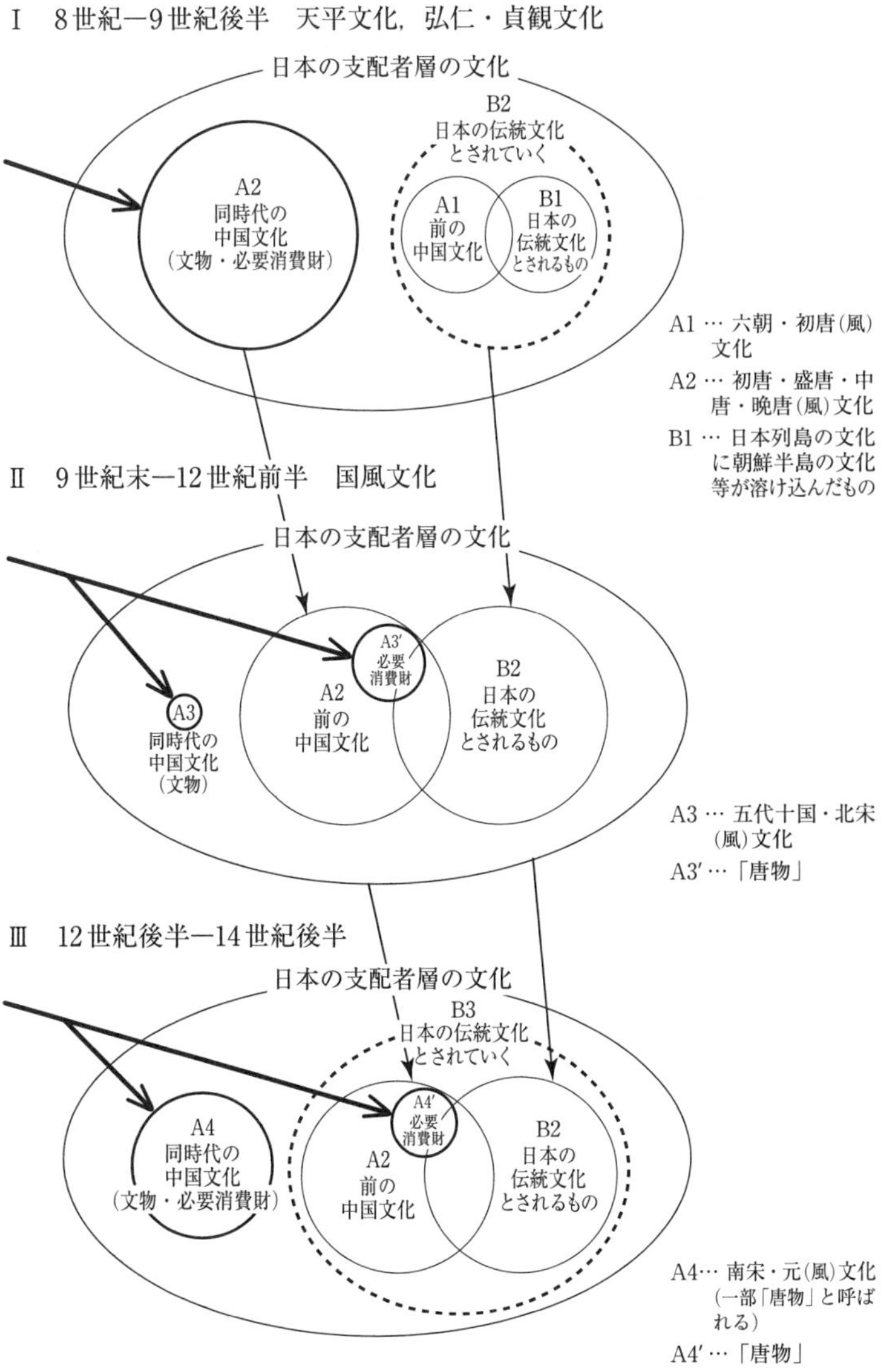

図11　8—14世紀の文化の変遷　概念図

摂関家、のちには天皇家の保護も受けるようになり、そうしたパトロンたちにも南宋文化は享受されていく。このようにして、「国風文化」の上に同時代の南宋文化が付け加わったのが、鎌倉時代における支配者層の文化であった(南宋から元《げん》に交替した後は「元文化」に置き換わる)〔宮崎、一九九三／千野、一九九三／大塚、二〇一七〕。

またこの時期には、発達した商品流通網にのって、海商たちの生活文化も、一部ではあるが日本列島各地にひろがっていく。宋銭、中国陶磁器などがその代表的な例とされる。これらはいずれも、その後の日本列島の人々に欠かせないものとなる〔榎本渉、二〇〇八〕。

こうして一二世紀後半以降になると、部分的ではあるが、ふたたび同時代の中国文化が直接的に受容されるようになる。いわば平安時代以来の「国風文化」を基盤にしつつ、南宋・元時代の文化が一定程度付け加わる、という構図である(79)。これまでの議論を図示すると、**図11**のようになる(80)。

「国風文化」を眺める

「国風文化」は、しばしばナショナリスティックなテーマとされ、研究のためであれ、これを取り上げること自体、日本の固有性・特殊性を強調することにつながりかねないと評されることがある。しかし、本章で述べてきたような文化現象は、

(78) 注21を参照。

(79) 鎌倉時代に生まれた文化状況は、そのまま二〇〇年間ほど続き、一四世紀後半、新たに中国に成立した王朝・明が、民間貿易を全面的に禁止したところで幕を降ろすようである〔榎本渉、二〇一〇〕。

(80) 作図にあたっては、千野香織・島尾新両氏が作成した図〔千野、一九九四／島尾、二〇一二〕も参考にした。

はたして日本固有の出来事なのだろうか。むしろここまで分析してきたことからすると、「国風文化」と呼ばれるような文化現象は、世界史的にみるならば、おそらく強大な帝国が存在し、それが崩壊していく過程において、多かれ少なかれ、その周辺外縁部で普遍的にみられた現象なのではないだろうか。

「日本風」や「和風」といった枠組みからいったん自由になり、その上で、現存する国風文化期の諸作品をゆっくり観察していくと、その唐風文化のアレンジぶりや、倭の世俗文化にうかがえる意外な未開性のおもしろさ、そして両者を融合・発展させる見事な発想と手腕に、きっと気づかされるだろう。だが残念なことに、ここではそれを実践してみせる準備も能力もない。ただそれは、とてもとてもおもしろい作業になるはずである。(81)

(81) 本書、皿井舞「国風文化期の美術」がその最新の実践例となる。これまでの実践例は［佐藤全敏、二〇一七］で紹介した諸研究を参照。

引用・参考文献

＊この章は、左の諸論考に加え、［佐藤全敏、二〇一七］に示した数多くの諸研究を参照して書かれている。

秋山　虔、一九五三年「古代（後期）」久松潜一ほか『日本文学思潮』矢島書房
荒木　浩、二〇一七年「『今昔物語集』の成立と宋代」吉川真司ほか編『日本的時空観の形成』思文閣出版
有賀祥隆、一九九一年「両界曼荼羅図（伝真言院曼荼羅）」「両界曼荼羅図（高雄曼荼羅）」『日本美術全集』7、講談社
石川九楊、二〇〇一年『日本書史』名古屋大学出版会
板倉聖哲、二〇〇五年「東寺旧蔵「山水屏風」が示す「唐」の位相」『講座日本美術史』2、東京大学出版会

臼田甚五郎、一九三八年「催馬楽の成立に関する一面」『國文學論究』7（『臼田甚五郎著作集』4、おうふう、一九九五年）
榎本淳一、一九九二年「「国風文化」と中国文化」池田温編『古代を考える　唐と日本』吉川弘文館（『唐王朝と古代日本』吉川弘文館、二〇〇八年）
榎本淳一、一九九七年「国風文化」『歴史と地理』502（前掲『唐王朝と古代日本』）
榎本　渉、二〇〇八年「『喫茶養生記』の時代における中国の文物・文化」茶道資料館編『鎌倉時代の喫茶文化』
榎本　渉、二〇一〇年『僧侶と海商たちの東シナ海』講談社選書メチエ（講談社学術文庫、二〇二〇年）
榎本　渉、二〇一三年「平安王朝と中国医学」『東京大学日本史学研究室紀要別冊　中世政治社会論叢』
榎本　渉、二〇一四年「宋元交替と日本」『岩波講座日本歴史7　中世2』岩波書店
榎本　渉、二〇二〇年「一一世紀の外交と国際情勢」『日本史研究』690
遠藤　徹、二〇一三年『雅楽を知る事典』東京堂出版
大隅清陽、一九九五年「貴族政権への道」『岩波講座日本通史5　古代4』岩波書店
大隅清陽、二〇〇六年「礼と儒教思想」上原真人ほか編『列島の古代史』7、岩波書店（『律令官制と礼秩序の研究』吉川弘文館、二〇一一年）
大津　透、一九九三年『律令国家支配構造の研究』岩波書店
大津　透、二〇一三年『律令制とはなにか』（日本史リブレット73）山川出版社
大塚紀弘、二〇〇九年『中世禅律仏教論』山川出版社
大塚紀弘、二〇一七年『日宋貿易と仏教文化』吉川弘文館
岡倉天心、一九八〇年「日本美術史」『岡倉天心全集』4、平凡社
小川環樹、一九五八年『唐詩概説』岩波書店（岩波文庫、二〇〇五年）
荻美津夫、一九八八年「雅楽」『岩波講座日本の音楽・アジアの音楽2　成立と展開』岩波書店（『古代中世音楽史の研究』吉川弘文館、二〇〇七年）
小沢正夫、一九八五年『古今集の世界』増補版、塙選書

小塩　慶、二〇一七年「国風文化期における中国文化受容」『史林』100―6
風巻景次郎、一九四一年『神々と人間』八雲書林
「古今と新古今」『文学講座』Ⅳ、筑摩書房（『風巻景次郎全集』5、桜楓社、一九七〇年）
川尻秋生、二〇〇一年
川尻秋生、二〇二〇年「新たな文字文化の始まり」『文字とことば（シリーズ「古代史をひらく」）』岩波書店
河添房江、二〇〇七年『源氏物語と東アジア世界』日本放送出版協会
河添房江、二〇一八年『源氏物語越境論』岩波書店
木下長宏、二〇〇一年「解題・解説　アジアに内蔵される「日本」美術史」岡倉天心『日本美術史』平凡社ライブラリー
京都市埋蔵文化財研究所、二〇一三年『平安京右京三条一坊六・七町跡――西三条第（百花亭）跡　京都市埋蔵文化財研究所発掘調査報告』二〇一一―九
小島憲之、一九七三年『国風暗黒時代の文学』中(上)、塙書房
小島憲之、一九七六年『古今集以前』塙選書
小町谷照彦、一九八四年「王朝和歌の成立」秋山虔編『王朝文学史』東京大学出版会
今野　達、一九八七年「心性罪福因縁集と説話文学」『文学』55―1（『今野達説話文学論集』勉誠出版、二〇〇八年）
笹山晴生、一九九五年「唐風文化と国風文化」前掲『岩波講座日本通史5』（『平安初期の王権と文化』吉川弘文館、二〇一六年）
佐藤全敏、二〇〇〇年「摂関期と律令制」『日本史研究』452
佐藤全敏、二〇〇八年「古代日本における「権力」の変容」『平安時代の天皇と官僚制』東京大学出版会
佐藤全敏、二〇一五年a「宇多天皇の文体」倉本一宏編『日記・古記録の世界』思文閣出版
佐藤全敏、二〇一五年b「蔵人所の成立と展開」『歴史学研究』937
佐藤全敏、二〇一七年「国風とは何か」鈴木靖民ほか編『日本古代交流史入門』勉誠出版

佐藤道生、二〇〇七年「平安後期の題詠と句題詩」佐藤道生編『句題詩研究』慶應義塾大学出版会
皿井　舞、二〇一一年「日宋交流と彫刻様式の転換」『新編森克己著作集』4、勉誠出版
シェーファー、エドワード・H、二〇〇七年『サマルカンドの金の桃』勉誠出版
島尾　新、二〇一一年「日本美術としての「唐物」」河添房江ほか編『アジア遊学147　唐物と東アジア』勉誠出版
鈴木　敬、一九七七年「日本の山水画」『MUSEUM』313
曾根正人、二〇一五年「平安仏教の展開と信仰」『岩波講座日本歴史5　古代5』岩波書店
滝川幸司、二〇〇二年「儀式の場と和歌の地位」兼築信行ほか編『和歌を歴史から読む』笠間書院（『天皇と文壇』和泉書院、二〇〇七年）
田島　公、一九九八年「三善清行と唐末の宮廷クーデターに関する情報」『古文書研究』47
田中圭子、二〇一二年『薫集類抄の研究』三弥井書店
千野香織、一九九二年「南北朝・室町時代の絵巻物」『日本美術全集』12、講談社（『千野香織著作集』ブリュッケ、二〇一〇年）
千野香織、一九九三年『岩波　日本美術の流れ』3、岩波書店
千野香織、一九九四年「日本美術のジェンダー」『美術史』136（前掲『千野香織著作集』）
塚本麿充、二〇〇六年「『海外書』小論」『大和文華』115（『北宋絵画史の成立』中央公論美術出版、二〇一六年）
東野治之、二〇〇七年『遣唐使』岩波新書
豊永聡美、二〇一一年「平安時代の宮廷音楽」日向一雅編『源氏物語と音楽』青簡舎
虎尾俊哉、一九六四年『延喜式』吉川弘文館
永池健二、一九九四年「広井女王「催馬楽歌」存疑」日本歌謡学会編『日本歌謡研究』和泉書院
中込律子、二〇一三年『平安時代の税財政構造と受領』校倉書房
西川新次、一九七八年「観心寺の仏像」上・下、『仏教芸術』119・121
西嶋定生、一九七五―一九七六年「東アジア世界と日本史」『歴史公論』創刊号〜2―11（『中国古代国家と東アジア世界』東京大学出版会、一九八三年）

西嶋定生、一九八五年『日本歴史の国際環境』東京大学出版会
西本昌弘、一九八七年「古礼からみた内裏儀式の成立」『史林』70―2(『日本古代儀礼成立史の研究』塙書房、一九九七年)
橋本不美男、一九七二年『王朝和歌史の研究』笠間書院
橋本素子、二〇一六年『日本茶の歴史』淡交社
藤原茂樹、二〇〇八年「和琴と催馬楽と」『藝文研究』95(藤原茂樹編『催馬楽研究』笠間書院、二〇一一年)
古瀬奈津子、一九九四年「格式・儀式書の編纂」『岩波講座日本通史4　古代3』岩波書店(『日本古代王権と儀式』吉川弘文館、一九九八年)
堀江知彦、一九七五年「平安時代の書風」『書の日本史』2、平凡社
前田禎彦、二〇一五年「古代の裁判と秩序」前掲『岩波講座日本歴史5』
松丸道雄ほか編、一九九六年『世界歴史大系　中国史』2、山川出版社
松丸道雄ほか編、一九九七年『世界歴史大系　中国史』3、山川出版社
丸川義広、二〇一五年「平安京右京三条一坊六町(藤原良相邸)出土の仮名墨書土器をめぐって」『日本史研究』639
水野敬三郎、一九九二年「平安時代前期の彫刻」『日本美術全集』5、講談社
宮崎法子、一九九三年「東アジア美術のなかの鎌倉絵画」『日本美術全集』9、講談社
村井康彦、一九七九年『茶の文化史』岩波新書
目崎徳衛、一九六六年「古今和歌集勅撰の歴史的背景」『歴史教育』14―6(『平安文化史論』桜楓社、一九六八年)
目崎徳衛、一九九〇年「平仮名の創出と古今集」『書道研究』5月号(『鄙とみやび』小沢書店、一九九二年)
森　公章、一九九八年『「白村江」以後』講談社選書メチエ
森　公章、二〇〇六年「菅原道真と寛平度の遣唐使計画」『続日本紀研究』362(『遣唐使と古代日本の対外政策』吉川弘文館、二〇〇八年)
山口　博、一九八二年『王朝歌壇の研究　桓武仁明光孝朝篇』桜楓社
横内裕人、二〇〇八年『日本中世の仏教と東アジア』塙書房

吉川真司、二〇〇六年「律令体制の展開と列島社会」『列島の古代史』8、岩波書店
吉川真司、二〇一〇年「摂関政治と国風文化」京都大学大学院・文学研究科編『世界の中の『源氏物語』』臨川書店
吉川真司、二〇一四年「天平文化論」『岩波講座日本歴史3　古代3』岩波書店
吉田　孝、一九九七年『日本の誕生』岩波新書
米澤嘉圃、一九六一年「「山水の変」と騎象鼓楽図の画風」『東京大学東洋文化研究所紀要別冊　中国絵画史研究』
李宇玲、二〇一一年「重陽詩宴と遣唐使」『古代宮廷文学論』勉誠出版
渡辺信一郎、二〇〇九年「雅楽の来た道」『専修大学東アジア世界史研究センター年報』2（『中国古代の楽制と国家』文理閣、二〇一三年）
渡辺秀夫、一九九一年『平安朝文学と漢文世界』勉誠社

挿図引用文献

京都国立博物館編、二〇一二年『宸翰　天皇の書――御手が織りなす至高の美』
空海の書刊行委員会編、一九七九年『空海の書　弘法大師書蹟大成』東京美術
小松茂美、一九九六年『小松茂美著作集』1、旺文社
佐野みどり、一九九一年『新編名宝日本の美術10　源氏物語絵巻』小学館
東京国立博物館編、二〇一九年『国宝　東寺――空海と仏教曼荼羅』
『日本美術全集』7、一九九一年、講談社

コラム 平安時代の天皇の食卓

九世紀の末以降、天皇を頂点とする上級貴族層の間では、倭《やまと》の世俗文化への注視・尊重が急速に進んだ。このことは、天皇の日々の食卓の上にも映しだされた。九世紀末の宇多《うだ》天皇と、一〇世紀初頭の醍醐《だいご》天皇の時代に、天皇の食事のあり方に大きな変化が起こるのである。

唐風文化を重視していた九世紀の天皇は、毎日二回、日常生活を営む殿舎の中央リビングで食事をとっていた。そこには座具として、大きなベンチのような「大床子《だいしょうじ》」が準備され、美しい朱塗りの「御大盤《ごだいばん》」(テーブル)の上に、銀器に盛られた料理が数多く並べられた。そして天皇は、これらを銀の箸、銀のスプーンを使って食した。御飯は驚くほど山盛りで、スプーンはこの御飯を食べるためにも用いられた。テーブルの中央には、箸とスプーンを置くための大きな銀製の台も置かれた。全体として、唐風の食事様式と言ってよい。

調理を行うのは、律令に規定された「内膳司《ないぜんし》」(および そこから派生した「進物所《しんもつどころ》」)という調理機関であり、少し離れたところで調理されて、天皇の住む殿舎まで運ばれた。これを受け取り、天皇のそばで奉仕するのは女性で、彼女たちは唐風に髪を結い上げていた。

要するに、食事全体が唐風であることが強く意識されていたのであり、当時これを「朝夕御膳《ちょうせきごぜん》」と呼んでいた。これが宇多天皇以前の食事のあり方である。

さて、九世紀末の宇多天皇の時代になると、こうした食卓に、新しく数多くの副菜が追加される。追加された分は、銀器ではなく土器に盛られ、それに応じて木箸も追加で用意された。これらは明らかに唐風とは言えないものである。そして、この新しい

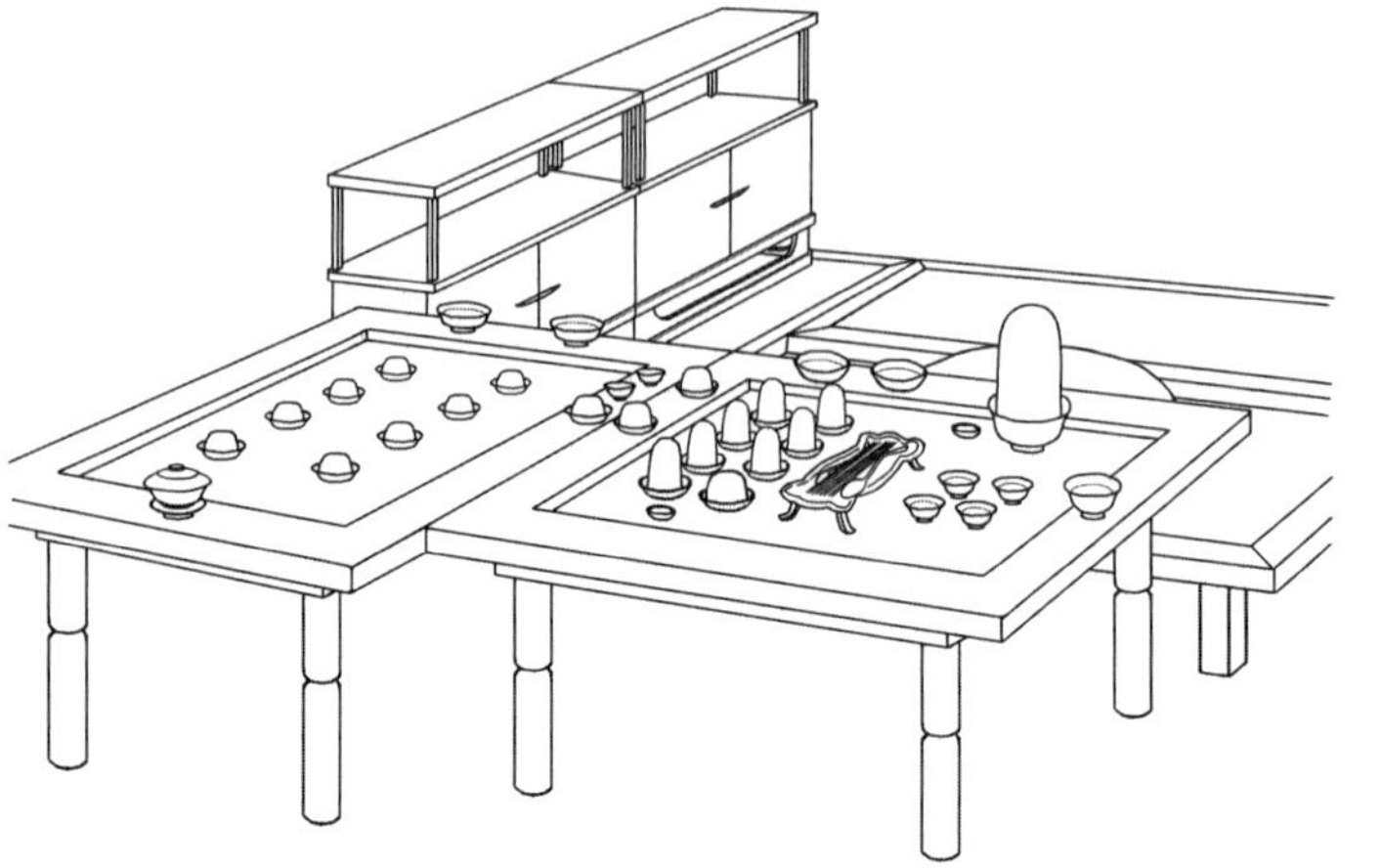

図１　朝夕御膳（推定復原図）［原図＝筆者，トレース＝鴈野佳世子］

副菜をテーブルにのせるために、もう一脚テーブルが用意され、新しい料理は天皇の手前側のテーブルに置かれた。そのためそれまでの副菜は、天皇からみて右手奥側のテーブルに追いやられることになった（上掲図1、本文図8）。

土器と木箸を使う食事のあり方は、少なくとも都に近い地域では、階層の上下を問わず一般的なものであったから、いわば世俗の食事様式が、唐風の天皇の食卓の上に混在するようになったと言うことができる。

ちなみに新しい副菜を作ったのは、律令制とは関係のない「御厨子所《みずしどころ》」という、天皇の「家」の小さな組織であった。ちょうどこの時期に新しく設置された「御厨子所」は、天皇の住む清涼殿《せいりょうでん》のすぐ隣、後涼殿《こうりょうでん》に調理場が与えられていた（本文図7参照）。

一〇世紀初頭の醍醐天皇の時代になると、こうした「朝夕御膳」自体が形骸化していく。まず「朝夕御膳」の朝の分が食されなくなり、清涼殿の裏側（奥側）にあたる朝餉間《あさがれいのま》（本文図8、10参照）に、別の御

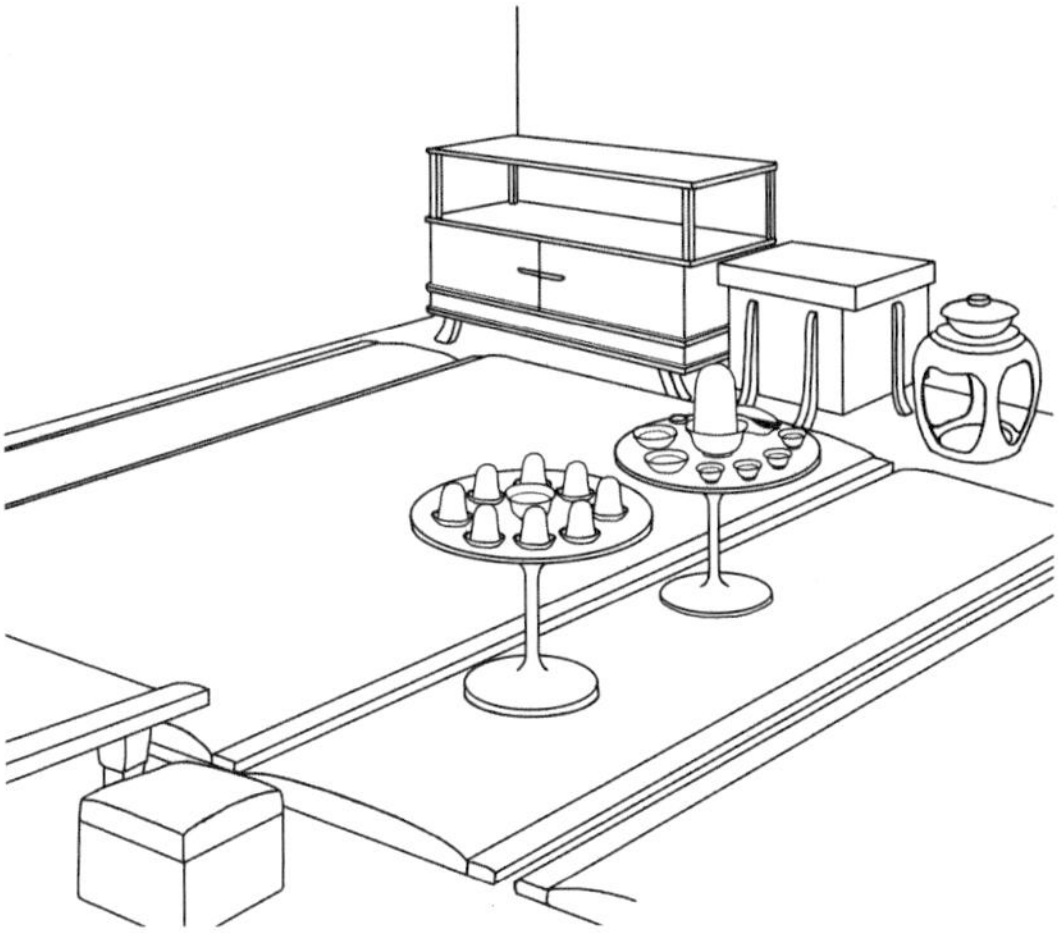

図 2　朝餉御膳(推定復原図)［原図＝筆者，トレース＝鳫野佳世子］

膳が準備されるようになって、天皇の実質的な朝食はそちらに移る。これを「朝餉御膳《あさがれい》」と言った(上掲図2)。そこでは天皇は、床の上にしかれた大きな畳にすわり、二つの高坏《たかつき》にのせられた料理を木箸で食した。御飯と基本調味料などは銀器のままだったが、副菜を盛りつける食器はすべて土器に切り替わっていた。これらはみな「御厨子所」が調理した。「朝餉御膳」に奉仕する女性たちは髪を長く垂れ下ろし、もはや唐風を装うこともしなかった。まもなく夕方の分も、一〇世紀前半のうちに同じように変化する。

畳にすわり、土器・木箸を使う食事のあり方は、一般上級貴族たちと同じであり、当時、世俗でもひろくみられたものであった。天皇の食事は、九世紀末以降、内裏の外にあった食事様式を取り込みはじめ、一〇世紀前半のうちに、それを全面化させたと整理することができるだろう。

とは言え、もとの唐風の「朝夕御膳」は、その後も、従来通りの調理機関によって毎日準備され、決まった時間になると、もとの場所に供えられ続けた。そして天皇も、毎日そこに形だけすわってみせるという作法を繰り返した。天皇は、あくまで律令国家の君主として、唐風の食事を形だけは維持し続けたのである。しかしその一方で、個人的で実質的なところでは、倭の世俗の食事様式である「朝餉御膳」を「家」の組織に作らせ、これを内々に食すようになったのであった。

以上が、九世紀末以降、天皇の食事に起こった変化である。

ここで「朝餉御膳」だけに着目すると、天皇はもはや、律令国家の君主の地位から下り、あたかも一人の上級貴族になったかのようにみえる。しかし同時に天皇は、食すわけでもない「朝夕御膳」を毎日準備させ、みずから毎日その席について、律令国家の君主であることを示し続けたのであった。こうして天皇は、一〇世紀以降、二つの貌《かお》をもつに至る。その二重性は、当時の国制や文化のあり方にそのまま通じるものと言えた。

本文でも述べたように、九世紀の末以降、中国を絶対的な規範としない価値観が急速にひろがり、倭の世俗文化が注視・尊重されるようになった背景には、唐の衰退と滅亡という、大きな国際変動があったと考えられる。

東アジア全体をおそった、この大きな国際変動は、日本ではその統治者である天皇の直近まで、すなわち食事という、身体にもっとも密着した部分にまで、およんでいたのであった。

◉佐藤全敏「古代天皇の食事と贄」『日本史研究』501、二〇〇四年／同「古代日本における「権力」の変容」（ともに佐藤『平安時代の天皇と官僚制』東京大学出版会、二〇〇八年に収録）
◉推定復原図の主な典拠＝『侍中群要』「東山御文庫本日中行事」『延喜式』『厨事類記』『玉蕊』『年中行事絵巻』『源氏物語絵巻』『伴大納言絵巻』『信貴山縁起絵巻』『病草紙』『大内裏図考証』

唐滅亡後の東アジアの文化再編

河上麻由子

はじめに

美術史家の千野香織によれば、唐《とう》(六一八―九〇七年)の滅亡後、「唐ではない自己」に目覚めた日本で、「美しい色彩の組み合わせと、やわらかく穏やかな造形による、調和のとれた優美な様式」を持つ日本的な美＝「和」が浮上したという[千野、一九九三]。国風文化の誕生である。

千野は、「和」とは「唐」(その時代時代の新しい外来文化、つまり北宋《ほくそう》の文化も「唐」となる)を排除するのではなく、「唐」と並び立つものであったとする。この視点を継承したのが吉川真司である。吉川は、千野のいうような日本的な嗜好を追求する〈和〉は「私・ケ・現実」として全面展開された一方で、中国的なもの＝〈漢〉は「公・ハレ・理念」の世界に閉塞されたという見通しを立てた[吉川、二〇一〇]。

佐藤全敏は、九世紀末以降、唐を絶対的な規範としない思潮がひろがっていき、唐を意識しなくてもよい場や「非正格《せいかく》」の儀式・行事が数多く成立していくことを指摘した。そうした場では、天皇や貴族たちは倭の世俗文化を楽しむ。また彼らは一方で、「正格」の場では、中国文化を尊重し続けるが、それは同時代の中国ではなく、すでに滅んでいた唐王朝の古い文化であったという。とはいえ、このような

「文化状況を「国風文化」と呼ぶのであれば、「国風」とは、「すでに大陸では失われたり、流行しなくなっていた古い唐の文化」と「倭のなかにあった文化」とが並立・融合し、そこにいくぶんかの同時代の「唐物《からもの》」が加味されてなりたっていたものである」、と結論づけた［佐藤、二〇一七］。一〇世紀には、文化の様々な面において、同時代中国が規範視されなくなることは、本書所収の佐藤全敏「国風文化の構造」や皿井舞「国風文化期の美術」にも尽くされている。

詳しい研究史は本書、吉川真司「〈国風文化〉への招待」に譲るとして、これら先行研究で今まで十分には議論されていない視点がある。唐の滅亡とその後に続く騒乱期を経たことで、中国文化の絶対的規範性が失われ、独自の文化様式が生み出されるということは、西嶋定生が論じたように日本に限ってみられた現象ではない［西嶋、一九八五］。佐藤が示唆したように、「古い唐の文化」と地域固有の伝統文化が合わさるという事態は、唐がアジア全域に与えた影響の大きさから推定して、かなり普遍的に発生したはずである［佐藤、二〇〇八］。同時代の北宋（九六〇―一一二七年）が基本的には対外貿易を積極的に推進したからには、「唐物」の消費が伝統文化の維持・発展に寄与することもあっただろう。そもそも、衆知のごとく、「唐物」は日本の史料にのみ登場するものではない。

それでもなお、その他アジア地域の文化とは大きく異なる「日本的」な文化が誕生したとすれば、それはなぜなのか。本章ではこの点を比較史の手法をも用いて追求したい。紙幅の関係上、具体的な考察は東アジアに限り、その結果をもって今後の比較研究の足がかりとする。

作業の指針とするのは、現実の中国(北宋)と理想化された過去の中国(漢・唐)とを区別する佐藤、小塩慶[小塩、二〇一七]の視点である。

具体的には、漢字とともに、伝統的・継続的に中国の文物を受容してきた東アジア諸国における、唐滅亡後の文化形成について史料から概観する。その際、北宋の文化が東アジア諸国でいつから規範性を持つのかも確認する。国風文化の発達期に北宋の文化が東アジアで規範視されていないとすれば、日本が北宋の文化を規範としなかったことも、なんら特異な事象ではなくなるからである。以上の作業により、唐という帝国が滅亡した後、東アジアで文化がどのように再編されたのかを考えてみたい。

1　北宋初期の文化と唐

唐の滅亡

本節では、唐滅亡後の混乱から、それを収拾した北宋初期の文化形成について概

(1) 唐朝の専売である塩を密売していた黄巣が八七五年に起こした反乱。これによって唐の衰亡が決定的となった。唐滅亡以降に華北を支配した後《こう》梁《りょう》・後唐《こうとう》は、黄巣の乱の最中に歴史の表舞台に登場した人物とその子供たちによって開かれた。唐以降の時代を決定づけた反乱といえる。

(2) 五代最初の王朝が後梁である。唐最後の皇帝となった哀帝《あいてい》(在位九〇四―九〇七年)の禅譲を受けた朱全忠《しゅぜんちゅう》(在位九〇七―九一二年)によって開かれた。朱全忠は、黄巣の乱に参加し、その後、唐に寝返り、勢力を拡大して唐を滅ぼした。

(3) 燕とは燕京《えんけい》(現在の北京)の周辺、雲とは雲

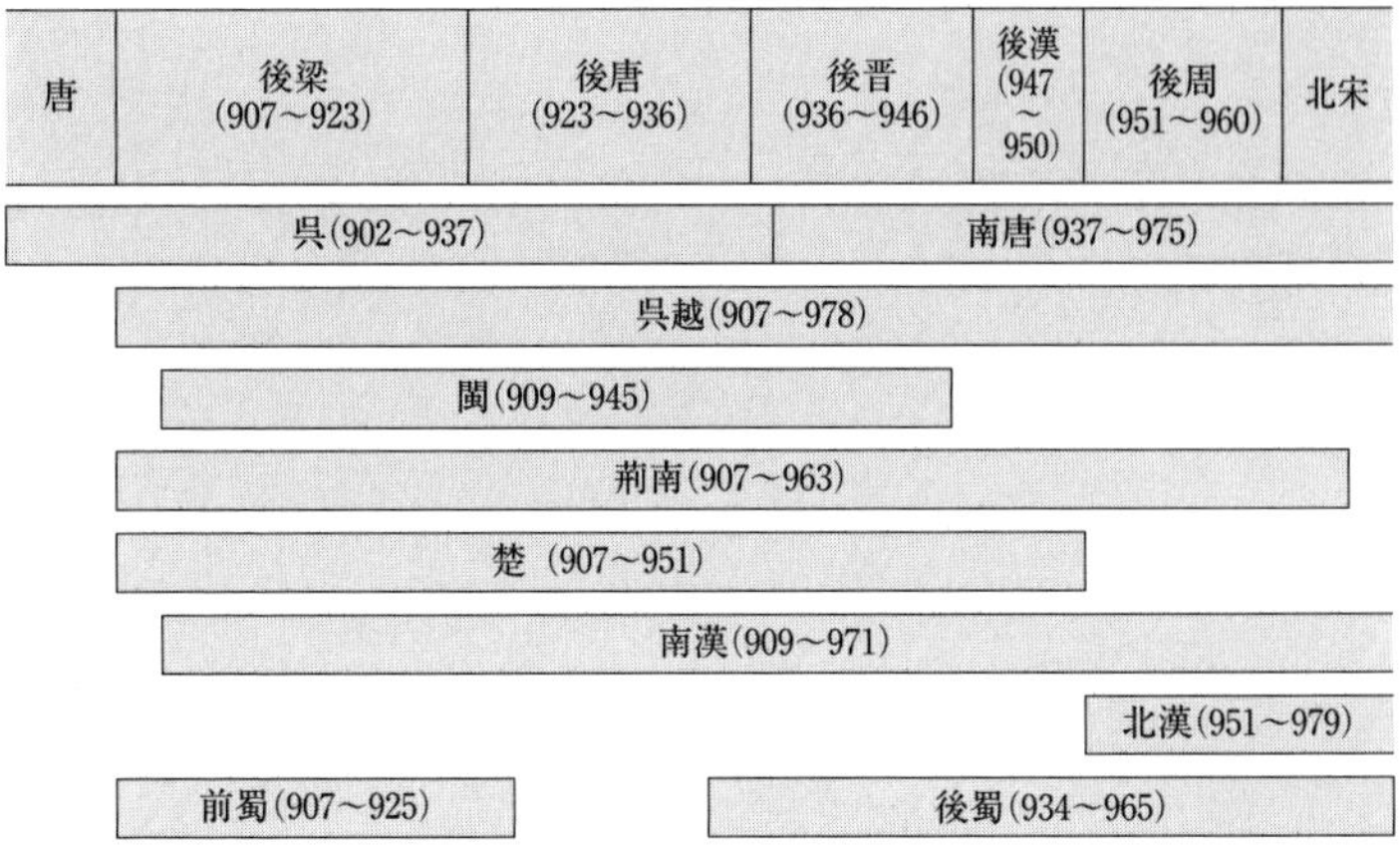

図1　五代十国時代

観する。

　黄巣《こうそう》の乱(1)を経て末期的様相を呈していた唐は、九〇七年に滅亡した。三世紀にわたり中国を支配した王朝の滅亡から、九六〇年に北宋が建国されるまでの時代を、五代十国《ごだいじっこく》時代と呼ぶ（**図1**）。この時代は、北中国に成立した後梁《こうりょう》(2)以下の五王朝、それ以外の地域は一〇の国々によって支配された。

　短命な五王朝の中でも、唐滅亡後の華北をさらに混乱させたのが後晋《こうしん》である。初代皇帝の石敬瑭《せきけいとう》は、燕雲《えんうん》十六州《じゅうろくしゅう》(3)の割譲と引き換えに、契丹《きったん》（遼《りょう》）(4)皇帝に擁立されて皇帝となる（在位九三六―九四二年）。領土を割譲して建国された後晋の実態は、契丹

州（現在の山西省大同を擁する地域）をいう。この二地域を要とする一六州が割譲されたことで、契丹は長城の内側にある農耕地域を支配することとなった。燕雲十六州の帰属をめぐり、後には北宋と契丹との間に戦端が開かれるが、一〇〇四年に澶淵の盟（注27参照）が結ばれ、結局は契丹の領土に帰した。
（4）　中国の史書には『魏書《ぎしょ》』（五五九年成立）から登場する。八部族からなり、七世紀のはじめころから緩やかなまとまりを形成し始めていた。当初はシラムレン川流域を本拠地とした。耶律阿保機《やりつあぼき》（八七二―九二六年）の登場によって権力集中が進み、モンゴリアとマンチュリアを支配する帝国へ

の属国に等しい。第二代出帝《しゅってい》（石敬瑭の甥、在位九四二―九四六年）は契丹から離反しようとして失敗する。都開封《かいほう》は落城し、出帝は捕縛された。

後晋を滅ぼした契丹は、いったんはそのまま開封に留まろうとした。しかし契丹軍の略奪行為に人心は離れ、占領は失敗して早々に北帰する。この時、開封にあった様々な文物が、契丹の都である上京《じょうけい》に送られることになった。

（大同元年〈九四七〉）三月、晋の諸司の官僚・嬪御《ひんぎょ》・宦官・方技《ほうぎ》・百工（様々な工人）・図籍《とせき》・暦象《れきしょう》・石経《せっけい》・銅人・明堂《めいどう》・漏刻《ろうこく》・太常《たいじょう》の楽譜・諸《もろもろ》の宮県（楽器）・鹵《ろ》簿《ぼ》・法物《ほうぶつ》及び鎧仗（武器）を、悉《ことごと》く上京に送る。（『遼史《りょうし》』(5)巻四）

興味深いのは、工人までもが奪取されたことである。将来生み出されるであろう文物にいたるまで、契丹は華北に蓄積されてきた文化を根こそぎ奪取した。以降、契丹で作成された文物には、唐代以来の技術が色濃く反映されるようになる。

中華は本来、文化によって諸方に卓越するがゆえに、その地位は他国と隔絶する。よって五代十国は、中華としての地位を確実にするため、他（特に契丹）を凌駕する文物を収集するべきであった。しかし、後晋の後継王朝である後漢《こうかん》(6)は足掛け四年で、後漢に代わった後周《こうしゅう》(7)は一〇年で滅び、どちらも文物収集の暇はない。

五代による文物収集への消極的態度を考えるには、右に加えて、五代の文化的背景が伝統中華とは異なっていたことにも留意するべきである。五代には、後唐《こうとう》(8)の明《めい》

と成長した。一一二五年に女真《じょしん》の金《きん》に滅ぼされた。

(5) 一三四四年に完成した契丹の史書。一一六巻。契丹滅亡時に史料がほぼ散逸したため、契丹の一代史としては記述が不十分で、しかもしばしば誤りがあるとされる。とはいえ、記述がより簡略な『契丹国志《きったんこくし》』の他、契丹の歴史を伝えるまとまった史料はなく、契丹史を研究する際には必ず参照される。

(6) 劉氏の前漢《ぜんかん》・後漢《ごかん》と区別するため、五代十国の「後漢」は「こうかん」と読む。高祖である劉知遠は後唐・後晋に仕えた武将。契丹が引き上げると、劉知遠が後晋の都であった開封に皇帝として入城した。

宗《そう》（李嗣源《りしげん》、在位九二六—九三三年）が突厥《とっけつ》（テュルク系遊牧民族）の神を祀り、後晋高祖《こうそ》（石敬瑭）の葬儀に際して劉知遠《りゅうちえん》（のち後漢の高祖、在位九四七—九四八年）が帳幕（テント）を贈るなど、テュルク系集団[9]としての伝統的習俗を重視することがあった〔岡崎、一九四五・一九四八〕。すなわち、日本で国風文化が花開きつつあった時代の北中国では、支配者層が時に中華を装ってはいても、それとは全く異なる伝統が多く残されていた。

中華としての文化再建という課題は、後周の禅譲《ぜんじょう》[10]を受けた北宋に受け継がれた。

北宋建国と文物収集

北宋による文物収集の過程は、塚本麿充の丹念な研究によって明らかになった。塚本の優れた研究によりながら、北宋が中国を統一するまでの様子を概観しておこう〔塚本、二〇一六〕。

- 太祖《たいそ》（在位九六〇—九七六年）

九六三年　荊南《けいなん》（九〇七—九六三年）を滅ぼして書画を接収

九六五年　後蜀《こうしょく》（九三四—九六五年）を滅ぼして書画を接収

＊大蔵経《だいぞうきょう》[11]の版木作成を命じる

九七五年　南唐《なんとう》（九三七—九七五年）を滅ぼして書画を接収

（7）後漢に仕えた郭威《かくい》がクーデターを起こして開いた。後漢第二代皇帝である隠帝《いんてい》（在位九四八—九五一年）に家族を殺害されていたため、郭威の跡は妻の甥で、養子としていた柴栄《さいえい》（後周世宗《せそう》、在位九五四—九五九年）が継いだ。

（8）李存勗《りそんきょく》（在位九二三—九二六年）がたてた。李存勗の父は独眼竜《どくがんりゅう》で著名な李克用《りこくよう》。李存勗の生涯は契丹との駆け引き、契丹・後梁との攻防に明け暮れた。唐の後継者を自認、洛陽《らくよう》に都を置いた。粗暴な性格に人心は離反し、反乱により殺害された。李存勗の跡は、李克用の仮子《かし》（養子）だった李嗣源が継いだ。

＊南唐の都であった金陵《きんりょう》で栴檀釈迦瑞像《せんだんしゃかずいぞう》・宝誌《ほうし》(12)真身像《しんしんぞう》・五百羅《ら》漢像《かんぞう》が接収され、開封へ

●太宗《たいそう》(在位九七六—九九七年)

九七七年　諸州に命じて書画を収集

九七八年　呉越《ごえつ》(九〇七—九七八年)を併合して書画を接収

＊呉越阿育王山《あいくおうざん》から阿育王塔(13)が献上される

九七九年　北漢《ほくかん》(九五一—九七九年)を滅ぼし書画を接収

接収された書画のうち、史料に特筆されたのは、左掲史料にあるように主として晋(14)(二六五—四二〇年)・唐のものであった。

太宗の太平興国《たいへいこうこく》二年(九七七)一〇月、諸州に詔して先賢の筆跡・図書を捜訪して献上させた。荊湖《けいこ》は晋の張芝《ちょうし》による草書、及び唐の韓幹《かんかん》が描いた馬三本、潭《たん》州の石熙載《せききさい》は唐明皇《めいこう》(唐の玄宗《げんそう》のこと)に献上するために書かれた「道林寺王喬《どうりんじおうきょう》観碑」、袁《えん》州は王瀚《おうかん》が宋之問《そうしもん》(いずれも初唐の人)に献上するために書いた「龍鳴寺碑」を献じた。昇州は晋の王羲之《おうぎし》・王献之《おうけんし》・桓温《かんおん》ら二十八家の石版の書跡を献じ、韶《しょう》州は唐の宰相である張九齢《ちょうきゅうれい》(玄宗の開元年間〈七一三—七四一年〉の政治家)の画像及び『文集』九巻を献じた。(『宋会要輯稿《そうかいようしゅうこう》』(15)〈以下『会要』〉、崇儒四—一五)

晋の書画は六朝《りくちょう》、唐の書画は隋《ずい》・唐の貴族文化を象徴するのであろう。

(9) 後梁に続く後唐・後晋・後漢は、いずれも沙陀《さだ》という集団が開いた。沙陀とは、九世紀初めに山西省北部の大同盆地に移住してきたトルコ系の言語・文化を有する人々である。沙陀は、首領の李克用を中心に、黄巣の乱を機に活発な活動を展開する。李克用は初め唐と対立し、敗れて達靼《タタール》へ亡命するが、黄巣の乱平定のために呼び戻され、彼の下に諸族が合流する。この集団が、五代諸王朝のうち後唐・後晋・後漢の母体となった。

(10) 皇帝が血縁者に皇位を世襲させるのではなく、有徳の人に皇位をゆずること。中国の易姓《えきせい》革命に基づく君主交代の一形式であり、禅譲は必ず王朝交代を伴う。

書物の収集と同時に太宗は、大規模な編纂事業に取り掛かる。九七七年に『太平《たいへい》御覧《ぎょらん》』(16)（九八二年完成）、『太平広記《こうき》』(17)（九七八年完成）の編纂が同時に開始された。『太平御覧』が完成した九八二年から九八六年までに編纂された『文苑英華《ぶんえんえいが》』(18)、真宗《しんそう》朝（九九七―一〇二二年）に成る『冊府《さっぷ》元亀《げんき》』(19)（一〇〇五年に編纂開始、一〇一三年に完成）と合わせて四大書と称される。編纂には、新たに征服した南方諸国の知識人が参加した。彼らを政治問題から切り離して文化事業に従事させることで新王朝への不満を和らげ、しかも文化庇護者としての太宗の名声を高め、文治国家を標榜するための政策であった［竺沙、二〇一七］。

書画の接収は九七九年の中国統一後も続くが、しかし北宋が所有する書籍は未だ唐代には及ばない。

（太平興国）九年（九八四）正月、詔して言うことには「国家が勤めて古より伝わる学問を求め、（人々を）啓蒙し徳化するというのは、国家の常道・憲章であり、（学問の道を）あまねく奮い起こすべきである。（そこで前代以来）残された書物・散逸した書物を、全て訪ね求めねばならない。（書物収集は）政治を行うにあたり、もっとも優先すべきである。A宜しく三館は、所有の書籍を『開元四部書《かいげんしぶしょ》目《もく》』と比較し、現在（所蔵を）欠く（書籍が）あれば、特に（人を）派遣して探し求めさせるように。ついては、（所蔵を）欠く書籍（の名称）を記録し、待漏院《たいろういん》に立札

(11) 唐代に勅撰・勅定《ちょくじょう》の経典目録が流行すると、その目録にそって収集された経典群を意味するようになった。ここでは唐玄宗（在位七一二―七五六年）の時代に編纂された目録『開元釈教録《かいげんしゃっきょうろく》』に基づく経典群のこと。この目録に従うならば、五〇四八巻で一蔵（一揃い）となる。開版《かいはん》時の年号から開宝蔵《かいほうぞう》と呼ばれる。

(12) 五世紀の半ばから六世紀にかけて中国の南朝で活動した僧侶。神通力を備えていたとされる。梁（五〇二―五五七年）の武帝《ぶてい》（在位五〇二―五四九年）に特に尊崇された。

(13) 紀元前三世紀にインドをほぼ統一したアショーカ王＝阿育王は、八万四千の舎利塔を建立し

をして中外に示せ。もしも臣僚の家で、三館が欠いている書籍を所有していれば、その（書籍を）献上することを許す。」（中略）これよりさき太宗は侍臣に、「（人々を）教化する根本、乱を治める根源を、書籍によるのでなければ、何をその手本とすることができようか。Bいま三館の所蔵する書籍は、その数は少なくはないといっても、これを開元（の時代）と比較すれば、やはりまだ遺漏・散逸が多い。広く（書籍を）訪ね求めねばならない」と言っていた。

（『会要』崇儒四―一六）

三館とは宮廷内の崇文院《すうぶんいん》という場所に置かれた文物の収蔵、公開の施設である。太宗は、三館の書籍は増加してはいるが、開元年間（七一三―七四一年）と比較すればやはり少ないと言い（傍線部B）、三館が所蔵する書籍を開元年間に作成された書籍目録である『開元四部書目』と照らし合わせ、不足する書籍があれば使者を派遣して捜索するよう命じるとともに、現在所蔵のない書籍を榜示《ぼうじ》し、それら書籍を献上するよう内外に命じた（傍線部A）。北宋がこの段階で目指したのは、安史《あんし》の乱[20]で権威が崩壊する直前、最盛期の唐文化の再現であった。

権威確立に向けて

『開元四部書目』に基づく書物の収集が大々的に行われている最中に入宋したの

たという。阿育王伝承は中国で非常に流行し（注76参照）、特に浙江省では四世紀から阿育王建立の舎利塔を発見・供養することが盛んに行われた。ここで献上されたのは、鄮《ぼう》県（現在の寧波《ニンボー》）で四世紀に地中から「発見」されたもの。

(14) 司馬炎《しばえん》（世祖、在位二六五―二九〇年）が魏曹操《そうそう》の孫である元帝《げんてい》（在位二六〇―二六五年）から禅譲を受けて建国した。司馬炎の祖父は曹操に仕えた司馬懿《しばい》。司馬炎は江南の呉を滅ぼして中国を統一した。司馬炎死後に八王《はちおう》の乱（皇族同士の内乱）が起こり、これが原因で晋は一旦滅亡するが、三一七年に江南にいた皇族の司馬睿《しばえい》が建康《けんこう》（現在の南京《ナンジン》）で即位する。こ

が、東大寺三論宗の僧侶だった奝然《ちょうねん》である。

天竺《てんじく》巡礼を志して九八三年に入宋した奝然は、同年中に太宗に見《まみ》えて紫衣《しえ》(21)を下賜された。翌九八四年に京内諸寺と五台山《ごだいさん》(22)を巡礼、帰京して皇帝に見え、九八五年の三度目となる面会で師号と木版大蔵経を下賜され、九八六年に帰国した。この時、台《たい》州(浙江省)の開元寺《かいげんじ》にある釈迦如来像(釈迦在世中に作成されたという伝説を持つ釈迦像)を模刻して持ち帰ることも許可された。上川通夫によれば、北宋は、東アジアの盟主たるべき地位を仏教により確立しようとし、外国人巡礼僧を積極的に受け入れていた。北宋は奝然を通じて北宋を中心とする政治秩序に日本を取り込もうとしたのであろうという[上川、二〇〇七]。従うべきである。

とはいえ、書画の蓄積において唐に及ばないことは、先に述べたように当時の北宋皇帝も自覚していた。そもそも北宋が下賜した大蔵経は、唐開元年間に作成された経典目録に沿って収集・配列されたものであった。すなわち奝然が見た北宋の文化は唐の再現・継承の段階にあったのであり、大蔵経(**図2**)・釈迦像(現在は清涼寺《せいりょうじ》に安置)の下賜はむしろ、北宋が国際的な場面における文化的地位の向上を課題と自覚していたことを意味する。

九八八年に太宗は秘閣《ひかく》(23)を置いた。『図画見聞誌《とがけんもんし》』(24)によれば、図画・典籍(を収集し鑑賞する様)の盛んであることは、天禄《てんろく》・石渠《せききょ》・妙楷《みょうかい》・宝蹟《ほうせき》

れより以前を西晋、以降を東晋と呼びわける。

(15)「会要」とは、経済・政治・対外交渉などの沿革を類別に集成した書物のこと。王朝一代ごとに作成され、王朝名を冠する。『宋会要』の原本は散逸した。『宋会要輯稿』は、明《みん》代の『永楽大典《えいらくたいてん》』に残る逸文が清《しん》代に輯成されたもの。

(16)諸書から抜粋した文章を五五の部門に分けて採録した。一〇〇〇巻。

(17)伝奇小説の集成。五〇〇巻。

(18)梁の昭明太子《しょうめいたいし》による『文選《もんぜん》』を継ぐものとして、梁代以降、主として唐代の詩文などを集成したもの。一〇〇〇巻。

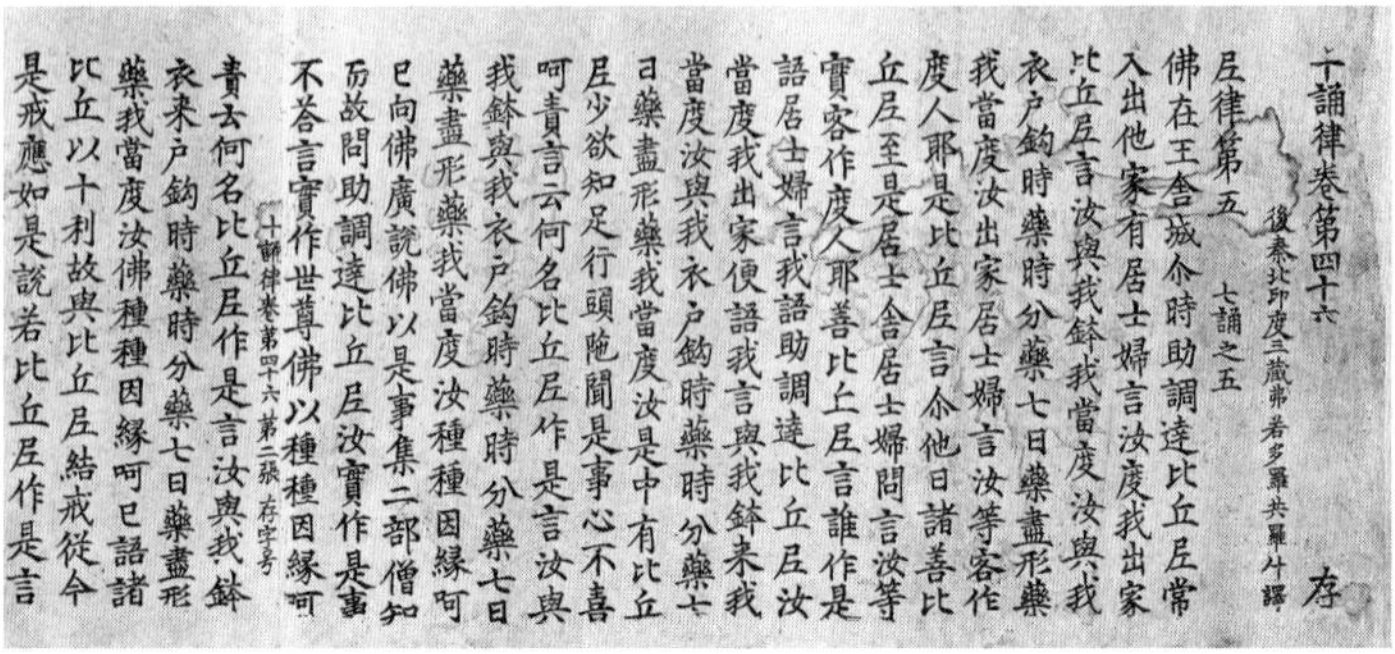
十誦律巻第四十六　　存
後秦北印度三蔵弗若多羅共羅什譯
尼律第五　　七誦之五
佛在王舎城尒時助調達比丘尼常
入出他家有居士婦言汝度我出家
比丘尼言汝與我鉢我當度汝與我
衣戸鉤時藥時分藥七日藥盡形藥
我當度汝出家居士婦言汝等客作
度人耶是比丘尼言尒他日諸善比
丘尼至是居士舎居士婦問言汝等
實客作度人耶善比丘尼言誰作是
語居士婦言我語助調達比丘尼汝
當度我出家便語我言與我鉢來我
當度汝與我衣戸鉤時藥時分藥七
日藥盡形藥我當度汝是中有比丘
尼少欲知足行頭陁聞是事心不喜
呵責言云何名比丘尼作是言汝與
我鉢與我衣戸鉤時藥時分藥七日
藥盡形藥我當度汝種種因縁呵
已向佛廣説佛以是事集二部僧知
而故問助調達比丘尼汝實作是事
不荅言實作世尊佛以種種因縁呵
十誦律巻第四十六　第三張　存字号
責云何名比丘尼作是言汝與我鉢
衣來戸鉤時藥時分藥七日藥盡形
藥我當度汝佛種種因縁呵已語諸
比丘以十利故與比丘尼結戒從今
是戒應如是説若比丘尼作是言

図2　宋版十誦尼律，巻第46(開宝蔵，台東区立書道博物館所蔵)

(といった前漢《ぜんかん》・隋を代表する伝説の文物庫が置かれた時代)と並ぶものである。

と、太宗はここに至って初めて前漢(前二〇六—後八年)・隋(五八一—六一八年)に並んだと自認した。

さらに太宗は、九九五年、舜《しゅん》が五弦の琴(25)を作り、周の文王と武王がそれぞれ一弦を加えたという故事に習い、さらに二弦を増して九弦の琴を作らせた。九弦の琴は「君・臣・文・武・礼・楽・正・民・心」を、五弦の阮《げん》は「金・木・水・火・土」の五行を意味した。これを奏でれば君臣・文武・礼楽が調和して民心は正され、五行は整い、天下は盛んになるという意味であろう。楽も新編され、新曲の披露に諸官は詩頌を献上した。詩頌献上を受けた太宗は、北宋朝廷の文化レベルが前代を超えたと誇るに至った(『続資治通鑑長編《ぞくしじつがんちょうへん》』(26)

(19) 帝王の治世に資することを目的に、古今の君臣の事績を集めた類書。一〇〇〇巻。

(20) 唐玄宗の寵臣であった安禄山《あんろくざん》と、その麾下《きか》であった史思明《ししめい》による反乱。安禄山の父はソグド人、母は突厥人だった。安禄山は七五五年一一月に挙兵、翌月には洛陽を陥落させ、七五六年に大《だい》燕《えん》皇帝として即位した。玄宗は四川に落ち延び、反撃は息子の粛宗《しゅくそう》(在位七五六—七六二年)に任された。唐軍は終始苦戦し、ウイグルに援軍を依頼した。安禄山が息子の安慶緒《あんけいしょ》に殺害されると、史思明が安慶緒を殺害して大燕第三代皇帝として即位した。しかし史思明もまた息子に殺害され、反乱は瓦解した。この間、

巻三八)。

北宋の政情が安定するのは、一〇〇四年に契丹と澶淵《せんえん》の盟《めい》(27)を結んだ後である。北宋皇帝は真宗に代替わりしていた。盟約後も真宗は慎重であった。一〇〇八年に真宗は泰山《たいざん》で封禅《ほうぜん》(28)を挙行するが、それに先立って契丹に了解を求めている[向、二〇一七]。国内で文化レベル向上を誇ろうとも、名実ともに中華たる地位を確立できてはいないことを、北宋は自覚していた。

一〇一五年に秘閣が焼失し、納められていた書画も焼亡した。そのため、跡を継いだ仁宗《じんそう》朝(一〇二二―一〇六三年)では再び書画が熱心に収集された。

塚本は、北宋が文物の収集・再生産という段階を終え、新たな文化様式を生み出すのは、神宗《しんそう》朝(一〇六七―一〇八五年)まで待たねばならないという[塚本、二〇一六]。当然ながら、北宋が真に文化国家としての自負を確立し、また周辺諸国が北宋文化に規範としての価値を見出し始めるのも、神宗以降になるはずであろう。

日本で国風文化が芽吹き、最盛期を迎えようとしている一〇世紀後半から一一世紀の半ばにかけて、北宋の文化は未だ建設途中にあったのである。

そしてその間、東アジアの諸地域では、共同体としての意識が強まり、それぞれに独自の文化が生み出されていた[妹尾、一九九九]。章を改めてみていこう。

吐蕃《とばん》に長安を占拠されたこともあり、アジアにおける唐の権威は大きく低下した。

(21) 高位の人にのみ許された紫色の布を用いた袈裟。皇帝が優れた僧侶に与えた。

(22) 中国山西省に所在する。五世紀には仏教寺院が建立されたらしい。七世紀には文殊菩薩《もんじゅぼさつ》の聖地として名を馳せるようになる。八世紀には密教の僧侶不空《ふくう》がここに勅命で寺院を建立。中国を代表する一大霊山としてアジアから多くの巡礼者を引きつけた。

(23) 北宋が収集した文物のうち、天文・占候《せんこう》・讖緯《しんい》・方術《ほうじゅつ》に関する書籍や古書画類が置かれた殿

2　高麗――北宋と契丹の間で

一〇世紀の高麗

九〇〇年、完山（現在の全州）で甄萱《けんけん》㉙が国号を百済《くだら》㉚と称した（後百済《ごくだら》）。同じ頃に竹州から広まった反乱に身を投じた弓裔《きゅうえい》㉛は、次第に勢力を拡張して九〇一年には高句麗《こうくり》王を称した。

半島の南西部は甄萱の勢力が、北部のほとんどは国号を摩震《ましん》（のちに泰封《たいふう》と改める）と称した弓裔が支配し、新羅《しらぎ》㉜の支配領域は半島南東部に逼塞していく。九一八年には弓裔が退けられ、その配下であった王建《おうけん》（のちの太祖、在位九一八―九四三年）が即位、高麗《こうらい》（九一八―一三九二年）が建国された（**図3**）。九三五年に新羅が国土をあげて高麗に帰順、翌年には後百済も滅び、高麗による統一がなる。

新羅による統一が破れ、高麗が半島を再統一するまでは五〇年に満たない。とはいえ新羅は、六六八年に朝鮮半島を統一、二五〇年程も半島を支配した。新羅の支配の正統性は、その長い支配のうちに培われてきた。これを接収した高麗にとって、人心掌握は喫緊の、しかも極めて難しい問題であった。

統治の正統性を高めるため、高麗は様々な方策をとる。高麗は高句麗㉝の継承者を

舎のこと。はじめ、開封の崇文院中堂に置かれたが、九九二年には増築され、文化立国としてのシンボルとなった。一般の書籍は、唐代以来の伝統を持つ三館（集賢院《しゅうけんいん》・史《し》館《かん》・昭文館《しょうぶんかん》）に納められた［塚本、二〇一六］。

(24) 北宋の郭若虚《かくじゃくきょ》が、唐末から五代、北宋の煕《き》寧《ねい》七年（一〇七四）までの画家とその作品を論じたもの。

(25) 三皇五帝の一人である舜は、五弦の琴を弾いて南風の詩を歌い、天下をよく治めたとされる（『礼記』楽記篇）。

(26) 南宋の李燾《りとう》が編纂した編年体の歴史書。北宋の太祖から欽宗《きんそう》までを扱う。国史・実録・政書・

自認した。半島北部から興った高麗は、その名に負うように（隋・唐代における高句麗の正式名称は高麗）、かつて半島北部から遼東地域まで領有した高句麗の権威を、王権の基盤に取り込もうとしていた［矢木、二〇一二］。

同時に高麗は、新羅文化の継承も試みた。例えば高麗の八関会《はっかんえ》(34)は寺院で開催されるが、天・五岳・名山・大川・竜神を祀るもので、仏教の要素を盛り込みつつ、新羅以来の仙風をも反映した高麗独自の儀礼であった。なおこの儀礼には、高句麗の

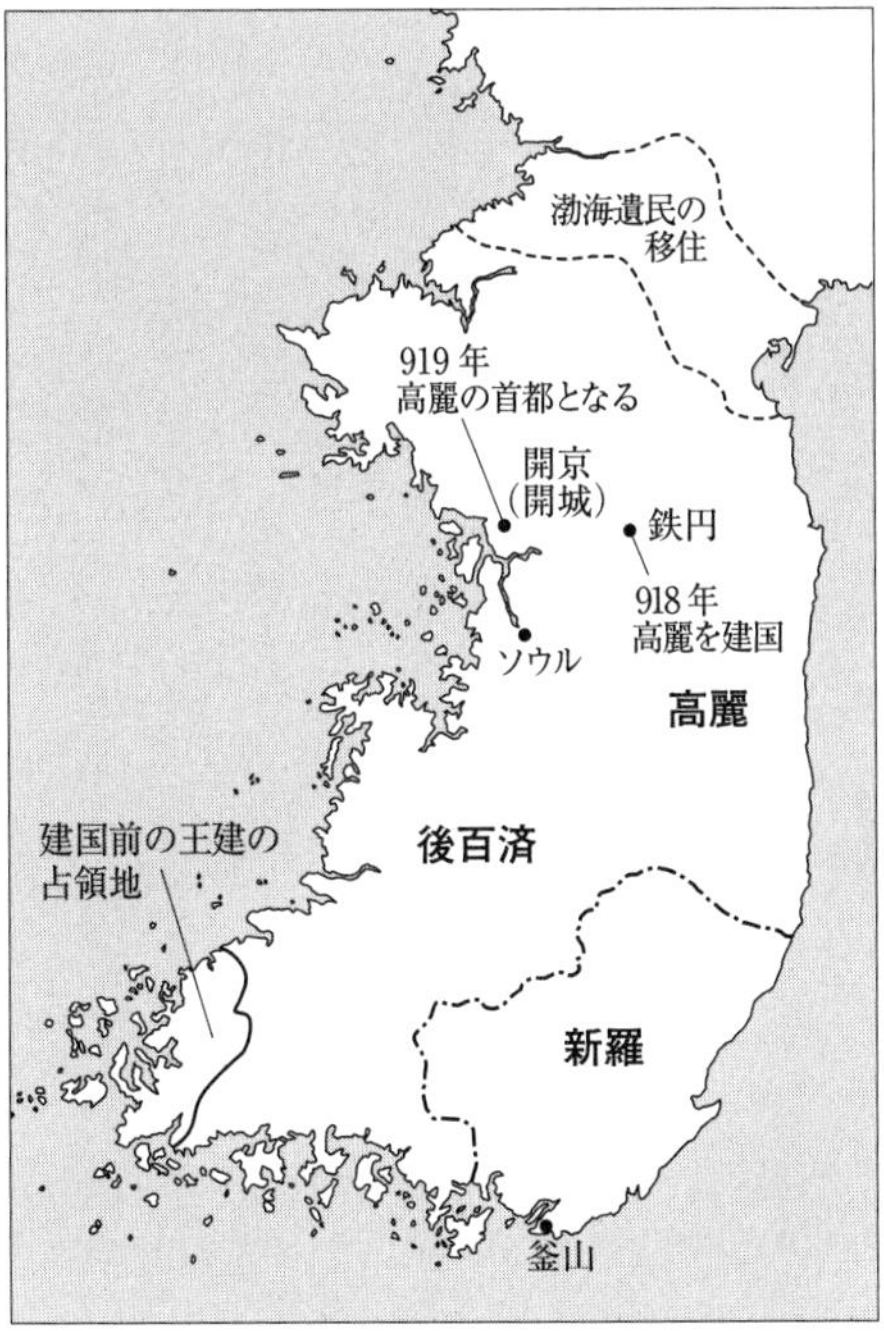

図３　高麗建国前後の朝鮮半島［韓国教員大学歴史教育科編，2006を参考に作図］

野史・筆記類などをもとにし、史実表記に疑念が残る場合には異なる史料を掲げるなど綿密な考証が加えられている。

(27) 一〇〇四年、契丹の聖宗《せいそう》と承天皇太后《しょうてんこうたいごう》が北宋の澶《せん》州まで侵入した。北宋の真宗も親征して両軍が対峙した結果、両国間で結ばれた盟約。国境の遵守、逃亡者の受け入れ禁止などとともに、北宋からは毎年絹二〇万匹・銀一〇万両を契丹へ贈ることも決定された。

(28) 封禅とは、天命を受けた皇帝が、天下泰平を天に報告し、国家の長久を祈る儀式。泰山は中国山東省にある聖山。

(29) 八九二年に反乱を起こす。九〇〇年に百済

要素も組み込まれており、高句麗・新羅の継承者を目指すという高麗の意図が読み取れる[奥村、一九七九]。

もう一つ、新羅の三大宝物に関わる説話を見ておこう。

(九二一年)春正月、(新羅が高麗に派遣した)金律が(新羅)王に「臣は先年高麗に使者として行きましたが、高麗王は臣に「新羅には三大宝物がある。丈六《じょうろく》の金像、九層塔、そして聖帯のことである。金像と塔はまだあるが、聖帯は今もあるのかどうか」と尋ねました。臣は答えることができませんでした」と申し上げた。王は群臣に問うてみたが、群臣は「聖帯とは何の宝物でしょうか」と言うばかりで、知るものはいなかった。その時、皇龍寺《こうりゅうじ》(35)に九〇歳をすぎた僧侶がいて、「聖帯は(新羅の)真平王《しんぺいおう》(在位五七九―六三二年)が身につけたもので、代々(の王は)これを(宝物として)伝え、今は南蔵にあると聞いたことがあります」と言ってきた。王は南蔵を開けさせたが、帯を見つけることはできない。さらに日を選んで潔斎し祭を行ったところ、この帯が見つかった。(『三国史記《さんごくしき》』巻一二)

『高麗史』(36)世家と『高麗史節要《せつよう》』(37)によれば、この帯は新羅滅亡後の九三七年に太祖に献上された。新羅の真平王に由来し新羅王室に伝えられた宝物の献上は、半島統治の正統性が新羅から高麗へと移譲されたことを象徴する。両史料には、青年時の王建が、海中の九層塔に登る夢を見たともある。ここでいう九層塔は、三大宝物

王を称した。九二七年には新羅の都であった慶《けい》州《しゅう》を占拠して景哀王《けいあいおう》(在位九二四―九二七年)を殺し、敬順王《けいじゅんおう》(在位九二七―九三五年)をたてた。九三五年に自分の息子たちに幽閉されたが脱出して、九三六年に高麗に降り、自らも兵を率いて後百済を滅ぼした。

(30) 四世紀前半、漢が設置した帯方郡《たいほうぐん》の故地を占領して誕生した国。北の高句麗と領土を争い、五世紀に一旦滅ぶが都を南に移して復興した。六世紀には、東に境を接する新羅により、百済の領土はさらに縮小した。六六〇年に唐・新羅連合軍により滅ぼされた。

(31) 『三国史記』(一一四五年に完成。全五〇巻)

の一つである皇龍寺の九層塔をさす。聖帝の帯と同様に、高麗国王こそが、半島の支配者に相応しいと宣揚するエピソードであった。

中国との交渉

高句麗の後継者として新羅の権威を取り込みつつも、王建即位の血統上の正統性は唐帝室からの血脈に由来するとされた。王建は唐皇帝の血を引くという説話がある(『高麗史節要』では粛宗《しゅくそう》の子孫だとする)。

唐=過去の中国の帝室に連なると称した高麗が、現実の中国と交渉を開始したのは、九二三年であった。太祖は五代の最初の王朝である後梁に使者を派遣、使者は五百羅漢像を持して帰国した(以下の記載は、特に断らない限り全て『高麗史』世家による)。

九二三年に後梁が滅ぶと、九二五年からは後唐に使者を派遣した。九三二年には、太祖は高麗国王に冊封《さくほう》[38]された。冊封を伝える詔には、「銀器匹段は別録の如し」とあり、後唐からは金属工芸品と繊維製品が下賜されたことがわかる。

太祖の死後、長子である恵宗《けいそう》(在位九四三―九四五年)が遺命により九四三年に即位した(**図4**)。同年中に後晋に即位を報告し、翌年にその冊封を受けたが在位わずか二年で死去した。跡を継いだ太祖の第二子定宗《ていそう》(在位九四五―九四九年)も在位はたっ

によれば新羅王の庶子であった。出家したが還俗して八九一年に反乱軍に身を投じる。九〇一年に高句麗王を自称。領土を拡大したが人心を掌握できず、九一八年に臣下らによって王位から追われた。

(32) 建国は四世紀半ばと高句麗・百済に比べて遅い。当初は劣勢であったが、六世紀には半島南部の加耶《かや》地方へと領土を拡大し始める。百済は高句麗と結んで対抗しようとしたが、新羅は唐と連合して百済・高句麗を滅ぼした。さらに六七六年には、半島に駐屯する唐の軍隊を駆逐し、半島の統一支配を確立した。

(33) 一世紀頃に国家としての形を整え始めた。

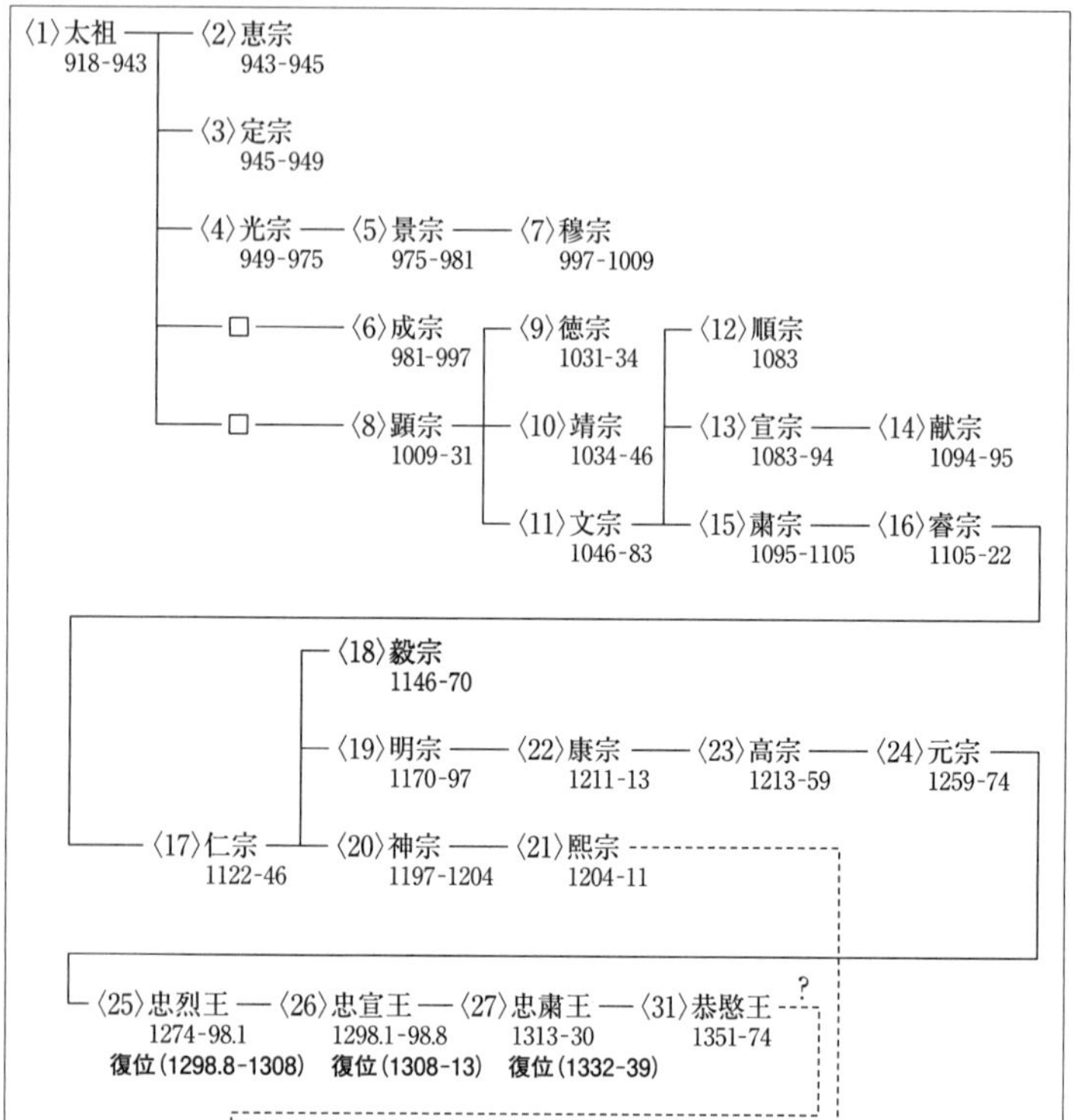

図4　高麗国王系図[朝鮮史研究会編，2011を参考に作図]

三世紀には魏に破れ、本拠たる丸都城《がんとじょう》も落とされたが、まもなく復興を遂げる。遼東半島に侵出する一方で、三一三年には漢代に置かれた楽浪郡《らくろうぐん》を攻略した。三九一年に即位した広開土《こうかいど》王《おう》とその息子の長寿王のもとで最盛期を迎える。六世紀後半から七世紀初頭にかけては隋から四度大軍が送り込まれるが、全て撃退した。六六八年に唐・新羅連合軍により滅ぼされた。

(34)　本来は、毎月の六斎日(八・一四・一五・二三・二九・三〇日)に八種の仏戒(不殺生・不偸盗・不飲酒など)を守ることを八関斎といった。新羅の時代に儀礼化し、高麗時代には一一月に行う祭礼となり、酒宴・奏楽も行われた。

た四年である。同母弟の光宗《こうそう》(在位九四九―九七五年)にいたってようやく王位は安定し、後周から冊封を受けた。

冊封を受けたことで、中国への朝貢はもちろん交易も全て高麗国王の管理下に置かれた。朝貢・交易によりもたらされる文物・情報の独占は、設立されたばかりの王権を政治的・経済的に強化するのに役立ったであろう。

趙匡胤《ちょうきょういん》(のちの太祖)が後周より禅譲を受けて北宋を建国してからは、北宋に朝貢を繰り返し、その冊封を受けた。北宋との緊密な関係は第五代景宗《けいそう》(在位九七五―九八一年)の代にも続く。

第六代成宗《せいそう》(在位九八一―九九七年)の時代には、これまでも先行研究で指摘されているように、礼制を中心に中国文化の導入が加速する。九八三年には、大宗廟堂・社稷《しゃしょく》堂・文宣王(孔子)廟の図一幅と書一巻、祭器の図が一巻、孔子の弟子である七十二賢への賛を記した書物一巻が、九九一年には大蔵経(北宋の開宝蔵)が請来された。盛んな交流を通じて、北宋の儀礼が多く高麗に導入された[豊島、二〇一七]。

理想化された過去の中国

五代諸王朝や北宋から冊封を受け、文物を下賜され、あるいは北宋の儀礼を受容してはいても、初期高麗の国王たちが理想としたのは、現実の中国ではなくやはり

(35) 新羅の真興王《しんこうおう》(在位五四〇―五七六年)が慶州に創建した寺院。主として、南面する三つの建築物とその南に配置された一つの塔からなる。善《ぜん》徳女王《とくじょおう》(在位六三二―六四七年)が九層塔(全高八〇メートルもあったという論者も)を建立した。皇龍寺は、王城における位置、寺院の規模、度重なる重要儀礼の挙行から判断して、新羅王権にとって最も重要な寺院であった。一三世紀末の高麗で書かれた『三国遺事《さんごくいじ》』には、九層塔は九つの敵国がもたらす災いを鎮めるため建立されたとある。

(36) 高麗一代を扱う史書。歴代王の事績を記す世家、諸制度を扱う志、列伝などからなる。一三九巻。編纂は李氏朝鮮《りしちょうせん》の

過去の中国であった。
九四〇年に太祖は、新興寺《しんこうじ》（『高麗史節要』では神興寺《しんこうじ》）に功臣堂を置き、その東西の壁面に半島統一に功績のあった「三韓功臣」を描かせ、無遮大会《むしゃだいえ》(39)を一昼夜設けた。功臣図を壁面に描くのは、唐太宗(40)（在位六二六―六四九年）が長安の宮城内（凌煙閣《りょうえんかく》）に二四人の功臣を描かせたことを先例とする［周藤、一九八五］。毎年開催された功臣堂での無遮大会は、参加した人々に、高麗の三韓統一という偉業と、高麗文化が唐文化を継承することを再確認させたであろう。

高麗が過去の中国を規範視することは、一〇世紀を通じて確認できる。九四九年に即位した光宗は、

> （九五〇年）春正月、大風が（吹いて）木を抜いて（倒して）しまった。王が災いを祓う方法を尋ねると、司天（天文博士）は「徳を修めるのが一番でございます」と奏上した。これより光宗は、常に『貞観政要』《じょうがんせいよう》(41)を読み学んだ。
>
> （『高麗史節要』巻二）

と、唐太宗の『貞観政要』によってこそ、王徳は高まると判断した。

中国文化の直接導入が盛んであった成宗の代には、現実の中国＝北宋から多量の文物を請来する一方で、過去の中国＝特に漢・唐の理想化が著しい。

成宗は九八九年、唐の太宗が父母の忌月に屠殺を禁止し、天下の僧寺に命じて五

時代、一三九二年に開始されたが、幾度かの改訂を経て一四五一年に完成した。

(37) 三五巻。一四五二年に完成した。編年体の歴史書として、『高麗史』と同一の編纂者により、同時期に編纂が進められた。

(38) 「冊」とは、諸国の王に与える任命書のこと、「封」とはその土地の王に「封」じるという意味である。王・郡王・公といった称号の他に、都督・将軍のような軍事権に関わる称号などが与えられた。

(39) 出家・在家や男女、貴賤といった差別なく、一切平等に法施（説法を聞かせるなど）と財施（食

日を限りに修行・読経させたことを先例に、太祖と父の王旭《おうきょく》のために五日、生母のために三日修行・読経させ、当該の月には屠殺を禁じて肉膳を絶つよう命じている。

翌年には、漢の皇帝を範として百姓の孝行を褒めた。また、長安—洛陽(42)を頻繁に往復した唐の皇帝に倣い、東京—西京の路上に位置する駅や、その土地の官人、老人などに物を支給した。

このころには高麗王宮の蔵書も増えていた。成宗は、秦《しん》・漢の昔に遡る中華の伝統習俗や、孔子と孟子の遺風を広めるため、典籍を集めて両京の文物庫に納め、西京に修書院《しゅうしょいん》を置いて諸生に史籍を書写させた。書籍収集は、直接には北宋に触発されたものであろうが、理想とされたのは遥か過去の中国であった。九九三年には、殷《いん》、唐、および晋の例を参考に、恵宗・定宗・光宗・景宗の四主を通じて一廟とすることを決定している。成宗朝では官制も唐の制度に倣って改革されていた〔周藤、一九八〇〕。

北宋自身が未だ自らの文化を確立してはいない中で、文化面のみならず、国家運営の根本となる官僚制においても、成宗朝の高麗は過去の中国を理想とした。

契丹と北宋の狭間で

高麗最初期の文化は、新羅から継承された知識・文物・技術・伝統を基礎として、

事を供するなど)を行う法会。

(40) 唐高祖の次男である李世民《りせいみん》は、長男で皇太子だった兄の李建成《りけんせい》をクーデターで殺害し、太宗として即位した。外征・内政に努め、唐繁栄の礎を築いた名君とされた。注72も参照。

(41) 太宗の言動を、内容ごとに分類して編纂したもの。一〇巻。書名は太宗朝の年号である貞観に基づく。唐皇帝のみならず、それ以降の王朝の皇帝たち、また東アジア各国の君主にも、理想の帝王像に学ぶ書物としてよく読まれた。

(42) どちらも中華文明の中心たる中原にあり、古来より都が置かれた都

図5　契丹小字銘銅鏡（韓国国立中央博物館所蔵）

その上に五代・北宋からもたらされた文物が加味されたものであった。前代の文物の継承と新たな文物の輸入と。現実の中国よりは過去の中国を理想とする態度も加えて、国風文化期の日本と高麗初期は、共通する文化的土壌にあった。

　しかしこの時期における高麗と日本には大きな相違点がある。第一に、同時代の日本は、北宋と国家レベルでは交渉しておらず、国家による文化の直接導入の機会はない。第二に、高麗は契丹と国境を接し、その軍事的脅威を受けるだけでなく、人と物とを受け入れていた（**図5**）。

　契丹と高麗との間で使者が盛んに往来し始めたのは、九九三年の契丹聖宗による高麗討伐を経て、九九五年に契丹が成宗を高麗国王に冊封してからである（『遼史』巻一三）。冊封の前年、九九四年に援軍派遣を求めるも拒否されたことで、高麗は北宋と断交していた。冊封年には、先に契丹軍を率いた蕭恒徳《しょうこうとく》(43)の娘を高麗王の后に

市。唐代には長安が都とされたが、洛陽は長安よりも物資の集積が容易ということもあり、皇帝たちは朝廷を引き連れてしばしば洛陽へ移動した。唐代には西都—東都とも呼ばれた。

(43)　契丹の軍人。契丹景宗の娘で、聖宗の同母妹である耶律延寿奴《やりつえんじゅど》を妻に迎えたが、延寿奴の病中に不義を行った。それを知った延寿奴が二一歳の若さで死去、延寿奴の生母である承天皇太后は激怒して九九六年に蕭恒徳に死を賜った。ちなみに、蕭恒徳の兄は延寿奴の姉を妻に迎えており、かつその姪は聖宗の後宮に入り貴妃となっていた。

迎えたいと願い出て許されている。

九九七年に成宗は死去しており、この婚姻はどうも成立しなかったらしい。ただし、交流の安定による文物流入の増加は想定してよい。例えば、一〇世紀後半から一一世紀前半に作成された托盞《たくさん》(茶器。上部の盞と脚台のついた盞托からなる)には、契丹の影響を認めてよいものがある[金、二〇一〇]。

穆宗《ぼくそう》(在位九九七—一〇〇九年)も、契丹の冊封を受けた。穆宗は一〇〇二年、契丹の北宋に対する勝利を祝う使者を派遣し、本国の地図を献上して臣従姿勢を明示してもいた(『遼史』巻一四)。一〇〇五年には、前年に澶淵の盟が結ばれたことを祝う使者を送っている(『遼史』巻一四)。

盛んに契丹へ朝貢する一方で、穆宗は九九九年、使者を北宋にも派遣した。使者は、国人が華風を慕っているものの、契丹に制せられて朝貢がかなわないと奏上した(『高麗史』世家、『続資治通鑑長編』巻四七)。一〇〇三年にも高麗は、「後晋が燕雲十六州を割譲してから、(契丹は高麗の地であるかつての)玄菟郡《げんとぐん》(44)まで直に到達できるようになり、しばしば(高麗に)侵攻し、略奪を常としています。(つきましては、北宋の)軍隊を国境に派遣して、契丹を牽制してくださいますように」と訴えている(『続資治通鑑長編』巻五五)。しかし北宋からの軍事的援助はついぞ得られなかった。

現実の中国(=北宋)と、理想化された過去の中国(=主として漢・唐)と、そして圧

(44) 前漢の武帝(在位前一四一—前八七年)が朝鮮半島に置いた四郡の一つで、建郡は前一〇七年。位置や境域については諸説ある。四世紀初頭、高句麗に併合され滅亡した。

倒的な軍事力を持ち高麗を冊封する契丹と。様々な文化に接しながら、高麗の文化的アイデンティティの形成に力を注いだのが顕宗《けんそう》(45)(在位一〇〇九―一〇三一年)である。

顕宗朝におけるアイデンティティ希求の高まりは、主として契丹の高麗侵入に起因していた(**図6**)。一〇一〇年五月、顕宗即位の不義を正すという名目で、契丹皇帝の親征が決定された。契丹は八月に高麗侵攻を北宋へ通達、一〇月に顕宗は使者を契丹に送るが謝罪は受け入れられなかった。契丹軍は一一月には鴨緑江《おうりょっこう》を渡る。高麗は抵抗らしい抵抗もできず進軍を許し、顕宗は王后らと都を捨てて逃亡した。一〇一一年正月には契丹皇帝が開京に入京、京内を焼き尽くした後に軍を返した。顕宗は二月に帰京し、四月には契丹に謝罪の使者を送る(『高麗史』世家、『遼史』巻一五)。

謝罪の使者を派遣した後も、両国間の緊張は続いた。武力を交えた契丹と高麗との応酬は、一〇二〇年まで続く。結局高麗は、一〇二〇年二月に旧来のごとく称蕃・朝貢することを申し出、一〇二二年四月に再び契丹の冊封を受けた。一〇二二年からは春夏の起居を問う使者と契丹皇帝の生誕および元旦を祝う使者を一度、秋冬の起居を問う使者と契丹の太后の生誕を祝う使者を一度、年に二度の使者を派遣することが決まる。契丹からは、高麗国王の生誕を祝う使者を受け入れた(『高麗史節要』巻三、『高麗史』世家、『遼史』巻一五)。

(45) 景宗の妃である献《けん》貞《てい》王后が、景宗の死後に王郁《おういく》(太祖と新羅王族の女性との間に誕生した男子)と密通して誕生した。生母が出産後に死去したため、いとこの王治《おうち》(成宗)に養育された。成宗が死去すると、景宗の息子である穆宗が即位した。しかし穆宗に男子は誕生せず、大良院君《だいりょういんくん》に封じられた顕宗に即位の可能性が生じた。穆宗の生母である献哀《けんあい》王太后は、金致《きんち》陽《よう》と密通してもうけた男子を擁立しようとしたが失敗、大臣らの推戴により顕宗が即位した。即位に及んでは、自身の地位を確かなものにするため、成宗の娘二人を後宮に入れ、有力貴族からも后妃を迎えた。

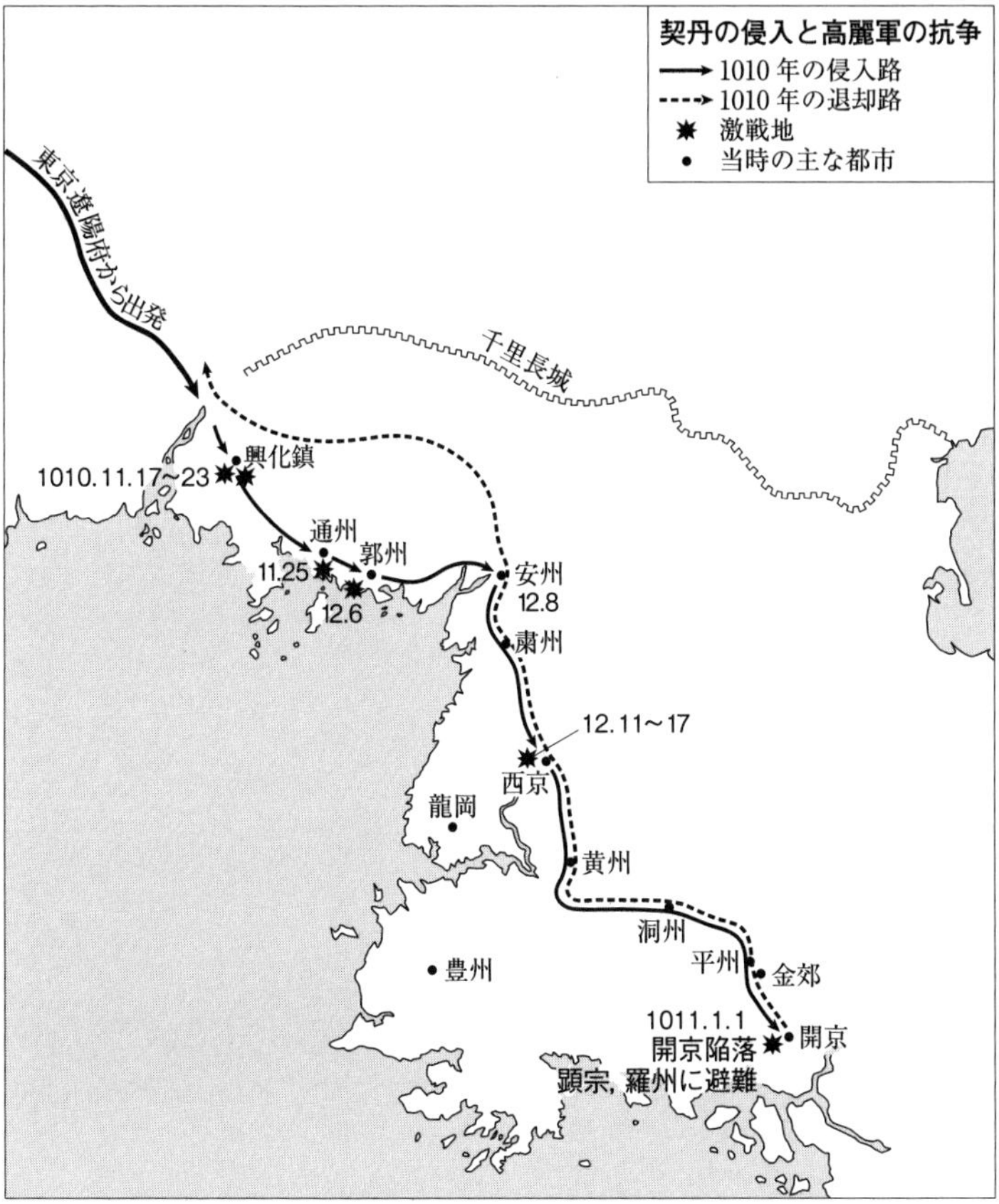

図6　契丹進軍の図［韓国教員大学歴史教育科編，2006を参考に作図］

顕宗朝高麗と契丹との関係はようやく安定した。盛んな使者往来に伴い、契丹―高麗間を様々な文物が行き交った。契丹からは以下の物品が下賜された。

犀玉腰帯二条・細衣二襲・金塗鞍轡馬(金で飾られた馬具をつけた馬)二匹・素鞍轡馬五匹・散馬(野馬)二十匹・弓箭器仗二副・細(目の細かい)綿綺羅綾二百匹・衣著絹(衣服を作るための絹)一千匹・羊二百口、酒や菓子は数を定めない。

(『契丹国志』巻二一)

このように、顕宗朝における北宋との関係は契丹との関係如何で変化した。契丹の高麗への出兵が再開された一〇一四年の八月に高麗は、使者を派遣して北宋への帰順を申し出た(『高麗史』世家)。中国(北宋)に倣った儒教的礼制整備も進む[豊島、二〇一七]。一〇一五年に高麗は契丹の侵攻を訴え、派兵を依頼したが、北宋は高麗の要請を拒否。高麗は使者派遣を重ね、北宋の年号を使用するなど臣従姿勢を明らかにするが、軍事援助が得られることはなく、朝貢使派遣の記録は、一〇二一年から一〇三〇年までみえなくなる。

アイデンティティの創出

契丹との冊封関係が復活し、北宋との公的関係は途絶した後も、宋商人の来航は相次いでいる。顕宗朝の宋商人来航記事は以下の通りである。

一〇一二年一〇月　南楚の人が方物を献上
一〇一七年七月　泉州の人四〇人が来て方物を献上
一〇一八年閏四月　江南の人二四人が来て方物を献上
一〇一九年七月己巳　泉州の人一〇〇人が来て方物を献上
一〇一九年七月壬申　福州の人一〇〇余人が来て香薬を献上
一〇二〇年二月　泉州の人が来て方物を献上
一〇二二年八月甲寅　福州の人が来て土物を献上
一〇二二年八月辛酉　広南の人が来て香薬を献上
一〇二六年八月　広南の人三人が来て方物を献上
一〇二七年八月　江南の人が書冊五九七巻を献上
一〇二八年九月　泉州の人三〇人が方物を献上
一〇二九年八月　広南の人八〇人が来て土物を献上
一〇三〇年七月　泉州の人が来て方物を献上

商人は全て南中国から至っている。この時期の高麗が入手できた文物は、首都開封ではなく、これら商人の元に集まった文物であった。高麗への輸出品は、国風文化期の日本がそうであったように、大なり小なり南中国の流行を反映していたことが予想される。

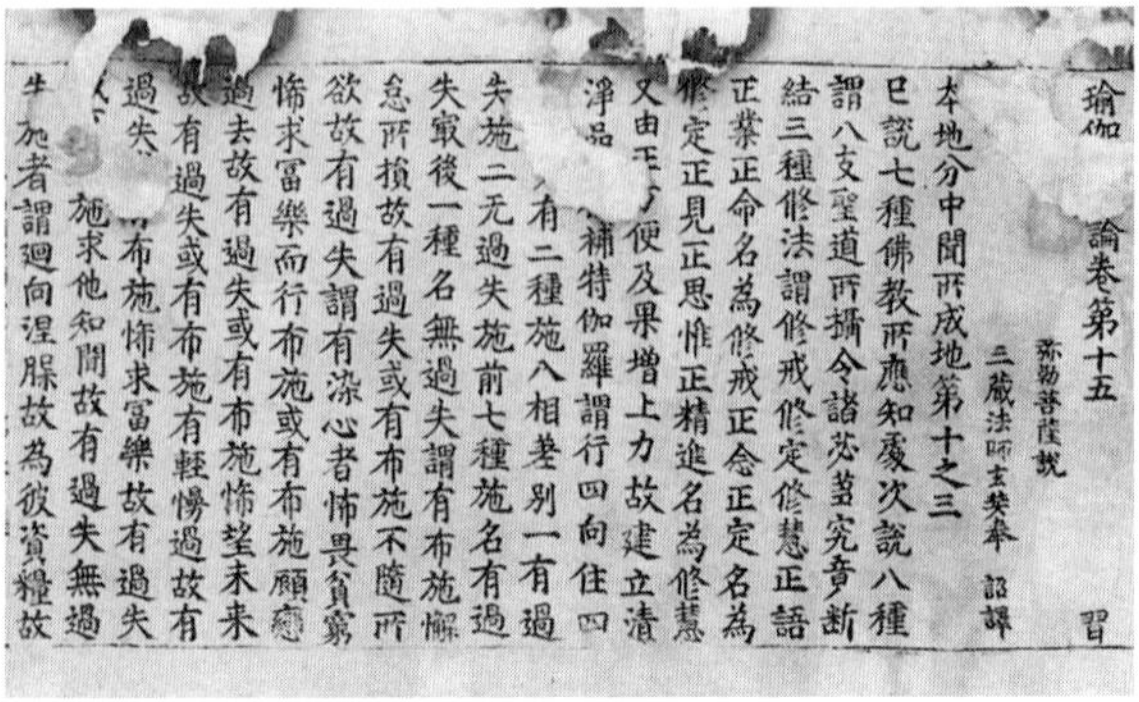
瑜伽　論巻第十五　習
彌勒菩薩說
三藏法師玄奘奉　詔譯
本地分中聞所成地第十之三
已說七種佛教所應知處次說八種
謂八支聖道所攝令諸苾芻究竟斷
結三種修法謂修戒修定修慧正語
正業正命名為修戒正念正定名為
修定正見正思惟正精進名為修慧
又由[illegible]便及果增上力故建立清
淨品　補特伽羅謂行四向住四
有二種施八相差別一有過
失施二无過失施前七種施名有過
失施後一種名無過失謂有布施懈
怠所損故有過失或有布施不隨所
欲故有過失謂有染心者怖畏貧窮
悕求富樂而行布施或有布施顧戀
過去故有過失或有布施悕望未來
故有過失或有布施有輕慢過故有
過失　布施悕求富樂故有過失
施求他知聞故有過失無過
生施者謂迴向涅槃故為彼資糧故

図7　高麗初彫版・瑜伽師地論，巻15(部分，韓国国立中央博物館所蔵)

この時期は特に、靺鞨《まっかつ》(46)・女真《じょしん》(47)から馬や武器の「献上」が相次いだ。軍備を強化せんとする高麗の求めに応じたためであろう。交易に至った靺鞨・女真の商人たちは、宋商人とともに朝貢使として扱われた。契丹の侵入を許し、その冊封を受けた顕宗朝の高麗では、朝貢使を創出することで、独自の華夷秩序を設定した[山内、二〇〇三]。

この他にも、アイデンティティ希求の高まりが窺える記事は多い。一〇一二年五月に慶州皇龍寺の九層塔を修築させた。翌年には史書編纂が始まり、一〇一七年一二月には高句麗・新羅・百済の王陵を修治し、またその前で下馬するよう命が下った。新羅の時代に始まった仁王会《にんのうえ》が再開されるのも、顕宗の時代である(一〇二〇年五月)。顕宗はさらに、慶州から金羅《きんらの》袈裟《けさ》と仏の頂骨《ちょうこつ》、仏牙を取り寄せて内殿で供養した(一〇二一年五月)。国家の安寧

(46) 中国東北部から朝鮮半島北部に住んでいたツングース系諸族の中国史料における総称。隋・唐時代には七部族に分かれ、その一部は高句麗の支配下にあった。六六八年に高句麗が滅亡すると、七部族の一つである粟末《ぞくまつ》部の大祚栄《だいそえい》によって渤海《ぼっかい》が建国された。渤海滅亡後は契丹、その後は女真(金)の支配下に置かれた。

(47) 女真の名は一〇世紀になって登場する。契丹が渤海を滅ぼした後、渤海の旧領土に残った人々が女真と称したらしい。女真は、契丹への服属の度合いが強いものは熟《じゅく》女真、弱いものは生《せい》女真と呼ばれた。一一一五年に生女真の完顔部の族長阿骨打《あくだ》が生女真を統一し金朝(一一一五―一

を祈願し、かつ新羅の継承王朝としての伝統と権威を強調するものであったのだろう。

大蔵経の出版事業㊽も開始された（**図7**）。北宋の大蔵経を直接の先例としつつも、一〇二九年四月に始まる蔵経道場が国家規模の護国法会であったことを考えれば［馬場、二〇一六］、自らの手による大蔵経完備は、その他の仏事と同様にアイデンティティの高まりを反映すると考えるのが自然である。

北宋文化の直接導入開始

徳宗《とくそう》の治世は短く、一〇三四年には第一〇代靖宗《せいそう》（在位一〇三四—一〇四六年）が即位する。靖宗は一〇三六年に北宋への遣使を試みるが失敗し、一〇三七年にいったん断絶していた契丹との通交を再開、一〇三九年四月からは、冊封関係が再構築された。

契丹との冊封関係は、第一一代文宗《ぶんそう》朝（一〇四六—一〇八三年）にも維持される。双方の使者が往来し、その度に宝物が贈られた。例えば、一〇五七年三月に高麗国王が冊封され、冠服・車輅・銀器・絹・鞍を置いた馬・弓箭などが高麗に下賜されている。契丹の皇帝や皇太后が死去した時には、その遺愛の品——王権内部で使用される一級工芸品——が贈られた。一〇六三年三月には、契丹大蔵経㊾も下賜された。

二三四年）をたてた。さらに熟女真も併せ、一一二五年には契丹を滅ぼした。

（48）一〇一一—一〇二九年に開版。北宋の開宝蔵を底本とした。後に北宋で大蔵経に追加された経典が将来されると、高麗版大蔵経にもそれら経典が追加され、最終的には一〇八七年に完成した。版木は元軍に焼かれたが、印刷したものが、全てではないが現存する。

なお、高麗では二度大蔵経が開版される。二度目の開版は元軍に版木を焼かれたことによるが、この時には、北宋から下賜された開宝蔵を底本に、契丹大蔵経（注49参照）による校訂を加えた大蔵経を開版した。この機に再雕された版木は海印寺《かいいんじ》に

王は西郊にこの大蔵経を迎えた。

北宋との関係はどうか。一〇五二年六月に北宋から使者が派遣され、宋商人の来航が増加した。一〇五八年八月、文宗は北宋への朝貢を検討したようであるが、門《もん》下省《かしょう》(50)は、

国家が北朝(契丹)と好《よしみ》を通じてから北辺には侵攻もなく民衆は日々を楽しんでおり、これぞ国を保つ上策といえましょう。かつて庚戌の年(一〇一〇年)に契丹から、東は女真と対立し、西は宋と通交したことを何をたくらんでのことかと責められました。さらには、尚書の柳参が使者となった時、(契丹の)東京留守からは、南朝(北宋)への使者派遣について尋ねられており、どうも(契丹には高麗への)不信感があるようで、もしも南朝との通交が北朝に知られれば両国には間隙が生じるでしょう。(中略)いわんや、我が国の文物・礼楽が興隆すること久しく、商船は珍宝を日々もたらしております。中国との交通が我が国に資するところはなく、契丹と永遠に断交するつもりでなければ、宋朝に使者を遣わすべきではありません。

(『高麗史』世家)

と進言し、朝貢は取りやめになった。実際この時代、契丹の了解・黙認がなければ高麗と北宋との交渉は成り得なかった[毛利、二〇〇九]。商船を介して文物が取得できるならば、不要な摩擦を引き起こしかねない国家間交渉は不要とする。この認

保存されている。

(49) 勅命により燕京《えんけい》の印経院《いんきょういん》で雕印された、官制の木版大蔵経。長らく幻の大蔵経とされていたが、一九七四年に山西省応県の仏塔内部より発見された。

(50) 中央官庁たる三省(尚書省《しょうしょしょう》・中書省《ちゅうしょしょう》・門下省)の一つ。中書省が起草した詔勅を審議する。

(51) 治世の前半には、前代に登用された能吏たちに支えられ、また太宗にならって善政を敷いた。この間の統治を開元の治と呼ぶ。しかし次第に政務にうむようになり、七五五年には寵臣安禄山に叛かれた。四川に落ち延びる途上で、反乱軍に対処するため霊武に留まっ

識が、同時代日本の朝廷の認識と似通っていることに留意しておきたい。

その一方で、理想化された過去の中国に対する憧憬は根強い。一〇五三年七月、唐の玄宗(51)が天宝八載（七四九）閏六月に、自ら太清宮《たいせいきゅう》を詣でて老子および高祖（在位六一八―六二六年）以下の諸帝に尊号を奉ったことを先例とし、毎年閏月の朔日には便《びん》殿《でん》（脇殿）において視朝（御前会議）するとした。

一〇五六年八月には西京留守が、使用している写本に誤写が多いため、秘書閣から九経《きゅうけい》、(52)『漢書《かんじょ》』『晋書《しんじょ》』『唐書《とうじょ》』（『旧唐書《くとうじょ》』）(53)、論語・孝経、子史、諸家の文集、医・ト・地理・律・算の諸書をそれぞれ印刷して送付するよう求めて許可されている。統一王朝の歴史書である『漢書』『晋書』『唐書』が要求されたことに注目しておきたい。

北宋文化受容の画期は、文宗朝の後半に訪れた。一〇六八年七月、福建転運使(54)の羅拯《らじょう》が使者を遣わし詔書をもたらした。朝貢の呼びかけが江南の官人を介して行われたのは、国家間交渉の再開が交易を視野に入れたものであったためである〔近藤、二〇〇二〕。一〇七〇年八月にも羅拯が使者を派遣し、翌年三月に高麗は北宋に合計一一〇人の使節を派遣した（『宋史』巻四八七、『高麗史』世家）。

一〇七四年には、高麗の求めに応じて宋から医師・薬師と画工・塑工が派遣された（『宋史』高麗伝、『続資治通鑑長編』巻二五〇）。この時、自身を表彰しうる、誇るべ

た息子がクーデターを起こし、皇位を追われた。

(52) 儒教における九種類の基礎経典。

(53) 唐代についての正史。全二〇〇巻。五代後晋の時代に編纂された。唐一代を扱う史書は二種現存する。成立の早いものを『旧唐書』、北宋代に編纂されたものを『新《しん》唐書《とうじょ》』（全二二五巻）と呼び分けている。

(54) 福建から京師までの糧粟の水陸運送を掌《つかさど》った。

(55) 北宋神宗《しんそう》朝（一〇六七―一〇八五年）に開封で活躍した山水画家。大画面による作成を得意とし、光と雲煙で空間を表現した。徽宗《きそう》（一一〇〇

き新文化として、北宋画壇を代表する郭熙《かくき》(55)の絵画（**図8**）が高麗に下賜された［塚本、二〇一六］。唐朝の文物を凌駕したという北宋の自負が、ここに初めて高麗に伝えられたわけである。現実の中国の文化が皇帝権力を背景に、しかも過去の中国の文化を凌駕するものとして伝えられたことで、高麗では北宋の文化的影響力が強まっていく。

とはいえ、北宋との交渉が再開された後も、契丹との冊封関係は維持され毎年の使者の往来は続いた。宋と高麗の国家交渉は、毛利英介が指摘するように、契丹を

図8　郭熙「早春図」（台湾国立故宮博物院所蔵）

一一二六年）の時代になると、郭熙への評価は急速に低下し、郭熙の作品は雑巾として使用された。

(56) 現在のハノイに置かれた。唐による南方の監察・支配の要であった。八六三年、南詔《なんしょう》（中国雲南省の大理を中心に、八世紀半ばに成立した国）が軍を差し向けて安南都護府を陥落させる。唐は翌年に高駢《こうべん》を派遣し南詔の軍を退けた。この功績をもって、高駢は静海軍節度使に任じられた。

(57) 高駢より後、曲《きょく》氏、楊《よう》氏、矯《きょう》氏が静海軍節度使を称した。

(58) 唐末以来めまぐるしく交代した政権の中で、初めて王を称した。九四

盟主とする安定した国際関係の中で展開したのであり［毛利、二〇〇九］、一一世紀後半に直接流入し始めた北宋の文化は、高麗では常に契丹の文化と相対化される状況にあった。

3　北部ベトナム——「中国化」の実相

前黎朝

唐末から五代十国時代の北部ベトナムでは、八六六年に安南都《あんなんと》護府《ごふ》(56)に静海軍節度《せいかいぐんせつど》使《し》(57)が設置された。しかし、八八〇年に静海軍の兵が反乱を起こし、朝廷が派遣した節度使を追放した。九〇五年ころから、初めて地元の土豪である曲承裕《きょくしょうゆう》が静海軍節度使を自称した。

しばらく曲氏による支配が続くが、九三〇年、十国の一つである南漢《なんかん》（九〇九—九七一年）が侵入して曲氏の政権が倒された。南漢軍を追い出した楊廷芸《ようていげい》は節度使を称するが、麾下の武将である矯公羨《きょうこうせん》に殺害された。楊廷芸の女婿だった呉権《ごけん》(58)は、南漢軍を引き入れた矯公羨を九三九年に倒し王を称したが、やはり政情が安定することはない。十二使《じゅうにし》君《くん》(59)の分裂時代を経て、ようやく初めての王朝となる丁朝《ていちょう》（九六六—九八〇年）が登場した。

四年に呉権が死去すると、妻の兄弟＝楊廷芸の息子である楊三哥《ようさんか》が王を称し、呉権の次子である呉昌文《ごしょうぶん》を義子とした。呉昌文は、地方遠征を命じられた際に楊三哥に背き、兄の呉《ご》昌岌《しょうきゅう》と共に王を称した。

(59) 九六三年に呉昌文が戦死すると、呉昌岌の息子である呉昌熾《ごしょうし》が「呉《ご》使君《しくん》」と称した。しかし紅河デルタ各地の土豪は従わず、呉昌熾も含めて一二人の「使君」が互いに勢力を競った。

(60) 丁部領は、「十二使君」と呼ばれる土豪を統合し皇帝を自称した。妻に楊氏と呉氏の女性を迎えるなど、婚姻によって前政権の支持者も自身の勢力に取り込もうとしたが、内紛により長子とと

図9　ホアルー遺跡（著者撮影）

丁朝を開いた丁部領《ていぶりょう》[60]は、年号（「太平」）をたて、銭貨（「太平興宝」）を発行した。九七九年に「大勝明《だいしょうめい》皇帝」と称しており、一〇世紀末には、北部ベトナムは自らの為政者を「皇帝」とみなしていたことが知られる［桃木、二〇一一］。北部ベトナムが国家としての自覚を強めていく中で、その範としたのは中国であった。

丁朝は二代で滅び、前黎朝《ぜんれいちょう》（九八〇—一〇〇九年）が開かれた。『大越史略《だいえつしりゃく》』[61]（以下『史略』）によれば、前黎朝をたてた黎桓《れいかん》[62]（大行皇帝、在位九八〇—一〇〇五年）は、建国から四年、九八四年には、先行する丁朝の都であり、二つの河川が合流する要所に所在する華閭《かろ》（現在のニンビン省ホアルー）の火雲山（『大越史《だいえつし》記《き》全書《ぜんしょ》』[63]〈以下『全書』〉では大雲山）に宮殿を建立した。その都の跡であるホアルー遺跡（**図9**）は、切り立った花崗岩に囲まれた小さな平坦部と湖、鍾乳洞が集中する地域にある。外敵

もに殺害された。

（61）一四世紀初頭以前に成立したベトナムの歴史書。明が北部ベトナムを占領していた時代に中国に持ち去られ、長らく逸書となっていた。一二七二年成立の黎文休《れいぶんきゅう》『大《だい》越史《えつし》記《き》』（現存せず）と同一、あるいは再編ともいわれるが不明。

（62）もとは丁部領の武将であった。九七九年に丁部領が殺害されると、丁部領と楊氏（楊廷芸の一族）の間に誕生した丁《てい》璿《せん》が六歳で即位した。しかし丁璿は黎桓の傀儡に過ぎず、北宋の進軍を前に九八〇年に黎桓に譲位した。丁璿の生母は黎桓と結婚して黎桓を支持した。なお丁璿は一〇〇一年に戦死。

からの守りは堅いが、大規模な都城が建設できる土地ではない。

ここに前黎朝は、柱を金銀で装飾した百宝千歳殿を中心に、東西に瓦葺きの風流殿・栄華殿を配置するなど、全体に中国をモデルとした都を建設したらしい。残念ながら、ホアルー遺跡の全面的な発掘調査は行われていない。ただしいくつかの発掘溝からは貴重な遺物が発見されており、出土瓦には占城《チャンパー》(64)を経由したインド起源の様式が確認されている[西村、二〇一二]。また、のちに昇龍城《タンロン》(後述)で使用される赤色の鳥形屋根飾りも出土した。

造都の翌年、王の誕日(誕生日)に川に船を浮かべ、船には竹で作った山を置き、山を南山と称して競渡(ボートレース)を催した(『史略』)。南山とは中国華北の終南山《しゅうなんざん》のこと。終南山は欠けも崩れもしないという句(「南山之《なんざんの》寿《じゅ》」『詩経』小雅・天保)にちなみ、長寿を祝って名付けたものである。前黎朝第三代臥朝《がちょう》皇帝(黎龍鋌《れいりゅうてい》)の誕日にも、竹で造山を築いた(一〇〇六年)。

誕日に飾り山を作るのは、前黎朝の創意ではない。『旧唐書』には、唐穆宗《ぼくそう》(在位八二〇—八二四年)の元和《げんな》一五年(八二〇)、穆宗誕日の翌日に「苑内に作った仮山が壊れ、役者七人が圧死した」(巻一六)という記事がある。唐後半期、宮苑内に皇帝の誕日に合わせて仮山＝作り物の山を置き、その付近で何らかの演目を催すことがあった。北宋初期にも太祖が造山を築いていたが(『宋史』巻二七七)、これは誕日に

(63) 一四七九年に呉士連《ごしれん》によって撰進された。編纂がなった黎朝(一四二八—一五二七年、一五三三—一七八九年)で正史の扱いを受け、一八世紀末まで増補が続いた。黎朝では儒教が国家的に重視されており、度重なる増補は儒教的に正しい歴史を描くための改変・付加である可能性が指摘されている。

(64) ベトナム中部沿岸地域にあったチャンパーをさす。占城とはチャンパー王城を意味する「占婆城(チャンパープラ、またはチャンパーナガラ)」のこと。南シナ海・インド洋と中国(福州・広州)を結ぶ重要な中継貿易国家であった。

合わせて築かれたものではなく、また民の労苦になると造山は速やかに破壊された。前黎朝が誕日に造山を築いたのは、唐代の事例を参考にしたのであろう。

競渡は、六朝時代以来、中国江南地方で盛んに行われていた。ただし皇帝の誕日に競渡が行われた事例は見当たらない[和田、一九八二]。先例の有無は不明であるが、河川の連結部分に都をおいた黎桓にふさわしい行事であった。

現実の中国との関係はどうか。北宋との交渉は緊張(交戦)と緩和(節度使任命)を繰り返した。まずは九八〇年、黎桓による国事の奪取を正すという名目で北宋が出兵する。実際には、かつて唐の直接支配下に置かれた北部ベトナムを、再び支配下に組み込むことを目的としていた[河原、一九七五・一九八四/遠藤、二〇一七]。黎桓は北宋軍を撃退し、九八二年に前王である丁璿《ていせん》(在位九七九—九八〇年)の名による朝貢使を派遣した(『続資治通鑑長編』巻二三)。翌年に黎桓は王朝交代を伝え、節度使任命を願い出た。九八六年に黎桓が節度使に任じられた後は、両国に衝突が生じることはない。黎桓が一〇〇五年に版本大蔵経(開宝蔵)を請い許されたのは、両国の良好な関係を象徴する(『会要』蕃夷四)。国内や南方諸国に対して皇帝を自称しつつも、北宋からは静海軍節度使、のちには交趾《こうし》郡王《ぐんおう》(65)や南平王《なんへいおう》(66)に冊封されるという二重構造は、この後も長く続くことになる[片倉、一九七二/桃木、二〇一一]。

中国的な風貌を持ち、北宋から節度使に任命されてはいたが、その一方で、初期

(65) 交趾郡は前漢の時代に置かれた。隋・唐代にも交州支配の中心は交趾にあった。静海軍節度使の支配領域に交趾が含まれることから、丁朝・前黎朝・李朝の皇帝たちが交趾郡王に任じられた。

(66) 五代の頃から、中国の東西南北の国境に方角を冠した平王が置かれた[山崎、二〇一〇]。

(67) オリバー・ウォルタースが提唱した前近代東南アジアの王権に関する説。男系・女系どちらかの系譜観念に頼ることなく、双系的な家族観を持つ社会において、個人の実力・カリスマ(軍事的・宗教的な卓越性と、富の配分を伴う経済的優位によって立つ)により他の有力者の支持を取り

の大越＝安南国家には「マンダラ論(67)」のいう「東南アジア的国家」の色彩の方が、「中国的」な色彩よりもずっと濃厚だった。漢字・仏教などの面での中国の影響はともかく、儒教的君主観や家族制、官僚制や領域支配などは当初から定着していたわけではなく、各地方勢力に対する支配は、主に王者の持つカリスマ性に依存する不安定なものだった［白石、一九九四］。

九八二年には黎桓が占城《チャンパー》に親征し、多数の捕虜と宮妓数百人を捕らえた。重宝も奪い、金銀宝貨は万を超えた。さらには、祖先の霊を祀る廟（『史略』では宗廟）を壊して都に帰っている。南で国境を接する占城親征は、占城が交易の要地だったこともあり、王権の強化に極めて有効であった。

三代臥朝（在位一〇〇五―一〇〇九年）の時代に、北宋との関係は安定期を迎えた。往来する使者によって北宋の文物が前黎朝に伝わる。一〇〇七年に前黎朝は使者を派遣して九経と大蔵経を求めた（『会要』蕃夷四、『安南志略《あんなんしりゃく》』）。文武の官制も、北宋に倣って整備された（『史略』『全書』）。

建国初期の李朝

一〇〇九年、前黎朝の第三代皇帝である黎龍鋌(68)が死去した。その遺児が一〇歳で即位するも、一〇〇九年には李《り》公蘊《こううん》(69)（太祖、在位一〇〇九―一〇二八年）に譲位した。

付ける王権のあり方のこと。その地位を特定の家系内で世襲させることは難しく、王位争いやクーデターが頻繁に発生することとなる［桃木、一九九六］。

(68) 黎桓の第五子。一〇〇五年に黎桓が死去、兄の黎龍鉞《れいりゅうえつ》が即位したが、兄弟間で皇位をめぐる争いが起こる。一〇〇七年には北宋に朝貢して静海軍節度使となった。一〇〇九年に急死した。

(69) 『全書』では、生母が仏寺で遊んだ際に神人との間にもうけたとされる。実際には、李公蘊の即位に尽力した僧侶の万《ばん》行《ぎょう》が父親であったというのが通説である。黎桓に仕えてその娘を娶っていた。黎龍鋌が死去した時

表1 李朝皇帝一覧[桃木, 2011]

廟号	生没年	在位年	先帝との続柄(生母)	皇后(人)
1 太祖	974 -1028	1009 -1028	(范氏[明德太后])	6~9
2 太宗	1000 -1054	1028 -1054	長男(立教皇后黎氏[霊顕太后])	7~8
3 聖宗	1023 -1072	1054 -1072	長男または三男(枚皇后[金天太后])	8
4 仁宗	1066 -1127	1072 -1127	長男(倚蘭元妃黎氏[霊仁太后])	3~5
5 神宗	1116 -1137	1127 -1137	弟崇賢侯の子(杜氏[皇太后])	1~4
6 英宗	1136 -1175	1137 -1175	次男だが嫡出(感聖夫人黎氏[皇太后])	1
7 高宗	1174?-1210	1175 -1210	六男(杜氏[昭天至理皇太后])	1
8 恵宗	1194 -1226	1210 -1225?	長男または三男(安全元妃譚氏[皇太后])	1
(9 昭皇)	1218 -1278	1225?-1226	次女(皇后陳氏)	—

李朝の建国である(**表1**)。

一〇一〇年年正月に改元した太祖は、二月に紅河上流に遷都を命じた。早くも七月には新都に移り、丁朝・前黎朝の都であった華閭を長安《ちょうあん》府《ふ》と改めた。

李朝が都としたのは、唐の安南都護府があった地(現在のハノイ)である。『嶺外代答《れいがいだいとう》』(70)巻一によれば、都である昇龍《タンロン》城には、「安南都護府」という扁額を掲げた楼閣が残っていた。旧都である華閭を長安府と改称したことといい、朝政の場である乾元殿《けんげんでん》(『史略』では朝元殿)を中心に、木造瓦葺きの建物群が左右対称に立ち並ぶ都城を都護府の跡地に建設したことといい、殿舎の配置・名称においては北宋に範を求めたことといい[ファムレフイ、二〇一二]、漢文世界——最も重要な交渉相手である北宋のみならず、李朝の内部にも、長く唐の支配を受けたことで漢文

には、殿前指揮使《でんぜんしきし》として禁軍を掌握する立場にあった。

(70) ベトナム・占城・シュリーヴィジャヤといった嶺南・南海の貿易相手国の地理・人物・物産などをまとめた書物。一一七八年に撰述された。全一〇巻。

世界になじんだ集団がいたはずである――に対し、唐の権威継承を主張した遷都であったのだろう。

一〇一一年、宮城内部に仏教寺院である万歳寺《ばんさいじ》と道観(道教の寺院)である太清宮《たいせいきゅう》が建立された。太清宮という名称は、唐玄宗が老子を祀るために建立した太清宮の名称を踏襲している[大西、二〇〇一]。そもそも太祖は唐の国姓である李氏を名乗っている(『嶺外代答』巻二)。建国初期、中華を目指す李朝の眼差しは、過去の中国=唐に向けられていた。

李朝は、丁朝・前黎朝を支持した人々の支持も取り付けねばならない。丁朝・前黎朝時代の文化を継承する必要もあった。

一〇二一年、太祖は自らの誕日を天成節《てんせいせつ》とし、竹を組み合わせて万歳南山《ばんぜいなんざん》を築かせた。峰の上には飛んだり奔《はし》ったりする禽獣を作り、その様は奇怪なること万状、人々に禽獣の声を倣わせて楽とし、宴を群臣に賜ったという(『史略』『全書』)。大規模な造山だったようで、翌年の天成節には、民の労苦となるのを避けるため造山の造営を取りやめている(『全書』)。丁朝、前黎朝と続いた造山に倣ったものであろう。また、昇龍城の屋根を飾る瓦飾りや磚《せん》(煉瓦の一種)は、華やかな赤色であることも含め、その外見において華閭を継承している[西村、二〇一二]。

現実の中国との関係でいえば、太祖は、一〇一〇年には北宋に初めての使者を派遣、静海軍節度使の称号を授けられた。大蔵経と太宗御筆による書法（書の手本）の下賜を許されてもいる（『会要』蕃夷四）。このころ北宋では、真宗が太宗の御筆を龍《りゅう》図《と》閣《かく》に納め(71)、一〇〇一年以降はしばしば近臣を召して太宗御書の観賞会を催していた。太宗の御筆に隔絶した意義を持たせることで、北宋の文化的求心力を高めるためであった［塚本、二〇〇四］。李朝はこのタイミングで太宗の御筆を求め、そのような真宗の政策に応じたわけである。李朝は、前黎朝のように北宋と軍事的に対立し、社会を疲弊させるよりは、北宋の政策に沿い両国関係を安定させることによる国力充実を優先したのだろう。

太祖は、一〇一二年にも北宋へ使者を派遣、一〇一四年には馬一〇〇匹を北宋に献上した。その甲斐あって、一〇一六年に太祖は初めて南平王に封じられる（『全書』『史略』）。使者派遣は相次ぎ、一〇一七年には再び大蔵経の下賜を願い出て許された（『会要』蕃夷四）。一〇二一年、八角の経蔵を建てて大蔵経を安置し、一〇二三年には大蔵経を書写して大興蔵に留めたという（『全書』）。

先に見たように、前黎朝の時代にも、大蔵経は二度下賜されていた。李朝がなおも大蔵経を求めたのは、北宋に対しては朝貢国としての立場を明示するためであり、国内に対しては新都に相応しい新たな大蔵経が必要だったためであろう。

李朝は、熱心に仏教を信奉した王朝であった。寺院建設と寄進、宗教儀礼の主催

(71) 太宗の御書・御集や遺愛の品、さらに秘閣の副本が置かれた蔵。重層構造で、上階には太宗の御書が納められた。階下の瑞総閣には祥瑞として献上された品々が納められた。太宗を顕彰するために真宗が置いた［塚本、二〇一六］。

(72) 唐高祖の治世において、皇太子となっていた長子の李建成と、名望を得ていた次男の李世民《りせいみん》が、次の皇位を巡って争っていた。李建成は弟の李元吉《りげんきつ》とともに李世民の側近を讒言で退け、かつ李世民の殺害も計画していた。六二六年、李世民は宮中に参内しようとしていた李建成と李元吉を襲撃して殺害した（玄武

が王権の維持に不可欠であったためとされる。ただし李朝が利用した宗教は仏教に限られない。皇帝の近辺には度々竜が出現したという。竜をモチーフとした瓦飾りも昇龍城から発見されている。竜の加護を演出することで、王権の正当性の強化が目指されていた〔片倉、一九九三〕。また山川に宿る神々への信仰も盛んであった。宮城内部に太清宮という道観を建立したように、道教も王権強化に利用されている。儒教も含めて、使えるものは何でも使うという、東南アジアの王権に一般的な複雑さを、建国初期の李朝は内包していた〔桃木、二〇〇一〕。

第二代太宗と第三代聖宗

一〇二八年に太祖が死去すると、帝位を巡り太祖の長子仏瑪《ふつま》と異母弟、及び彼らの叔父との間に武力衝突が起こった。『全書』には、内侍の李仁義《りじんぎ》が唐太宗・周公《しゅうこう》旦《たん》の例(72)に倣って討伐するよう勧め、仏瑪は肉親の討伐を決意、宮臣の黎奉暁《れいほうぎょう》の奮闘により三王府の兵が退き、仏瑪(太宗、在位一〇二八―一〇五四年)が即位したと記されている。

『全書』にはまた、太宗は日頃より唐史を読み習っており、黎奉暁の功績を李世民による玄武門《げんぶもん》の変を助けた尉遅敬徳《うっちけいとく》(73)を超えると称えたとある。『史略』にはなく、史実を反映するかは疑わしいが、唐への関心の高さを考慮するに、完全に後世の創

門の変)。これを受けて高祖は速やかに譲位し、李世民は太宗として即位した。周公旦は、周の武《ぶ》王《おう》を助けて殷を滅ぼした。武王が死去し、その遺児が幼少ながら即位すると(成王《せいおう》)、殷の紂王《ちゅうおう》の男子が周公旦の兄弟らと反乱を起こした。周公旦はこの反乱を鎮圧して摂政を務めること七年、成王に政権を返したという。唐太宗・周公旦はいずれも肉親を討伐して王朝繁栄の礎を築いた人物、ということであろう。

(73) 李世民に従い唐の統一に大きく寄与した。唐太宗の忠臣の一人で、玄武門の変を起こすよう、長孫無忌《ちょうそんむき》とともに進言した。玄武門の変では兵を率いて李元吉を殺害、勲功第一と評された。

作と退けるのも躊躇される。

前黎朝以来の伝統である競舟と誕日の造山は、太宗朝でも踏襲された。即位年六月の誕日には、竹を使った万歳山《ばんざいさん》(『全書』では万寿南山)が作られた。五峰ある造山の中央を「長寿仙《ちょうじゅせん》」(『全書』では長寿山)といい、山上には飛仙や鳥獣を飾った。山の中腹を神竜が取り巻くようにし、巌を設けて中に人を居らしめて笛を吹かせた(『史略』『全書』)。

太宗は一〇三四年、訓練した象二頭を北宋に献上し、版本の大蔵経を下賜されている。大蔵経は書写され、僊遊山《せんゆうざん》の重光寺《じゅうこうじ》に安置された(『全書』)。前黎朝の黎桓以来、皇帝はそれぞれ版本の大蔵経を得ていた。李朝では、二代続けて、北宋から下賜された大蔵経を勅命で書写させたこととなる。初期の李朝では、一代一度の大蔵経獲得とその書写は、王権にとって重要な意味を持ったようである。

太宗朝の王権の強化は太祖朝よりも盛んである。即位直後に神人が万歳寺に迹《あと》を現したという記事を皮切りに、『史略』『全書』には、在位を通じて黄竜や麒麟が出現するなどの祥瑞が記される。

仏教的な祥瑞も多い。一〇三二年には釈迦寺で優曇華《うどんげ》が咲いたというが(『史略』『全書』)、優曇華は転輪聖王《てんりんじょうおう》(74)の出現に応じて咲くとされる。太宗は転輪聖王と同一視されていた。一〇三四年、李氏の出身地である古法《こほう》州(バクニン省)の法雲寺で地

(74) 正法をもって世を治める王のこと。金・銀・銅・鉄の四種があり、須弥山《しゅみせん》を取り巻く四大陸のうち四つ全てを支配するものが金輪聖王、支配する大陸が一つ減るごとにグレードが下がり、一つの大陸を支配するのが鉄輪聖王となる。仏教の開祖である釈迦牟尼は、在家のまま即位すれば転輪聖王となり、出家すれば悟りを得て仏陀になると予言されていた。

中から舎利と四重からなる容器（石函―銀函―金函―瑠璃瓶《るりへい》）が発見されたのも（『史略』『全書』）、閻浮提《えんぶだい》(75)全土に舎利塔を建立した転輪聖王である阿育王《あいくおう》(76)を連想させる。

一〇四〇年には、宮女が錦や綺（あやぎぬ）の織り方に習熟したため、内府に保管されていた北宋の錦綺で袍《ほう》を作り官人に与え、皇帝自身は北宋の錦綺を身につけないと宣言した。また、千余の仏像と千余の仏画、万余の宝幡が完成したことを祝う羅漢会《らかんえ》が開かれた（いずれも『全書』）。太宗朝では工芸技術が朝廷主導で向上したようであるが、現存する作品はなく実態は不明である。

一〇四四年に太宗は占城に侵攻した。李朝軍は湖江（『全書』では五蒲江）南岸に布陣していた占城軍を破って占城王を殺害、馴象三〇、捕虜は五千余を得た。李朝軍は王城に入り、金銀珍宝、王の妻妾はもちろん、宮女のうちで天竺の歌舞に優れた者を捕らえて帰国した。これら宮女たちのために、宮城の後苑に銀漢宮《ぎんかんきゅう》が建てられた（『史略』『全書』）。

占城から略奪した人と物のインパクトにより、非中国的、インド的な王権のあり方が脚光を浴びる。一〇四五年、太宗は黄金で飾った太平車を作り、象に引かせた。占城侵攻で得た大量の宝物と、音楽・舞踊が王権に占有されたことで、太宗朝の支配者層では中国文化が強く相対化されていた。

初期ベトナムの王権には、東南アジア世界の王権との共通性が多いという。北部

(75) 仏教の世界観で、須弥山の南に位置する大陸。上辺の長い台形型をしている。釈迦牟尼が誕生したのも、現在我々が住んでいるのも閻浮提である。

(76) インド・マウリヤ朝のアショーカ王（注13参照）。強力な王権を打ち立て、また仏教を庇護したことから、仏教徒の中で伝説化された。仏典においては、全閻浮提を支配する鉄輪聖王とされた。漢訳されたアショーカ王伝説は、中国皇帝たちに大きな影響を与えた。阿育王を志向する皇帝たちは盛んに舎利を供養し、その意を受けた臣下・僧侶たちは皇帝を転輪聖王と称賛した。

ベトナムと占城との間には、失脚した指導者や国内の反対派が他方に亡命するなど、文化的親近性も強かった〔桃木、二〇一一〕。公的な場では中華であろうとしたものの、占城（東南アジア）の文化が、李朝の朝廷から排除されることはなかった〔西村、二〇一二〕。

インド的文化への傾倒は、太宗の長子または三男である聖宗《せいそう》（在位一〇五四―一〇七二年）の時代にも継続した。一〇六〇年、聖宗は自ら占城の楽曲を再編成し、楽工に歌わせた（『史略』）。占城の楽曲が皇帝により変容させられたことに留意しておきたい。また聖宗朝で相次いだ白象の帝室への献上は、普賢菩薩《ふげんぼさつ》(77)が白象に乗ることと関連して説明されることがあるが、インド文化圏において白象は高貴な人物の乗り物であったことも念頭に置かれるべきである。

一〇五七年には、天福《てんぷく》・天寿《てんじゅ》の二寺も建立され、黄金で作った梵天《ぼんてん》・帝釈天《たいしゃくてん》の二像が安置された（『史略』『全書』）。古代インドに由来する二神を祀るこの寺が、純然たる仏寺であったかはやや疑わしい。支配者層にインド趣味が強いのみならず、太宗朝で得た多数の捕虜に加え、聖宗朝では、占城・真臘《クメール》・ジャワ・ラオスの商人が来航しており、彼らに対して王権の求心力を高める必要があったことを考えれば、両寺院の主神が複合的な性格を持たされていた可能性は高い(78)。

一〇六九年二月から聖宗は占城に親征した。三月には占城王を真臘との国境で捕

(77) 如来の悟りの理法や禅定、修行の面を顕わした菩薩。六本の牙のある白象に騎乗した姿で表現されるのが一般的。

(78) 仏寺が建立されなかったわけではない。同年には、高さ一〇丈、三〇層（『全書』では一二層）もある仏塔（大勝資天《だいしょうしてん》宝塔《ほうとう》）が建立されている。

らえ、国王拿捕の翌月には占城の首都である仏誓城《ぶっせいじょう》を占拠した。『史略』によれば聖宗は、

> 夏五月、占城王の宮殿で群臣に宴をもうけ、王みずから戦いの舞を踊り、宮殿の階《きざはし》で蹴鞠をした。王命により仏誓城内外の人家を全て数えさせると二五六〇戸ほどあり、これをみな焼かせた。（中略）（六月）辛酉、王は占城から朝東津《ちょうとうのつ》に至り、軍容を整え、儀衛を盛んにするよう有司（官吏）に命じた。上《しょう》は宝車に御し、群臣は騎馬で先導した。占城王の第矩《ていく》は、麻骨冠《まこつかん》を被り、綿布の衣をまとい、腰には絹を結ばせ、禁軍である武都《ぶと》の（軍に所属する）五人に（王を）曳き回させた。その党族《とうぞく》も（縄に）繋いで王に従って（曳き回させた）。

と、徹底的に王城を破壊し占城王の権威を否定した。帰国後のパフォーマンスは、見た者に対し、聖宗の権力を飛躍的に高める効果を与えたであろう。『全書』によれば、この親征で捕らえられた捕虜は五万人にのぼる。占城出征は、労働力となる奴隷の確保も目的の一つとしていた［桜井、一九九九］。

政治の場では、引き続き中華が理想とされた。一〇五九年には、百官は朝見にあたり、幞頭《ぼくとう》(79)と靴を身につけるよう命じられた（『史略』『全書』）。『全書』によれば、一〇七〇年には孔子を祀る文廟《ぶんびょう》が造られた。『史略』にはなく、史実か否か疑われることもあるが、公的な場における中国化が進められていた聖宗朝で、儒教が宣揚

(79) 黒い布で、束ねた髪を覆うもの。隋・唐代に朝服とともに身につけるものとして普及した。北宋代には、幞頭を漆で固め、後方に垂れていた脚部分を長く平行に伸ばすようになった。

されたとしても不思議ではない。

女性の活躍は李朝を通じて目立つが、聖宗朝では特に顕著である。占城親征において聖宗不在の昇龍城を守ったのは、聖宗の夫人であり、一〇六六年に長子を産んだ倚蘭《いらん》夫人であったとされる(『全書』)。一〇七二年に聖宗が会仙殿《かいせんでん》(『全書』では会僊殿)で死去すると、倚蘭夫人の男子が即位した。李朝最初の幼帝、仁宗(在位一〇七二―一一二七年)である。

中国文化への傾倒

一〇七二年の即位当時、仁宗はわずか七歳。生母の元妃(倚蘭夫人)が皇太妃となり、嫡母の上陽太后楊氏は皇太后となって、両者による垂簾政治が行われた。しかし翌年に皇太后楊氏と侍女七二人(『全書』では七六人)が上陽宮《じょうようきゅう》に幽閉され、次いで聖宗の陵に殉葬させられた。これに伴い、仁宗生母の皇太妃が皇太后となる。

東南アジアの王権では、王位は実力によって継承されるべきであった(先の「マンダラ論」を参照)。李朝でも、皇帝の権威は多分に個人的なカリスマに由来していた。仁宗朝では、中国的父系制が確立したといわれるが、それにしても幼帝たる仁宗に、歴代皇帝のような権威が備わっているはずはない。生母たる倚蘭皇太后も仏事を通じた人心掌握に励んではいたが、王権に関する従来の認識を変えねば、仁宗在位の正当性を主張することは困難である。

一〇七五年に科挙が開始された。この時合格した黎文盛《れいぶんせい》は、仁宗の教育係となり、後には側近としてその治世を支えた。一〇七六年には文官でよく字を解する者を選び、国子監《こくしかん》に(80)入学させた。一〇七七年には官吏に書算刑律が課された(以上全て『全書』)。

こういった相次ぐ中国化の政策は、恐らく、父子間における王位継承こそ是であり、前皇帝の息子である幼帝を推戴し国家の安定を図るべき、という中国的・儒教的な認識を支配者層に共有させるのに役立ったであろう。

以上のような中国化は、史書では北宋との軍事的衝突の合間に記される。即位した仁宗は、北宋から交趾郡王として冊封された。ところが、幼帝の即位を知って王権の弱体化を予測した北宋は交趾討伐に傾いていく。ベトナム侵攻に向けて兵士の訓練を開始、李朝との貿易も禁止した北宋に対し、李朝は、一〇七五年末に先制攻撃を仕掛けて勝利した。一〇七六年に北宋は、占城を誘い反撃を開始したが、軍は紅河を渡ることができずに撤退した。

交戦による損害は、北宋軍にとって大きかった。交戦中に仁宗が上表して朝貢を申し出たこともあり、一〇七八年から戦後処理が始まる。両国がそれぞれ略取した人民・獲得した捕虜を返還し、国境問題が最終的に鎮静化したのは、一〇八八年の

(80) 都に置かれた儒学的訓導による教育機関。隋代に初めて置かれた。貴族の子弟や国家の俊才を教育した。

ことであった〔河原、一九八四〕。

戦後処理とともに、仁宗朝では中国化が一層進んだ。一〇八四年には、天下の舎屋を瓦葺きにさせている（『史略』『全書』）。実行範囲は限られただろうが、宮城の外においても中国的景観が作り出されたことは重要である。一〇八七年には北宋に倣って秘書閣が置かれた（『史略』『全書』）。

中国化を進めるにあたっては、引き続き、過去の中国を理想とすることがあった。一〇九四年に覧山寺《らんざんじ》の塔が完成すると、仁宗は、篆書《てんしょ》で書いた額を寺に下賜した（『史略』『全書』）。一一〇一年に仁宗は道観である開元観を建立するが、この名称は唐玄宗朝の年号を踏まえたものであった〔大西、二〇〇二〕。

中国的な祥瑞も頻繁に報告された。黄竜出現の記録は、一八回と治世を通じて大変に多い。一〇七六年に背に「図」を負った亀が見つかったのを皮切りに、霊亀の献上も相次いだ（一〇八〇・一〇八六・一〇九一・一〇九九年など）。優曇華が開花したという記録もある（一〇九三年）。優曇華開花の記録は、祖父太宗朝以来であった。

一一〇〇年代以降には、一年に複数の祥瑞が献上された。例えば、一一一〇年には鳳雛《ほうすう》・白虎・蹴爪のある白馬・十二株の檳榔《びんろう》・白雀が（『史略』）、一一一一年には九株の檳榔・白亀・白雀が献上された（『史略』）。いずれも中国で伝統的に祥瑞とされてきたものである。

その一方で、東南アジア的文化が積極的に摂取された痕跡はほとんどない。一〇九四年に李朝は占城に使者の派遣を求めており、占城経由でもたらされる文物の重要性がうかがえるものの、聖宗朝までのような、王権レベルでのインド的文化摂取はみられない。これは、文化のあり方について、仁宗朝では、王権が抱える問題と向き合うため、皇帝権力を強化するための政治判断が下された結果なのであろう。

ここまで仁宗朝を下限に北部ベトナムの政治状況と文化について概観してきた。前黎朝・李朝期のベトナムは、『史略』と『全書』による限り、政治の場では一貫して中華たることを希求した。その際、過去の中国＝唐を規範とするか、現実の中国＝北宋を規範とするかは、時と場合によって選択された。一方、それ以外の領域ではインド的文化も幅広く受容された。中国的文化とインド的文化とは、公私に活躍の場を分かちながら、ただし昇龍城が中国的外観を持ちつつもその技術は伝統中国には由来しなかったように、あるいは占城から略奪された楽曲が聖宗主導で再編されて演奏されたように、王権による取捨選択と再編を経た上で、ベトナムの文化として再構築されていた。

おわりに――東アジアの中の国風文化

ここまで、北宋、高麗、前黎朝と李朝期の北部ベトナムの文化について、日本で国風文化が最盛期を迎える一〇世紀後半～一一世紀半ばを中心に概観してきた。

唐滅亡後、五代の王朝には文物を収集・創造することで文化的正当性を希求する余裕はない。文化の再編は中国を再統一した北宋の時代に始まる。北宋はその初期には最盛期の唐を理想に掲げ、中華としての地位を獲得するべく、文化的求心力の向上に勤しんだ。とはいえ、北宋がいかに努力しようとも、建国直後における北宋の文化がすぐに東アジア諸国に規範として通用することはない。

それゆえ、王朝・政権交代を経た朝鮮半島や北部ベトナムでは、先行する王朝・政権の文化を取り込みつつ、過去に入手した文物・情報の中に、理想とするべき中国の文化を見出した。特に理想視されることが多かったのが唐――ただし安史の乱以前――である。新王朝にふさわしい文化は、過去の中国の文化―各国に既存の文化という、二系統の文化を基礎に形成されていった。

一方の日本では王朝交代は起こっていない。そのため、新王朝にふさわしい新たな文化が必要とされることはなかった。支配者層に断絶はなく、唐から得た文化を、世代を超えて共有することが可能であったことは、本書、佐藤論文と皿井論文に詳述されている。さらには、唐文化の模倣から独自に発展させてきた文化も、そのまま温存されていた。

つまりこの時期には、以下の二点が高麗・北部ベトナム・日本には共通していた。

1　現実の中国、具体的には北宋の文化がそのまま規範視されることは少なかった

2　過去の中国、具体的には唐や漢の文化が理想とされることが多かった

一一世紀も半ば頃になると、北宋朝廷で愛好される文物が高麗に送られるなど、北宋では文化的自負が芽生えてくる。高麗もまた、北宋の文化的地位を認め、直接的な文化摂取に乗り出すようになった。しかし、北宋と国家レベルでの交渉を持たない日本には、北宋朝廷の文化に接し、その自負に感化を受ける機会は極めて限られていた。時に入宋する僧侶や海商を通じた断片的な情報だけでは、北宋の文化が規範視されるには至るまい。公的な使節たる「遣宋使」が派遣されなかったことは、やはり大きかった。

東南アジア的な側面と中華としての側面を併せ持ったベトナムの王権でも、一一世紀後半には王権の中国化が飛躍的に進んだ。ただしこれは、第一義的には李朝内部の問題を解決するためであり、北宋文化の規範性を認めていたからではなかった。

李朝が理想としたのは、過去の中国である場合が多かったのであり、この点は、現実の中国よりも過去の中国への憧憬を持ち続けた日本とよく似ている。

公的な場面と私的な場面での文化の使い分けも、李朝と日本では共通する。いずれも、中国的文化は主として公的な場面で重視される傾向が強く、中国以外の国の文化や、その国独自の発展を遂げた文化は、私的な場面でもてはやされる傾向がある。

高麗と李朝ベトナムと日本とは、それぞれが文化的に異なる状況に置かれながら、しかし、北宋から唐物を多く輸入・消費した。既成の文化の中で唐物を消費するという環境が、東アジア全体に整ったが、しかし唐物の消費そのものが、この時期の東アジア諸国の文化を根本から規定することはなかった。

周辺諸国家に多大な影響を与えた帝国が崩壊した後、残された者たちが滅んだ帝国の文化を継承すること、また文化の継承によって王権の正当性を主張することは、世界史で普遍的に認められる。今後は、帝国の崩壊と文化の再編について、東アジアに視点を限ることのない研究が生み出されねばならない。

引用・参考文献

今西　龍、一九一八年「高麗太祖訓要十条に就きて」『東洋学報』8—3

石見清裕、二〇〇五年「沙陀研究史――日本・中国の学界における成果と課題」『早稲田大学モンゴル研究所紀要』2
遠藤総史、二〇一七年「未完の「統一」王朝――宋朝による天下理念の再構築とその「周辺」」『史学雑誌』126―6
大西和彦、二〇〇一年「ベトナムの道観・道士と唐宋道教」『講座道教　第六巻　アジア諸地域と道教』雄山閣
岡崎精郎、一九四五年「後唐の明宗と旧習　上」『東洋史研究』9―4
岡崎精郎、一九四八年「後唐の明宗と旧習　下」『東洋史研究』10―2
奥村周司、一九七九年「高麗における八関会的秩序と国際環境」『朝鮮史研究会論文集』16
小塩　慶、二〇一七年「国風文化期における中国文化受容――異国描写を手掛かりとして」『史林』100―6
片倉　穣、一九七二年「ベトナム・中国の初期外交関係に関する一問題――交趾郡王・南平王・安南国王等の称号をめぐって」『東方学』44
片倉　穣、一九七七年『ベトナムの歴史と東アジア　前近代篇』杉山書店
片倉　穣、一九九三年「ベトナム李朝の竜崇拝――「大越史略」をとおして」『歴史研究』31
上川通夫、二〇〇七年「奝然入宋の歴史的意義」『日本中世仏教形成史論』校倉書房
河原正博、一九七五年「ベトナム独立王朝の成立と発展(九〇五―一〇〇九年)」山本達郎編『ベトナム中国関係史曲氏の抬頭から清仏戦争まで』山川出版社
河原正博、一九八四年「宋の太宗のベトナム出兵」『漢民族華南発展史研究』吉川弘文館
九州国立博物館編、二〇一一年『草原の王朝　契丹――美しき3人のプリンセス』西日本新聞社
金恩愛、二〇一〇年「高麗時代金属托盞の系譜と特徴」久保智康編『東アジアをめぐる金属工芸　中世・国際交流の新視点』勉誠出版
近藤一成、二〇〇一年「文人官僚蘇軾の対高麗政策」『史滴』23
桜井由躬雄、一九九九年「紅河の世界」『世界各国史5　東南アジア史I　大陸部』山川出版社
佐藤全敏、二〇〇八年「古代日本における「権力」の変容」『平安時代の天皇と官僚制』東京大学出版会
佐藤全敏、二〇一七年「国風とは何か」鈴木靖民・金子修一・田中史生・李成市編『日本古代交流史入門』勉誠出

版
里道徳雄、一九八三年「高麗仏教に於ける八関会の構造」『東洋学研究』17
白石昌也、一九九四年「ベトナム独立初期の王権について」『歴史と地理　世界史の研究』468
杉本直治郎、一九五六年「五代宋初に於ける安南の士豪呉氏に就いて」『東南アジア史研究Ⅰ』日本学術振興会
周藤吉之、一九八〇年『高麗朝官僚制の研究』法政大学出版局
周藤吉之、一九八五年「高麗初期の功臣、特に三韓功臣の創設――唐末・五代・宋初の功臣との関連において」『東洋学報』66
妹尾達彦、一九九九年「中華の分裂と再生」『岩波講座世界歴史9　中華の分裂と再生』岩波書店
竺沙雅章、二〇一七年『新・人と歴史　拡大版20　独裁君主の登場　宋の太祖と太宗』清水書院
千野香織、一九九三年『岩波　日本美術の流れ3　10―13世紀の美術　王朝美の世界』岩波書店
塚本麿充、二〇〇四年「宋代飛白書浅析　以宋初皇室飛白書的原貌与其流伝為中心」『談芸　研究生論文発表会論文集』
塚本麿充、二〇一六年『北宋絵画史の成立』中央公論美術出版
東野治之、二〇一五年「大嘗会の作り物」『史料学探訪』岩波書店
礪波護・岸本美緒・杉山正明編、二〇〇六年『中国歴史研究入門』名古屋大学出版会
豊島悠果、二〇一七年『高麗王朝の儀礼と中国』汲古書院
西嶋定生、一九八五年「東アジア世界の変貌と日本」『日本歴史の国際環境』東京大学出版会
西村昌也、二〇一一年『ベトナムの考古・古代学』同成社
西村昌也、二〇一二年「ベトナム形成史における〝南〟からの視点　考古学・古代学からみた中部ベトナム(チャンパ)と北部南域(タインホア・ゲアン地方)の役割」『周縁の文化交渉学シリーズ6　周縁と中心の概念で読み解く東アジアの「越・韓・琉」――歴史学・考古学研究からの視座』関西大学文化交渉学教育研究拠点
馬場久幸、二〇一六年「高麗版大蔵経と蔵経道場」『日韓交流と高麗版大蔵経』法蔵館
ファムレフイ、二〇一二年「李陳朝期の昇龍京の都城計画と洛陽・開封の影響」『研究と開発』8・9

向　正樹、二〇一七年「北宋真宗の泰山・汾陰行幸――天地祭祀・多国間関係・蕃客」原田正俊編『宗教と儀礼の東アジア――交錯する儒教・仏教・道教』勉誠出版
毛利英介、二〇〇九年「十一世紀後半における北宋の国際的地位について」宋代史研究会編『『宋代中国』の相対化』汲古書院
桃木至朗、一九九六年『世界史リブレット⑫　世界歴史としての東南アジア』山川出版社
桃木至朗、二〇〇一年「唐宋変革とベトナム」『岩波講座東南アジア史2　東南アジア古代国家の成立と展開』岩波書店
桃木至朗、二〇一一年『中世大越国家の成立と変容』大阪大学出版会
矢木　毅、二〇一二年『韓国・朝鮮史の系譜――民族意識・領域意識の変遷をたどる』塙書房
山内晋次、二〇〇三年『奈良平安期の日本とアジア』吉川弘文館
山崎覚士、二〇一〇年「五代の「中国」と平王」『中国五代国家論』思文閣出版
吉川真司、二〇一〇年「摂関政治と国風文化」京都大学大学院・文学研究科編『世界の中の『源氏物語』』臨川書店
和田正彦、一九八二年「ヴェトナムにおける競渡・競舟について」『稲・舟・祭　松本信広先生追悼論文集』六興出版
Taylor, Keith. *The Birth of Vietnam*. California UP: Berkeley, 1991, pp. 250–301.
Taylor, Keith. "The early Kingdoms". *The Cambridge History of Southeast Asia*. Tarling, Nicholas (ed), Cambridge UP: 1992, p. 146.
The Archaeological Discoveries from the Underground of Vietnam National Assembly House. Social Sciences Publishing House: Hanoi, 2016.

挿図引用文献

韓国教員大学歴史教育科編・吉田光男日本語版監修、二〇〇六年『韓国歴史地図』平凡社

朝鮮史研究会編、二〇一一年『朝鮮史研究入門』名古屋大学出版会

コラム　国風文化と義務教育の教科書

本コラムでは、遣唐使の停止が日本的な文化(国風文化)を誕生させたという言説がいつ市民権を得たのか、戦前から戦後にかけての義務教育教科書から考えてみたい。

明治二一年(一八八八)に出版された山縣悌三郎『小学校用　日本歴史』には、「才女ノ輩出」という項目がある。ここでは、「延喜天暦ヨリ以降、我邦ノ文学漸《ようや》ク詞章ヲ事トシ、修身治国ノ学措《おき》テ講ゼズ。朝廷日ニ優游シテ宴楽ニ耽リ、文詩ヲ作リ、和歌ヲ詠ジ、専《もっぱ》ラ情ヲ風雲月露ノ間ニ縦《ほしいまま》ニセリ。是ニ於テ一時靡《び》然《ぜん》トシテ風ヲ成シ、女流ノ中盛ニ文才アル輩ヲ出ダセリ」とある。「修身治国」の学問が廃れたことが、国風文化誕生の契機になったという理解である。この教科書では、紫式部・清少納言・赤染衛門・和泉式部・小式部内侍・伊勢大輔が代表作とともに列挙される。またその出自や経歴にも詳しい。

明治一九年に文部省が教科書を募集、最優秀とされた神谷由道『高等小学歴史』(明治二四年)も「才媛輩出」の項を設けるが、紫式部の出自をやや詳しく紹介するのみで、記述の詳細さは山縣の『日本歴史』には及ばない。また、古谷伝『日本史要』(明治一九年)や大槻文彦『日本小史　校正』(明治二〇年)はそれぞれ、「紫式部・清少納言・赤染衛門・和泉式部・伊勢大輔等ノ女流アリ」「婦人ニモ紫式部・和泉式部・清少納言・赤染衛門・伊勢大輔等アリ」とのみ記す。

山縣の『日本歴史』が摂関期の文化を女性作者の存在とともに詳細に記したことは、明治期の教科書としては極めて例外的であった。なお山縣は、明治二六年の『帝国小史』では紫式部のみを取り上げるに止まる。山縣自身も自身の教科書が例外的であることを自覚していたのだろう。

検定教科書の時代の末期には、文化についての記述が軽視され始める。普及舎『小学国史』(明治三三年〈一九〇〇〉発行、三四年検定)は、「藤原道長」の項目で村上天皇の頃から「藤原氏のわがまま」が悪化し、道長にいたり最高潮に達したとする。この文脈において、「道長の、栄華をきわめし頃、紫式部・清少納言など、和歌・和文にたくみなる才女出でたり」と記されるのみである。

明治三六年、初の国定教科書たる『小学日本歴史』が発行された。続いて明治四二年に第二期国定教科書『尋常小学日本歴史』、大正九年(一九二〇)に第三期国定教科書『尋常小学国史』、昭和九年(一九三四)に第四期国定教科書『尋常小学国史』が発行されたが、これら国定教科書では、紫式部などの「才女」はもちろん、平安時代の文化を紹介することもない。その一方で、どの教科書も藤原氏(特に道長)の栄華・専横を糾弾している。

昭和一五年、第五期国定教科書『小学国史 尋常科用』が発行された。この教科書でも藤原氏の栄華・専横は批判される。ただし国定教科書としては初めて、摂関期に「わが国の建築や美術・文芸が盛ん」となり、「官女の中には学問のあるりっぱな人が多く、特に紫式部と清少納言は有名であって、平仮名を用いて日常の言葉を巧みにあらわし、共に仮名文の名作を世に残した」という評価を与えた。

遣唐使派遣の「停止」が「日本人の心に合う」「日本らしい美しさ」を備えた、「やさしく美しい」文化を生み出したとの言説は、昭和一八年(一九四三)発行の第六期国定教科書『初等科国史』で登場した。「鳳凰堂」なる項目が立てられ、平等院鳳凰堂のなだらかな屋根の勾配、すらりとのびた翼廊を鳳凰と称え、本尊・扉絵・欄間の彫刻などからは、藤原氏の栄華よりも、作り手の巧みなわざ、日本的精神を読み取るべきと指導するのは、これまでの国定教科書とは態度が大きく異なっている(鳳凰堂に関する最新の研究成果は本書、皿井舞「国風文化期の美術」を参照)。かな文字が広まり、和歌や物語が発達したのも、「日本人の精神にしっくり合う」ものを作り上げようとした心や努力の結果であったと論じる。

尋常小学校用の国定教科書において、平安時代の文化活動を「日本人の心」の淵源として賛美する態度は、太平洋戦争が行き詰まり、敗戦の足音が聞こえはじめた時期に誕生したのである。抽象的な言葉で「日本らしい」文化を礼賛した背景に、どのような意図があったのかは明確である。

昭和二一年(一九四六)、戦後最初の国定教科書である第七期『くにのあゆみ』が発行された。「はなやかな文化」という項目の下に、「文化のうつり行き」「大和絵とかな」「鳳凰堂」の三つの小項目が設けられた。大和絵の誕生、和歌(古今和歌集)や物語(竹取物語・源氏物語)の流行、建築・仏像・仏画(平等院鳳凰堂)の独自の発展といった文化の「日本風」化は、遣唐使が「取りやめ」られ、大陸との公的な交わりが絶えたために起こったと述べる点では、第六期国定教科書と変わりはない。ただし、遣唐使派遣停止と唐の滅亡のみならず、渤海・新羅の滅亡にまで言及するのは、これまでの国定教科書とは異なる。さらに、『くにのあゆみ』は、「やさしい」「美しい」という曖昧な表現を用いない。その点、第六期の国定教科書と比較して、第七期の国定教科書はより客観性を重視している。(付言すれば、「国風文化」という語の教科書登場時期については、本書、吉川真司「〈国風文化〉への招待」に丁寧に説明されている。)

最近では、かな文字の誕生を、契丹文字や西夏文字の誕生と比較するなど、中国の文化を独自に変更した点で国風文化を相対化する教科書も登場している(『中学社会　歴史』帝国書院)。このような教科書で国風文化を学んだ子供達には、国風文化を相対化する視点が共有されることになるのだろう。

ただし、国風文化は日本的精神が生み出した「やさしく美しい」文化だ、というナショナリズム色の強い認識が、一般社会で完全に過去のものになったかといえばそうではない。歴史認識における客観性を保つためにも、国風文化は、国風文化教育の負の歴史とともに語られるべきであろう。

国風文化期の美術——その成立と特徴

皿井 舞

はじめに――あらためて「国風文化論」を振り返る

平安時代の半ば一〇世紀以降に、日本のなかで徐々にかたちづくられ、一一世紀半ば頃に花開いた文化は、一般に「国風文化」と呼ばれている。前代までに受け入れた大陸文化を土台にしながら、そのうえに独特に展開した文化のこととされる。この時期に成熟した文化の枠組みは、その後長きにわたって継承され、現在まで繰り返し参照される古典となっている。

一九九〇年代より以前、この「国風文化」の形成過程ついては一般に次のように説明されていた。すなわち遣唐使の派遣が中止となった九世紀末以降、大陸文化が日本にもたらされることが少なくなったため、主にそれまでに受け入れた文化を咀嚼することによって日本の独自の文化がはぐくまれたのだ、と。

こうした「国風文化論」の原形は、明治二三年（一八九〇）から三年間、東京美術学校（現在の東京藝術大学）で行われた岡倉天心による美術史の講義[1]に早くもあらわれていた。そこでは、日本美術は外来文化の受容とそれを血肉化する創造の繰り返しによってかたちづくられてきたとし、国風文化期の文化について「遣唐使廃止以後の文化が純然たる日本風である」と述べられている。

（1）天心の自筆ノートは残っておらず、受講した学生の筆記録が伝わる。

この講義で示された日本美術史の概形は、一部変容を加えられながら、日本初の官製美術史"Histoire de l'art du Japon"に継承された[佐藤道信、一九九九]。一九〇〇年のパリ万博を機にフランス語で刊行された本書は、欧米列強に向けて日本が近代国家として体裁の整っていることを示すためのものであった。翌年には日本国内向けに日本語版『稿本日本帝国美術略史』が刊行され、ここに日本美術史の基本的な枠組みが成立した。ナショナリズムが勃興するなかで生み出された「国風文化」という枠組みは、国粋主義的な思想とも結びつきやすかったが、その後も大きく姿を変えることなく現在まで継承されてきた。

日本の美術史学界では、一九八〇年代後半には、日本の美術および美術史学の成立が近代国家の歩みと軌を一にするものであったことが強く自覚されるようになり[北澤、一九八九/東京国立文化財研究所、一九九九]、一国という枠組みを超え、日本美術をひろく東アジアのなかで考えなおす態度が定着するようになる。そもそもこれに先だち、早く中国絵画史の大家、戸田禎佑は、包括的な中国絵画史をつくろうとするなかで日本に所在する中国絵画を扱い、東アジア全体を見わたす視点から、日本の美術を相対化してとらえる視角をつかみだしていた[戸田、一九九七]。そのため日本美術史研究のなかでも、いち早く仏画の分野で、二〇〇〇年代に入る頃には、東アジアのなかで作品をとらえる具体的な議論が提示されるようになった[増

記、二〇〇〇／吉村、二〇〇六／大原、二〇〇九〕。

一方、こうした動きと相前後して、歴史学界でも「国民国家」を前提とする一国史観への反省にもとづいて国境が相対化され、中国・朝鮮半島と日本との対外交流史研究が活発化した。そのなかで平安時代については、遣唐使の派遣が中止されることになった九世紀末以降も、大陸への渡航僧や海商などを介して「唐物《からもの》」の恒常的な流入のあったことが強調されるようになった。

こうした研究動向を受けて、新しい「国風文化論」が示されるようになる。それまでの「国風文化論」の主張とは逆に、この時期に「唐物」が大量流入したことにより、この時代の日本の文化には同時代の中国文化が大きな影響力をもっていた、とする説である〔榎本、一九九七／河添、二〇〇七・二〇一四／皆川、二〇一四／西本、二〇一五〕。この新しい「国風文化論」は、生活を彩る豊かな「唐物」の存在を強調し、当該期の文化は国際色豊かなものであったと評価する。

だが、こうした説に対しては、すでにいくつも批判が寄せられている〔東野、二〇〇七／佐藤全敏、二〇〇八・二〇一七／吉川、二〇一〇／小塩、二〇一七〕。著者自身、この時期の仏像彫刻を検討している限り、九世紀末以降、中国文化は選択的に受容される対象となっており、日本の文化的潮流に決定的な影響を及ぼしているとはいえないことをすでに論じた〔皿井、二〇一一〕。たしかに「唐物」は大量に流入しているかもしれないが、その造形的な影響が認められないのである。ただ、いまなおこうした事実が十分に知られていないようにも思われる。本章では、彫刻史と絵画史の観点から、この問題を再度取り上げたい。

問題の所在

美術史学の立場から問題にしたいのは、国風文化期に特有の造形の成り立ちである。同時代の中国から、さまざまな物や情報が海商や僧侶を通じて日本にもたらされていたのは、まぎれもない事実である。それを否定する人はいないであろう。ただ、一〇世紀になって中国からの情報が遮られたという古い考え方への反発、あるいは「国風」というナショナリズムの色彩が濃い言葉に対する嫌悪からなのか、一〇世紀以降も対外交流があり、「唐物」が大量に流入したことを過剰に重視する傾向があるように思われる。そしてそうした立場からは、中国からもたらされた「唐物」が、日本でつくられた造形や文化に実際にどのように作用したか、そのことを具体的に問うことがほとんどないようにも思われる。

しかし往来の増加が、いつも文化的な影響力の増大に結びつくわけではない。これから示す検討からおのずから明らかになるように、「文化」とはそのように単純なものではないだろう。

図1　平等院鳳凰堂（平安時代・天喜元年〈1053〉）
（写真提供＝平等院）

対外交流史研究が進んだ現在の水準のもとに、あらためて「国風文化」を実証的にどのようにとらえ、描き出すか。それがいま問われているところなのである。

1　唐文化と和様化のプロセス

国風文化期の文化のありようを、建築、絵画、彫刻、工芸など総合的なかたちで今に伝えてくれる稀有な遺構に、平等院鳳凰堂《ほうおうどう》がある（**図1**）。藤原道長の長男である頼通《よりみち》が、道長から宇治の別荘を譲り受け、永承七年（一〇五二）に寺にあらためたのが平等院の始まりである。

この年は、仏教の歴史観のなかで、仏の教えが廃れてしまう末法《まっぽう》(2)の始まりとされていた。一〇世紀以降、天台宗のなかから浄土教が盛んになり、貴族層にもその教えが浸透する。その教えによれば、死後に浄土に往生することを願い、それをかな

（2）釈迦が亡くなった後、時代の経過とともに仏法の力が衰えていくと考えられており、その過程は正法《しょうぼう》・像法《ぞうぼう》・末法《まっぽう》の三段階に区分される。末法とは、仏の教えが届かず、悟りを得ることのできない時代のこと。

（3）『観無量寿経』には、西方極楽浄土の教主である阿弥陀如来がこれを信じる人の臨終《りんじゅう》に際し、生前の善行に応じて九通りの方法（九品《くぼん》）で救うと説

えるには現世で仏教的な善行を積む（作善《さぜん》）必要があった。この時代にはおびただしい数の仏像、仏画などがつくられたが、平等院の造営はその究極の作善であった。

「鳳凰堂」は阿弥陀如来を本尊とする阿弥陀堂の美称である。中堂、その左右に張り出す翼廊《よくろう》、中堂背後の尾廊《びろう》から成り、阿字池のなかに建っている。中堂（図2）の中央に安置された本尊の阿弥陀如来像（図3）、その本尊を取り巻くように堂内の小壁《こかべ》に懸けられた雲中供養菩薩像、そして屋根に据《す》えられた一対の鳳凰、さらには壁扉画《へきひが》に描かれた九品来迎図《くほんらいごうず》(3)、天蓋《てんがい》や須弥壇《しゅみだん》の漆工芸（本章コラム参照）など、当時の技術、美意識の粋が集められていた。こうした国風文化の頂点に位置するそれぞ

図2　平等院鳳凰堂中堂内(4)（写真提供＝平等院）

図3　平等院阿弥陀如来像（定朝作，平安時代・天喜元年〈1053〉）（写真提供＝平等院）

かれる。この九通りの来迎の様子を絵画にあらわしたもの。

（4）中堂には、屋根が二重にかかっており、まるで二階建てであるかのように見えるが、下層の屋根は庇《ひさし》に相当し、実際は一階建ての建築物である。一〇メートル四方の狭い平面に対し、天井が高い点に特徴がある。高さ三メートル弱の本尊阿弥陀如来像は、高さ六〇センチの須弥壇《しゅみだん》の上に据えられた高さ一・八メートルの台座の上に坐す。本尊の上部には、円蓋《えんがい》、方蓋《ほうがい》からなる二重天蓋《てんがい》が懸けられており、さらにその上には、宝相華文で華麗に彩られた格天井《ごうてんじょう》が配置され、垂直方向にいくつもの豪華な荘厳《しょうごん》が重ねられている。

れの作品の成立過程を追って見ていけば、きっと国風文化の本質が理解できるはずである。

そこでまずは作例の比較的豊富な仏像彫刻をとりあげ、一〇―一一世紀の造形の変遷をたどってみることにしよう。

鳳凰堂の本尊、阿弥陀如来像は、平等院創建の翌年にあたる天喜元年(一〇五三)に、大仏師定朝《じょうちょう》(5)によって完成された。定朝がつくったことが確かな、現存する唯一の像である。丸顔で伏し目がちな優しい顔立ちをした、起伏の少ない曲面で構成されるこの像は、当時の人々にとって理想的な仏の姿であるとみなされていた。

これから述べていくように、平安時代の彫刻様式は、中国唐代(六一八―九〇七年)の中唐から晩唐にかけての彫刻様式をそのまま反映させた、体軀に幅と厚みのあるボリューム感にあふれる造形が、しだいに厚みを減らす方向で整えられていく。最終的に定朝が完成させた様式は「定朝様《じょうちょうよう》」と呼ばれているが、以後、この様式は、平安時代が終焉をむかえる頃までの一〇〇年以上にもわたって仏像の主たるモデルとされ続けた。定朝様は、日本化した仏像様式という意味で「和様」、あるいは「和様彫刻」とも呼ばれている。

六世紀半ば頃に仏教が朝鮮半島を経由して日本に伝来すると、遅くとも六世紀後半には仏像の造像が始まる。当初は、中国に学んだ朝鮮半島の仏像様式を模倣して

(5) ?―一〇五七年。父である仏師康尚《こうしょう》の工房を継承し、一〇〇人以上の配下の仏師をかかえる大工房を主宰した。定朝の完成させた寄木造や作風は、後世にまで大きな影響を及ぼした。なお康尚については注28参照。

(6) 土でつくられた像のこと。像の中心に立てた心木に荒縄を巻き付け、内側から順に、粗土、中土、仕上げ土を重ねて成形する。

(7) 漆を用いてつくられた像のこと。まず塑像をつくり、その表面に漆を接着剤として麻布を何枚も貼り合わせ、乾燥後、中の土を掻きだして張り子状にする。その表面に木屎漆《こくそうるし》(木粉と漆を混ぜ

いたが、七世紀半ば以降、中国との直接的なやり取りを通じて、中国の最新の技術や様式が取り入れられた。先に受け入れていた金銅仏に加えて、唐から直接伝わった塑像《そぞう》(6)や脱活乾漆像《だっかつかんしつぞう》(7)が、官寺に安置するにふさわしい像として流行した。

奈良時代後期になると、中国の高僧、鑑真の来朝（天平勝宝五年〈七五三〉）をきっかけに、代用檀像《だいようだんぞう》(8)の概念を取り入れて、仏像の用材として木材があらためて復活した。飛鳥時代以来のことであった。これ以降、日本の彫刻は木彫像が主流となる。鑑真に伴って日本にやって来た工人が、量感あふれる中唐様式の像をつくった(9)。八世紀末以降の日本では、こうした代用檀像による木彫像が流行したのである。神護寺薬師如来像や新薬師寺薬師如来像(**図4**)などの木彫像が生み出されたのは、その最初期の頃である。いずれも木材の丸みを活かして、ボリューム感たっぷりの体形をほこっており、深く彫り出された衣文は起伏が激しい。これらは、奈良時代に盛んに行われた悔過《けか》(10)

図4 新薬師寺薬師如来像(平安時代・8世紀末—9世紀初頭)[『大和古寺大観 4』, 1977]

たもの。ニレ科の木の皮が用いられていた可能性があるという)を盛り上げてかたちを整える。

(8) 白檀《びゃくだん》(インドおよび南太平洋地域に自生する芳香性のある樹木)は仏像に呪術的な力を籠めるための材として珍重された。栢木《はくぼく》やその他の香木などの代用材でつくられた檀像《だんぞう》を代用檀像という。

(9) 本シリーズ『古代寺院』所収の藤岡穣「古代寺院の仏像」一八四頁参照。

(10) 仏、菩薩などに対し、自らの犯した罪過を懺悔《ざんげ》することにより、罪を悔い改めて災禍を取り除き、福を招くことを願う儀式。

という法要の本尊とされた可能性が高い。こうして平安時代以降には、造像技法は木造にほぼ一本化されることとなった。彫刻様式も、初唐、盛唐期の彫刻様式を反映した奈良時代とは一変することになる。

この時代、中国の情報が人や物を介して伝わり、そのつど既存の様式や観念を大きくゆさぶって、段階差のある変化を日本の造形にもたらしていた。彫刻史におけるこうした受容のあり方は、九世紀に入ってもしばらくは変わらなかったのである。

承和様式の成立をめぐる諸問題

平安時代前期の代表的な真言密教彫像に、空海(11)が建立に着手した東寺講堂諸像（承和一一年〈八四四〉）がある。またこれに近接した時期にも空海の弟子が関与した、承和一〇年（八四三）頃の観心寺如意輪観音像や、承和年間前半の作である神護寺五大虚空蔵菩薩像がある。

真言密教とは、延暦二三年（八〇四）に中国に渡った空海が、翌年、唐の都長安の青龍寺で恵果《けいか》(12)より正統に受法した仏教の教えの一つである。体系だった真言密教を受法し、嵯峨天皇の信頼を受けた帰国後の空海は、真言密教を専門にする道場として東寺の運営を任された。空海の生前に着手されたのが講堂の造営で、真言密教を専門とした道場らしく密教尊像で満たされた空間となった。現在、講堂内の須弥壇

（11）七七四―八三五年。真言宗の開祖。延暦二三年（八〇四）に入唐し、唐の都長安で恵果《けいか》和尚より密教の奥義を学び、多くの経典や曼荼羅などとともに体系的な密教を初めて日本に伝えた。

（12）七四六―八〇六年。中国に密教を根付かせた不空を師匠とし、『金剛頂経』系の密教、『大日経』系の密教の両方を融合させた「両部不二」の思想を打ち立てた。

図5　教王護国寺(東寺)講堂内観[東京国立博物館編，2019]

図6　観心寺如意輪観音像(木造彩色，平安時代・承和10年〈843〉頃)[『日本彫刻史基礎資料集成』，1977]

上には、中央に金剛界の五仏、向かって右に五菩薩、その反対側に五大明王を安置し、この三群を取り囲むように梵天、帝釈天、四天王像が並んでいる(**図5**)。奈良時代の様式を継承し均整の取れた肢体をもつ五菩薩像、深い彫り口に代用檀像の影響がみとめられる五大明王像など[奥、二〇一九]、特徴ある尊像の図像⑬や配置は、空海による構想にもとづいたものと考えられている。

　これまで観心寺像(**図6**)、神護寺像は東寺講堂諸像から発展、展開した平安前期様式の到達点ととらえられてきた。ところが近年の研究の進展により制作年の時系列に修正が加えられ、観心寺や神護寺像は東寺講堂諸像より早く完成しており⑭、その様式差の理由が問題になってい

(13)　経典や儀軌《ぎき》(密教において諸尊を供養する際の規則などを記したもの)に定められた仏・菩薩などの諸尊像の姿形のこと。特に真言密教では、その教理を理解するために視覚的な情報が重視された。

(14)　東寺講堂諸像の開眼供養は『続日本後紀』の記述により承和六年(八三九)とされてきたが、承和一一年の誤記であったことが明らかにされた[西本、二〇一二]。観心寺像は承和一〇年頃[佐藤全敏、二〇一四]、神護寺像は承和年間前半の制作であるため、これらは東寺講堂諸像よりも早く完成していることになる。

図7　側面の比較(左より東寺五菩薩像のうち金剛宝菩薩像(写真提供＝東京国立博物館)，神護寺法界虚空蔵菩薩像[『日本彫刻史基礎資料集成』，1976]，観心寺如意輪観音像[『日本彫刻史基礎資料集成』，1977])

る(**図7**)。

発願者はそれぞれ、観心寺像は嵯峨天皇の皇后である橘嘉智子《たちばなのかちこ》⑮、神護寺像は嘉智子の子仁明天皇であった。またこれらとよく似る法華寺十一面観音像(**図8**)は嘉智子が造像に関与した可能性が高い。すなわち嘉智子の周辺でつくられた像に新様式が認められるのである。

嘉智子は、恵蕚《えがく》⑯という僧侶を渡唐させて積極的に中国の聖地五台山《ごだいさん》⑰に接触しようとした[田中編、二〇一四]。禅僧の義空《ぎくう》を中国から日本に招いたのも嘉智子だった。義空がほどなく帰国したため、この時の日本には禅宗は根付かなかった。ただ少なくとも嘉智子は同時代の中国仏教を積極的に受け入れよ

(15) 七八六―八五〇年。仏教を篤く信仰し、恵蕚《えがく》を五台山に遣わせて宝幡や袈裟などを奉納した。

(16) 生没年不詳。承和七年(八四〇)ないし翌年に初めて入唐し、合計六度にわたって日本と中国との間を往還した日本僧。中国浙江省にある普陀山《ふださん》の観音信仰の礎を築いたことでも知られる。

(17) 中国北部の山西省五台県にある霊山。文殊菩薩が現れる霊地として国内外に名をはせた。日本からも霊仙、恵蕚、円仁、奝然《ちょうねん》など多くの僧が巡礼した。

うとしていた。また嘉智子周辺に請来仏像があったかどうかは確かではないが、恵蕚が彫像を請来しようとしていた様子はうかがえる。事実、恵蕚は、長安およびその周辺の制作である「仏頂尊勝陀羅尼石塔《ぶっちょうそんしょうだらにせきとう》」(「安祥寺資財帳」貞観九年〈八六七〉、蟠《ばん》龍石柱《りゅうせきちゅう》)(18)を日本にもたらしており[韓、二〇〇七]、嘉智子周辺の造像に恵蕚を介した中国の影響が色濃く反映されていたとしても不思議ではないのである。

このように、様式的な飛躍をみせる観心寺像や神護寺像が突如として現れたのは、恵蕚のような入唐僧を介して、中国の同時代様式が直接的に反映されている可能性が高いからだと考えられる(19)。

(18) 白玉製の石灯籠の石柱部。石柱部の上にあった灯室部は失われている。

安祥寺蟠龍石柱(中国・唐)[韓、二〇〇七]

(19) 本書、佐藤全敏「国風文化の構造」参照。

図8 法華寺十一面観音像(平安時代・承和年間)[『大和古寺大観5』, 1978]

様式の継承と新規の図像

九世紀半ば以降の木彫像には、新来の様式を直接的に反映した観心寺像や神護寺像に見られるような充実した体形が継承されていく。淳和《じゅんな》天皇の女御《にょご》永原御息所《ながはらのみやすどころ》の発願とされる承和七年(八四〇)頃の広隆寺講堂阿弥陀

図9 安祥寺大日如来像（五智如来像のうち，平安時代・9世紀）［『日本彫刻史基礎資料集成』，1982］

如来像、入唐八家《にっとうはっけ》[20]の一人恵運《えうん》が嘉祥元年（八四八）に創建し、藤原順子[21]が造営に関与した安祥寺の五智如来像（**図9**）など、嘉智子周辺で取り入れた新様式が、天皇やその周辺にも受け入れられていたことがうかがわれるのである。

安祥寺五智如来像は、単純化が目指されているが、基本的にその造形は、観心寺像のような承和期の新来の様式を継承している。ただその図像は恵運が請来したと推測される『唐本曼荼羅図』所収の金剛界五仏図像に合致するといい［紺野、一九七八／佐々木、二〇〇四］、空海請来図像とは異なる新図像にもとづいていた。安祥寺の礼堂《らいどう》には、貞観元年（八五九）に順子が発願した、新奇な八大明王画像も奉安されており、また先にもふれたとおり、恵蕚が唐の都長安周辺からもたらした「蟠龍石柱」が立てられていた。さらに東寺観智《かんち》院《いん》の五大虚空蔵菩薩像[22]は、本来は安祥寺上寺の北堂に所在し、恵運が長安からもたらしたという伝承がある。この伝承については異論があるが[23]、少なくとも中国由来の像が安祥寺にあったことは確かである。

（20）延暦二三年（八〇四）に入唐した最澄と空海を皮切りに、常暁《じょうぎょう》・円行（八三八―八三九年入唐）、恵運《えうん》（八四〇―八四七年入唐）、円仁（八三八―八四七年入唐）、円珍（八五三―八五八年入唐）、宗叡《しゅえい》（八六二―八六五年入唐）ら、密教の摂取に努めた諸師の総称。

（21）八〇九―八七一年。仁明天皇の女御で、文徳天皇の母。

（22）東寺観智院五大虚空蔵菩薩像（中国・唐）（東京文化財研究所編『美術研究作品資料第2冊 東寺観智院蔵五大虚空蔵菩薩像』中央公論美術出版、二〇〇三年より転載）。

このように安祥寺には仏像に限らず、唐からの多くの舶来品が所蔵されており、こうした品々で満たされた空間となっていた。

このように少なくとも九世紀後半における造像にあたってもまた、同時代中国文化を重視する姿勢が明瞭にあらわれていたと言える。後に絶大な権威をもち、繰り返し踏襲されるようになる古い請来図像ではなく、恵運が請来した新来の唐本図像にもとづいて造像が行われていたことがわかるからである。

規範の喪失と様式の複層性

こうした同時代中国を重視する傾向に変化の兆しが見えてくるのが、九世紀末から一〇世紀初頭のことであった。この時期、天皇、及びそれに准じる皇族が発願した像として知られるのが、仁和寺阿弥陀三尊像(24)（仁和四年〈八八八〉）（**図10**）、清涼寺阿弥陀三尊像(25)（寛平八年〈八九六〉）（**図11**）、醍醐寺薬師三尊像(26)（延喜一三年〈九一三〉）（**図12**）である。

仁和寺像と清涼寺像は、いずれも近い時期に、極楽往生を祈願する法会や追善供養のための本尊としてつくられたものであるが、作風は大きく異なっている。すなわち仁和寺像は、基本的には安祥寺像を踏襲した造形表現をもつが、一方で体軀の厚みがうすくなり、像全体に丸みが加わることによって柔らかな印象となっている。

(23) その制作地は、恵運が帰国時に出帆した明州（浙江省《せっこうしょう》寧波《ニンポー》）である可能性が高いと指摘されている（根立研介「安祥寺の仏教彫刻をめぐる諸問題」上原真人編『皇太后の山寺――山科安祥寺の創建と古代山林寺院』柳原出版、二〇〇七年）。

(24) 宇多天皇（八六七―九三一年、在位八八七―八九七年）が、仁和三年（八八七）に亡くなった父の光孝天皇の菩提を弔うために発願、造立した。

(25) 左大臣 源 融《みなもとのとおる》（八

図 10　仁和寺阿弥陀如来像（平安時代・仁和4年〈888〉）（写真提供＝東京国立博物館）

図 11　清凉寺阿弥陀如来像（平安時代・寛平8年〈896〉）［『日本彫刻史基礎資料集成』，1997］

図 12　醍醐寺薬師如来像（平安時代・延喜 13 年〈913〉）（写真提供＝東京国立博物館）

清凉寺像は、肩幅が広いのに対し腰をしぼった特徴的な体形をしており、何らかの図像を参照して立体化した、いわゆる「図像写し」である可能性が高い。

これらに対し醍醐寺像では、特に中尊では量感が強調され、上の二つの像とはまったく違った造形となっている。さらに衣文のあしらいなどに奈良時代の彫塑像《ちょうそぞう》の要素が加えられている。

二二―八九五年）が生前に自ら造像を発願したが未完のまま薨去。その亡き後、息子の湛《たたう》と昇《のぼる》が父の遺志を継いで完成させ、一周忌に供養した。

このように、近い時期につくられたこれらの像は、それぞれの作風にばらつきがあり個性的な様相を呈している。承和期の作風が形式化し崩れていった、という単純な道筋をたどったとは言い難い変化をみせているのである。

ここで特に重要なのは、醍醐寺像が造像されるにあたっては、参照すべき造形を同時代の中国ではなく、日本の奈良時代にさかのぼる仏像に求めている事実である[皿井、二〇〇七・二〇〇八・二〇〇九]。仏教伝来以来、常に範を日本の外に求めてきた姿勢が、ここにきて変化していることがうかがわれるのである。中国からもたらされた情報や物を直ちに受け入れ、そのたびに造形に新しい要素が付加されて急激に変化した段階から、かたちの変化の要因が国内に求められるようになっていった。

そしてこの頃を転機として、一〇世紀以後の彫刻は、基本的に同時代中国の影響を受けることなく、むしろ九世紀までにすでに受け入れていた仏像様式や図像を基礎にしながら、立体の起伏がゆるやかなものへと独自の展開をみせていくことになる。九世紀末の遣唐使の中止以後も、完全に国外とのやりとりが途絶えたわけではなく、たとえば藤原摂関家と、唐王朝の滅亡後に興った呉越国《ごえつ》(27)(九〇七―九七八年)との間には、海商を介した書簡の往来があった。それでも同時代の中国江南地方の仏像様式が積極的に取り入れられた様子はうかがえない。

外来の情報を受け入れ、そのたびに既存の造形のあり方を変化させ、上書きしている。

(26) 延喜七年(九〇七)に、醍醐天皇(八八五―九三〇年、在位八九七―九三〇年)によって、醍醐寺が御願寺となり、薬師堂や五大堂が建立された。

(27) 九〇七年の唐王朝の滅亡後、九七九年に北宋が中国を統一するまでの間、華北に展開した、後梁(九〇七―九二三年)、後唐(九二三―九三六年)、後晋(九三六―九四六年)、後漢(九四七―九五〇年)、後周(九五一―九六〇年)の五つの王朝を五代、その他の地域にあった一〇の政権を十国と総称している。

図13 同聚院不動明王像(康尚作, 平安時代・寛弘3年〈1006〉)[『日本彫刻史基礎資料集成』, 1997]

いったのが九世紀までであるとすれば、一〇世紀以降は、日本で培ってきた伝統が礎とされるようになっていったと言うことができる。明らかに仏像彫刻において、同時代の中国的要素がほとんど見えなくなるのである。

立体の起伏がゆるやかなものに変化していった一〇世紀の状況は、一〇世紀末になるともう一段階の変化をみせる。ちょうど定朝の父である仏師康尚《こうしょう》(28)が現れる頃のことである。康尚は現存史料の限りでは、仏師としては初めて講師位《こうじい》という高い位につき、また貴族から受注生産を受ける独立した工房をもった存在である。もっとも、この康尚がつくったことが確かな現存唯一の作品は、同聚院《どうじゅいん》不動明王像(29)のみである(**図13**)。この像の胸腹部はなだらかな起伏で構成され、上半身がのびやかな印象を受ける。実はそれまでの一〇世紀彫刻は、正面から見たときのかたちと側面から見たかたちのつながりが不自然で、立体物として見た場合、正面・側面の統一感に乏しいものが多い。ところが康尚の同聚院像ではそれがいくぶん緩和され、正面と側面のつながりが自然なものへと変

(28) 平安時代中期に造像の受注をし、独立した工房をかまえた最初の仏師。天皇家、摂関家周辺で重用された。長徳四年(九九八)に土佐講師の位を得たが、これは仏師の社会的地位が認められたことを示す。

(29) 左大臣藤原道長は、曽祖父藤原忠平《ただひら》が創建した法性寺《ほっしょうじ》の敷地内に、五大堂とそこに安置する丈六の五大明王像をつくり、寛弘三年(一〇〇六)に供養した。本像はこの五大堂の中尊に相当する。

化を遂げつつあることがわかる。それをさらに押し進め、自然な人体表現を獲得しつつ仏の理想的な姿をつくりあげたのが、康尚の子の定朝であった。

定朝様の特質

ここであらためて定朝による平等院阿弥陀如来像をみてみよう(**図3**)。すべてが起伏の少ないゆるやかな曲面でかたちづくられており、柔らかな印象を受ける。顔は、頬などのふくらみを強調せず、面部の奥が横に張り出し、輪郭は正面から見ると正円に近い。体全体に比べると頭部は小さく、頭部と体部を通して安定感のある構図のなかにおさまっている。定朝の父、康尚作の同聚院不動明王像において課題となっていた身体の統一感はさらに自然なものへと達成されていることがわかる。

こうした立体の達成は、定朝のもつ卓越した技量によるところも大きいと考えられる。ただここで注目したいのは、その独特のプロポーションである。そのプロポーションは、それまでの九、一〇世紀の彫刻には見られないもので、肩幅が広くて手足は長く、腰を絞っており、胸腹部がなだらかな起伏で構成されるというものである。

平安時代でこれと似たプロポーションをもつ像に、坐像と立像の違いはあるものの、六波羅蜜寺の地蔵菩薩像がある(**図14**)。この像には関連する説話が残されている。すなわち『今昔物語集』(30)一七ノ一二に、源国挙《みなもとのくにたか》が地獄からよみがえった説話が掲載されている。地獄に堕ちた国挙は地蔵菩薩を念じることによって生き返ったため、現世に戻ってから仏師定朝に地蔵菩薩像をつくらせて六波羅蜜寺に献じたという。説話の内容はおくとしても、六波羅蜜寺の地蔵菩薩像には定朝の作風がうかがえる［水野、一九八〇／岩佐、一九八四］。後に詳しく述べるように、平等院像とは異なって、着衣に刻まれた衣文が概念的で線状的なところがあるものの、やや面長な頭部や伏し目がちな目、目鼻の配置は、定朝工房作の雲中供養菩薩像のなかに近いものがある(**図15**-1・2)。国挙の死去が一〇二三年であることを参考にするならば、六波羅蜜寺像は一一世紀前半の作になり、定朝の若い頃につくられたことになる。ちょうど定朝が父の康尚とともに、藤原道長が発願した法成寺《ほうじょうじ》(31)における造像に

図 14 六波羅蜜寺地蔵菩薩像(平安時代・11 世紀)(写真提供＝東京国立博物館)

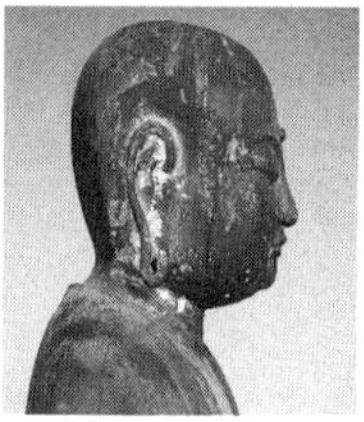

図 15-1 六波羅蜜寺地蔵菩薩像，頭部側面(図 14 同)

図 15-2 平等院雲中供養菩薩像(北 15)，頭部側面［秋山ほか編，1987］

(30) 一二世紀に成立した説話集。全説話は、天竺《てんじく》(インド)・震旦《しんたん》(中国)・本朝(日本)の三国に分類され、さらに仏教説話と世俗説話に大別される。

(31) 晩年の藤原道長が出家とともに発願した当代随一の大伽藍。九体《くたい》阿弥陀堂の初見である無量寿院、薬師堂、金堂ほか多くの堂宇が建ち並んだ。中央に池を配置し、それ

従事している時期にあたる。水野敬三郎も想定するように、もし六波羅蜜寺像が若き日の定朝の作だとすれば、その造形の特徴はその頃からのものということができることになろう。

そして実は、平等院像に見られるようなこうした均整のとれた身体、手足の長いプロポーション、なだらかな曲面による立体構成などは、はるかにさかのぼって七世紀後半の飛鳥後期から奈良時代にかけての彫塑像に見出せる［西川、一九八七／水野、一九八七］。これはいったいどういうことだろうか。

この飛鳥後期の様式は、白雉《はくち》五年（六五四）に帰朝した第二回遣唐使以降、直接中国から取り入れられた成熟期の初唐様式にもとづいている。たとえばその頃に建てられた川原寺《かわらでら》は(32)、中国からの最新の情報を反映させた初唐様式の伽藍だったが、その跡地から出土した塼仏《せんぶつ》(33)にあらわされる尊像のプロポーションは、小さい頭部、長い手足、肩から胸にかけてのなだらかな曲面から成る。これはインドの仏像様式を取り入れて成熟を遂げていた初唐様式のものであった(34)。定朝の作った平等院像は、そうした様式を取り入れているとみられる。

また平等院像の大腿部の太くて丸みのある衣文線は、塑像や乾漆像のような、素材を盛り上げてかたちを整えるタイプの像の衣文表現に近い（**図16**-1・2）。脚部の衣文がほとんど彫られず、衣が身体に密着しているようにあらわされるのも、飛鳥

を堂宇が取り囲むという伽藍形式は、当時の貴族の邸宅「寝殿造り《しんでんづくり》」に類似する。

(32) 七世紀後半に、天智天皇が母の斉明天皇が居所とした川原宮の跡地に建てた寺。日本最古の本格的伽藍をもつ飛鳥寺の形式を参考にしつつ、それまでの高麗尺《こまじゃく》ではなく唐尺を採用するなど新来の唐文化を取り入れた。

(33) 仏像の型を粘土に押し当て、その粘土を焼き固めたタイル状の仏像のこと。

図 17　脚部（右膝部）

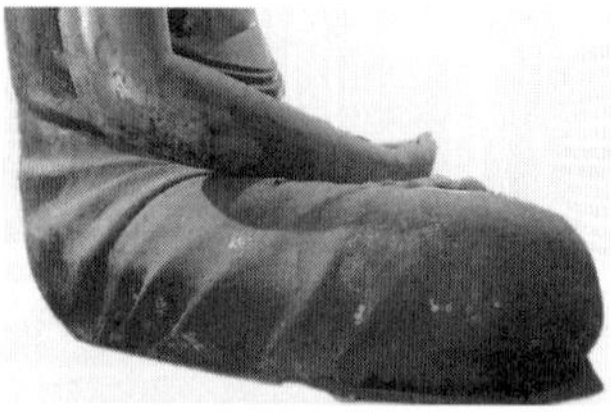

図 16-1　平等院阿弥陀如来像，脚部の衣文（右後方）

図 16-2　東大寺伝日光菩薩像（塑像），着衣の衣文［奈良六大寺大観刊行会編，1968］

時代後期の金銅仏によく見られる。組んだ足が、その重みで衣を引き込みながら、大腿部に沈み込む表現は、そうした古い時代の写実性に通じるものとなっている（**図17**）。さらにはこうした立体表現だけではなく、台座や光背についても、形式や図様において、奈良時代にさかのぼる仏像からの借用が指摘されている［紺野、一九八七］。

　このように定朝が仏の理想的な姿を追求する際に参考にしたのは、中国の造形を模した日本の過去の造形だっ

（34）独尊像塼仏（飛鳥時代・七世紀、東京国立博物館）。画像は、ColBase（コルベース、国立文化財機構所蔵品統合検索システム）https://colbase.nich.go.jp/collection_items/tnm/C-1043?locale=ja も参照。

た。つまり、同時代の北宋の造形ではなかったのである。

以上、定朝様の形成に、日本の過去の造形が大きな役割を果たしていたことをあらためて確認してきた。ここで注目したいのは、康尚、定朝ともに、飛鳥時代につくられた大安寺釈迦如来像を模刻していた点である。この像は百済大寺《くだらのおおでら》(35)の本尊で、最新の唐文化を反映した乾漆像だったとみられる。奈良時代より霊験《れいげん》あらたかな像として名高く、また美しい相好《そうごう》を兼ね備えているとみなされていた。正暦二年(九九一)、康尚はこの大安寺釈迦如来像を模刻して河原院《かわらのいん》(36)の釈迦如来像を造像した。奝然《ちょうねん》請来の栴檀釈迦《せんだんしゃか》瑞像《ずいぞう》を強く意識した造像であったことが指摘されている[奥、一九九三・一九九六・二〇〇九]。定朝様という日本の仏像における新たな規範が出来上がるにあたっては、その当時美しいとみなされていた初唐様式の大安寺釈迦如来像を模刻したことが、大きな契機の一つとなっていたと考えられるのである。

構成要素の組み合わせ

ただし定朝は過去の彫刻の模倣に徹したわけではなかった。頭部の立体表現を見てみると、飛鳥後期から奈良時代の彫塑像が、人体を写実的に再現しようとしていたのに対し、定朝は、必ずしも人体に忠実な立体表現を目指そうとしていたわけではないからである。

(35) 日本で初めて天皇が発願して建てた寺院。奈良の飛鳥の地に建てられた、大安寺の前身寺院に相当する。

(36) 源融が風流を尽くして建てた邸宅で、その子の昇が宇多上皇に進上したという。ここで、正暦二年(九九一)に、天台僧仁康《にんこう》が五時講《ごじこう》という法会を修し、その本尊が康尚作の釈迦如来像だった。

図18　面部

図19　頭部(俯瞰)

たとえば平等院像では、顔の輪郭が実際の人体とは大きく異なっているが、しかし一定の角度から像を見上げたときに、美しい円形に見えるように巧みに計算されて造作されている(**図18**)。当時、貴族層にもひろく親しまれた『往生要集《おうじょうようしゅう》』(37)には、阿弥陀如来の姿を正しく心の眼で見るにあたって、「顔は円満にして、光沢あり。姿形が乱れることなく清い。ちょうど秋月のようだ」と述べられている。このように、当時、優れた仏の相好は秋月のような曇りなき満月にたとえられており、このような円満相をいかにして表現するかが目指されたのだ。それを達成するために、平等院像では、頬の曲面は面部の前方へのふくらみが抑えられ、面部の奥が横に張り出すという、人体の面部としてはやや無理のある構成がとられていた。また面部を上方から俯瞰してみたとき、頬から顎にかけての輪郭が顎に向かって鋭角的に収斂した形はやや不自然であり(**図19**)、ここからも平等院像においては人体の正確な

(37) 天台宗の学僧源信《げんしん》(九四二—一〇一七年)が、寛和元年(九八五)に執筆した書。極楽往生にまつわる重要な文章を内外の諸経典から集めて、極楽往生の教理と実践を体系化した。貴族社会にもひろく流布し、美術、文学など多方面に大きな影響を及ぼした。

(38) 仏教における想像上の植物文様。平等院像台座をはじめ、堂内で多用される。

平等院阿弥陀如来像台座

再現が目指されていたわけではなかったことがうかがわれる。
とはいえ先にも述べたように、台座や光背などの本体以外の部分においても、日本の過去の造形を取り入れて再構成している点はやはり注目される。平等院像の台座は、いくつものパーツを上下に組み合わせてつくる八葉蓮華座《はちようれんげざ》で、反花《かえりばな》には花弁の先端がひるがえる躍動的な宝相華文《ほうそうげもん》(38)が刻まれている。一般的に、平安時代の九世紀から一〇世紀までの台座の平面は円形であるが、平等院像では台座下部の框《かまち》が八角形状である点に特徴がある。また阿弥陀如来像の着用する裙《くん》(39)が蓮台の蓮弁の先端部にかかり落ちる様をあらわしていたことが痕跡から知られ、いずれも奈良時代、八世紀の形式を復活させたものであることが指摘されている［奥、二〇一九］。

光背についても見てみよう。光背は、円形の頭光と身光を組み合わせた二重円相《にじゅうえんそう》光《こう》（**図20**）のまわりに、透かし彫りにした雲煙が配されて全体として蓮弁形となっている。いずれも一般的な光背の構成要素だが、その組み合わせ方にこの時代ならではの新しさがある。すなわち本光背は、平安時代に通有の二重円相光を軸にしながら、その周縁に飛鳥時代に起源をもつ飛天光背(40)をとりつけたもので、またさらには二重円相光の圏帯《けんたい》部に、それまでになかった立体的な飛雲文を付加しているのである（**図21**）。ある意味、組み合わせ自体に創造性が認められるものである。もっとも二重円相光の圏帯部の飛雲文は中国のモチーフを取り入れた可能性がある［皿井、二

同下框《したがまち》の反花《かえりばな》［いずれも、秋山ほか編、一九八七］

(39) 下半身にまとう巻スカート状の着衣。

(40) 透かし彫りで空を舞う天人を周縁部に配置した光背。

図20　光背(二重円相部)［文化庁ほか編, 2008］

図21　飛雲文(外圏帯部)

〇一二」。新旧の形式を巧みに再構成してつくられた定朝の飛天光背は、それ以降、流行したらしく、「定朝以後、近年の吉仏は、みな飛天光につくる」(『長秋記(41)』)と述べられている。すなわち、それ以後流行することになる新しい飛天光背のスタンダードを創造したのが定朝だったのである。

また新旧を組み合わせた例としては、天蓋の透かし彫り文様も見逃せない。本像の上方には、天井部分を格子状にした長方形の天蓋と、その下方中央に、周縁八方に蓮弁状の吹き返しをつけた円形の花蓋《かがい》が懸けられており、たいへん豪華な荘厳《しょうごん》がなされている。長方形の天蓋には、四辺に垂板《すいばん》(**図22**)がめぐらされている。それぞれの垂板は、中央に配置された俯瞰形《ふかんけい》の六弁花(42)から展開する宝相華唐草文が一面に

(41) 故実に通じていた源師時《もろとき》(一〇七七―一一三六年)による日記。白河・鳥羽院政期における政治・社会を知るための基本史料の一つ。

(42) 垂板の六弁花［秋山ほか編、一九八七］

透かし彫りされている。この中央の俯瞰形六弁花は一〇世紀以降の平安時代を通じて、多用されるモチーフである。宋代中国の花文には類例がなく、晩唐期における中国の花文を祖型として発展したものであるとされる[加島、二〇〇九]。

なお垂板にあらわされた宝相華唐草文には、平安時代後期にはきわめて珍しく、葡萄の房の形をしたモチーフが認められる(**図23**)。この葡萄果房状のモチーフは中国の盛唐期に多く見られるもので、日本の遺例は七世紀末から八世紀半ばまでの間に集中する。すなわち、垂板の宝相華唐草文は奈良時代にさかのぼる過去の文様を

図22　天蓋の垂板[秋山ほか編，1987]

図23　宝相華唐草文の葡萄果房状モチーフ

参考に構成したと判断される。このことは、平等院鳳凰堂の柱絵などに描かれる対《たい》葉花文《ようかもん》(43)が、奈良時代以来途絶えながらも、鳳凰堂の造営に際して復活して用いられていることにも符合する〔西川、一九八七／水野、一九八七〕。

一方で、鳳凰堂の大虹梁《だいこうりょう》(44)の一部には、同時代の中国宋代に流行する牡丹風の側面花が見られることにも注意したい〔奥、一九九三・一九九六・二〇〇九〕。鳳凰堂を満たす植物文様は、奈良時代にさかのぼる花文の図容を主軸にしながら再構成され、そこに同時代中国の新しい要素が一部取り入れられているのである。このことは、光背の再構成にも通じており、実に興味深い。ただし、あくまでも同時代中国要素は一部にすぎないことも、確認しておきたい。

このように、像本体と同様に、台座、光背、堂内荘厳のいずれもがさまざまな過去の造形に依拠し、これを組み合わせながら、そのごく一部に新しい要素を取り入れて構成されていた。すなわち国風文化期の造形の主たる要素は過去の日本の造形(日本が取り入れた唐文化)だったと言っても差し支えないだろう。中国の同時代的な要素を取り入れることはあるにせよ、あくまでもごく一部にすぎなかったのである。すでに確認したように、こうした受容の変化の兆しは九世紀末から一〇世紀初頭の頃に見られていたのであった。繰り返せば、文化の受容や造形の構造そのものが、その頃を境に大きく変化していたのである。

(43) 対葉花文とは、二枚の側面形の葉を向かい合わせに組み合わせた花文。平等院阿弥陀如来像の光背の底部(光脚部)の中央の蓮弁などに見られ(左図)、ここでは蓮弁の輪郭が側面形の葉になっている。

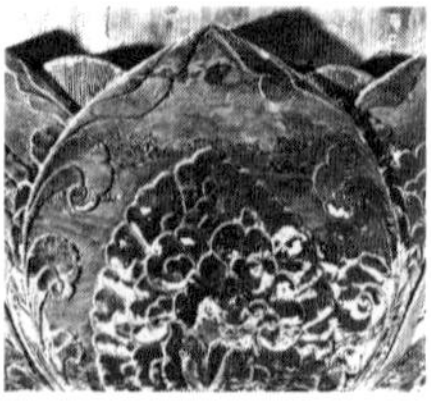

〔水野、一九八〇〕

(44) 柱の上に水平に懸けられた梁《はり》。母屋上方に二本懸けられている。

2　和様化のプロセス――絵画の場合

唐絵とやまと絵

次に絵画について見ていこう。宗教画(仏画)であれ、世俗画であれ、八、九世紀の日本では、絵画の主題、技法や様式は、唐代中国との交流のなかで学習され、定着していった。しかしそれ以降、一〇世紀から一二世紀にかけての絵画の変遷を正確にたどるのは難しい。というのは、実はこの間の遺品が皆無と言ってよいからである。一〇世紀の仏画としては、天暦五年(九五一)に竣工した醍醐寺五重塔初層の壁扉画がほぼ唯一の遺品であり、世俗画にいたってはほとんど無いと言ってよい。

こうした状況のなか、壁画や屏風絵を見て詠まれた漢詩文や和歌からその主題や表現の変遷をたどる試みがなされてきた[佐野、一九九七]。以下、その成果にもとづいて述べていくことにしよう。一〇世紀から一一世紀にかけて、絵画に次のような変化が起こったことが指摘されている。

まず世俗画に関しては、主題と様式の変化である。中国の故事などに取材した「唐絵《からえ》」に加えて、日本の四季折々の風物や名所に取材した「やまと絵」が一般化した。もともと世俗画は中国の風物や名所に題材をとるのが基本であり、これは中国から導入された律令制という政治制度に即した主題の絵画でもあった。一方で九世紀半ば以降になると、日本の風物や名所に題材を得た世俗画も描かれるようになり、これが「やまと絵」と呼ばれるようになっていく。これに対し、従来の中国を題材にする世俗画は「唐絵」と呼ばれた。この「唐絵」は、これ以降も律令制度の枠組みが続く限り、それと一体となって描き続けられていくことになる。一方の日本の風物を描いた「やまと絵」は、プライベートな日常生活のなかで詠み続けられていた倭歌と同様に(本書、佐藤全敏「国風文化の構造」参照)、あくまでも日常生活のなかで享受されるものであり、公的な表舞台に出てくることはなかった。これ以降、「唐絵」と「やまと絵」は、それぞれ公・私の概念を含みこみながら併存していくことになる[千野、一九九三]。

もう一つの変化は、構図、線描などの絵画表現にみられる。世俗画と宗教画(仏画)のどちらにおいても、そして世俗画では「唐絵」「やまと絵」の画題を問わず、いずれも中国絵画に直接学んだ力強く緊張感にあふれた画風から、なだらかな曲線で構成された調和のとれた色彩をもつ画風へと変化していくのである。ただしその変化を微細にみると、さまざまな時点の過去の中国の表現を選び取りながら再構成したものであることがわかる。次にそのことを詳しく見ていこう。

表現の和様化

中国絵画を模した「唐絵」の典型として、宮中の殿舎の一つである清涼殿の壁に描かれていた山水画がある。現存しないが、平安時代初期にこの絵を見て嵯峨天皇や貴族たちが詠んだ漢詩「清涼殿画壁山水歌」(『経国集』(45)巻一四)から、絵の内容をうかがうことができるのである。そこには大海原や険しくそびえ立つ山々などが広がっていたことがわかる。その風景は日本ではなじみのない異世界であった。その厳しい山容は、奈良時代の八世紀末に描かれた「法華堂根本曼荼羅」(アメリカ・ボストン美術館蔵)の釈迦三尊の背景に見られる山水に似たものであったと推定されている。

これに対し一〇世紀末頃になると、高さや深さを強調した険しい崖を描くような空間構築は主流から去り、画面手前の前景から水平方向にゆるやかに奥の後景へと視線を導いていくような、いわゆる「平遠《へいえん》」の景観が好んで描かれるようになっていく。たとえばその典型は一一世紀後半の作とされる東寺旧蔵の「山水屏風《せんずいびょうぶ》」(46)(**図24**)だが、その構図は初唐様式を反映した伝展子虔《てんしけん》(47)作の「遊春図巻」(**図25**)等に淵源をもち、日本に舶来されていた唐代絵画を原図としていることが指摘されている[板倉、二〇〇五]。

その変化の到達点の一つが、平等院鳳凰堂の壁扉画、『観無量寿経《かんむりょうじゅきょう》』にもとづいる。

(45) 淳和天皇(七八六―八四〇年、在位八二三―八三三年)の命により、天長四年(八二七)に成立した漢詩文集。

(46) 密教寺院において、師位を受け継いだことを証明する灌頂《かんじょう》の儀式に用いられる。本来は世俗の調度品であったと考えられる。

(47) 生没年不詳。中国隋代を代表する画家。「遊春図巻」の制作年代は諸説あるが、透視図法的な奥行きをあらわす空間表現に盛唐期の「山水の変」より以前の初唐的要素が認められるとされる。

図 24　山水屛風(平安時代・11 世紀，所蔵・図版提供＝京都国立博物館)

図 25　遊春図巻((伝)隋・展子虔，北京故宮博物院)[『世界美術大全集』，1997]

た九品来迎図《くぼんらいごうず》となっている。極楽浄土の教主である阿弥陀如来が亡くなる人を迎えにこの世にやってくる様を、平等院の所在する宇治周辺の風景のなかに描き込む。そうした風景がもつ親しみやすさと遠く離れた浄土への距離感とが重なり合って、壮大な空間が広がっているような視覚効果が生み出されている。そこに四季折々の風物を重ね描くことで時の循環をも表現しているのである。

一例に鳳凰堂壁扉画のうち「中品上生図《ちゅうぼんじょうしょう》」(**図26**)を確認してみると、唐代の青《せい》緑山水画《りょくさんすいが》(48)の表現を継承した、空をあらわす青系の色帯の下に、少し高い視点からとらえた、はるか遠くを見通すかのような広々とした空間がひろがっている。左右に起伏のなだらかな山並みをふりわけて、山並みにはさまれた水面ははるか彼方まで抜けていく。まさに唐代絵画の特徴を継承しているのである。

図26　中品上生図(北面中央扉)復原扉(平等院)[秋山ほか編, 1992]

五代から北宋にかけての山水画と日本

ところで北宋の米芾《べいふつ》(49)の『画

(48) 鉱物系の絵具である群青《ぐんじょう》や緑青《ろくしょう》などの顔料を用いて厚く彩色された山水画。唐代までの山水画の典型的な表現技法。

(49) 一〇五一—一一〇七年。宋を代表する能書家で、古書・名画の希代のコレクター。書の古典を徹底的に学び鑑定に優れ、臨模《りんも》すれば真筆と区別がつかないほどに精密であったという。

図 27　寒林重汀図（（伝）南唐・董源，所蔵・図版提供＝黒川古文化研究所）

史』によると、五代十国時代の南唐（九三七―九七五年）においては、日本の青緑山水画が唐代の画家である李《り》思訓《しくん》(50)が描いた絵だとみなされていたと記されている。一方で北宋では、南唐に仕えた宮廷画家である董《とう》源《げん》(51)の青緑山水画が李思訓のようだと評されており（『図《と》画《が》見聞誌《けんもんし》』(52)巻三、董源）、これらのエピソードを総合すると、南唐の青緑山水画と日本のそれとは様式的に近いと認識される要素があったようだ。

たしかに董源の画風をよく伝えるという「寒林重汀図《かんりんちょうていず》」（**図27**）には、画面奥に向かって開ける平遠的な空間構成で水際の湿潤な風景が描かれており、技法の違いがあるにせよ、構図については、日本の平安後期絵画に見られるものとよく似通っている。これをどう理解したらよいだろうか。

さらにはこの「寒林重汀図」に似た構図の着色画が一二世紀半ばに描かれた「源氏物語絵巻」東屋一（徳川美術館蔵）の画中画(53)にも見出すことができるという説もあ

(50) 六五三―七一八年。中国盛唐期の玄宗皇帝（在位七一二―七五六年）に仕えた画家。子の李昭《りしょう》道《どう》とともに山水画をよくし、金碧山水の技法を確立した。

(51) 生没年不詳。揚子《ようす》江《こう》下流域の江南地方の豊かな水郷風景を描き、水墨画と着色画の両方をよくしたとされる。

(52) 北宋の郭若虚《かくじゃくきょ》が記した画史。唐末から北宋の熙寧七年（一〇七四）までの画家の伝記や画論などをまとめた。

(53) 画中に描かれた襖や障子にあらわされた絵のこと。

る。そして、こうした五代十国時代の絵画と日本のやまと絵との類似性を強調し、そこから唐滅亡後の中国での青緑山水画の展開が日本のそれに影響しているという見方も提示されている［増記、二〇一六］。

ただ、この点は慎重に考える必要があるように思われる。文化の中心となっている地域の周縁に、古い様式が残ることはよくあることである。初唐以来の様式が、日本と南唐の両方に残ってそれぞれ展開していたと考えて何ら問題ない。無理に南唐をはじめとする江南地方の絵画様式が日本に伝わって影響を与えた、あるいは何らかの連関があったと考えるべき要素は少ないのではないだろうか。

平等院扉壁画に話をもどすと、そこでは構図だけではなく、さらに古い唐代絵画の要素が組み合わされて画面が構成されていることが指摘できる。たとえば「上品下生図」の画面手前には、左右からせり出す山が深い谷間から高方へと積み重なる様子が描写されているが（**図28**）、これは盛唐様式の「騎象奏楽図《きぞうそうがくず》」（正倉院蔵「楓蘇芳《かえですおう》染螺鈿槽琵琶《ぞめらでんのそうのびわ》」の捍撥部《かんばち》(54)）（**図29**）の山岳の描写に通じるものである。他にも古い絵画の要素がいくつか組み合わされて描かれており、同じ鳳凰堂の阿弥陀如来像という仏像が、日本の過去のいくつかの様式を組み合わせて再構成されていたことと同じ現象であると言える。

このように一〇世紀以降の日本の絵画は中国の新しい潮流にのることはなかった。

（54）撥《ばち》を受ける木材の表面を保護するためにもうけられた皮貼り部。なお琵琶本体は、宮内庁公式ウェブサイト内の「正倉院宝物検索」掲載写真、https://shosoin.kunaicho.go.jp/treasures/?id=0000014802&index=6を参照されたい。

図 28　上品下生図（東面南扉）復原扉（平等院）［秋山ほか編，1992］

図 29　騎象奏楽図（楓蘇芳染螺鈿槽琵琶，8 世紀，正倉院）［辻ほか編，2013］

参考までに北宋の絵画の様子を確認すると、北宋中期になると宮廷内での水墨山水画の評価が高まり［竹浪、二〇一〇］、やがて北宋を代表する山水画家の郭熙《かくき》(55)により、熙寧《きねい》五年（一〇七二）には、宋王朝が目指した普遍的世界観を表す大画面の「早春図」が完成している。

なお、この郭熙を寵愛した北宋第六代の神宗皇帝（在位一〇六七―一〇八五年）は、新しい皇帝の文物として、ただちに高麗《こうらい》に郭熙画を下賜している。熙寧五年に中国との通交を再開して

(55) 生没年不詳。神宗皇帝に登用され、宮廷画家として宮中の大障壁画を手掛けた。五代・北宋山水画を代表する李成の平遠山水と北宋初期の范《はん》寛《かん》の高遠山水とを融合し、文人官僚による社会の成熟を反映させた山水画の理想的な姿を完成させた。

いた高麗は、同七年以後再三にわたって来朝し、多くの皇帝文物を手に入れているが、このことは日本に郭熙画が入ってこなかったことと好対照である。中国との正式な通交を結ばなかった日本が、たぶんに政治的意味合いをもつ皇帝の文物を受け入れる場や条件をもたなかったことによる〔塚本、二〇一一・二〇一二〕。日本は北宋の政治理念を受け入れることがなく、またその意図を体現した文物を受容することもなかったのである。

結局、国風文化期の絵画は、すでに日本に受け入れられていた唐時代の造形を礎にしながら変容したものと言え、それを我々は「和様」と呼んでいることになる。古くより指摘されてきたことであるが、あらためて確認したい。

なお、同時代中国のモチーフと類似するものもあり、あるいは影響関係がある可能性もあるが、それらはあくまでわずかにすぎない事実に十分注意しておこう。

仏画の和様化

宗教画(仏画)においても、九世紀末頃までは唐代仏画の直輸入であったが、一〇世紀以降になると、基本的にはそれらが継承・消化されることになる。

九世紀前半の現存する仏画のうち、同時代の中国の図容や様式を伝える作品に、「高雄《たかお》曼荼羅《まんだら》」(56)(**図30**)と「真言七祖像《しんごんしちそぞう》」(57)がある。「高雄曼荼羅」は、空海が密教の師

(56) 淳和天皇の御願により神護寺の灌頂堂で使用するために制作された。

(57) 空海の帰国に際して、師の恵果が、宮廷画家の李真に、真言密教の成立と発展に功績のあった高僧、善無畏《ぜんむい》(六三七—七三五年)、金剛智《こんごうち》(六七一—七四一年)、不空(七〇五—七七四年)、一行《いちぎょう》(六八三—七二七年)、恵果(七四六—八〇五年)を描かせて、空海に付与したもの。帰国後の弘仁一二年(八二一)に、空海が竜猛《りゅうもう》(竜樹《りゅうじゅ》、二—三世紀)、竜智《りゅうち》(六—七世紀)を加えた。教王護国寺(東寺)蔵。

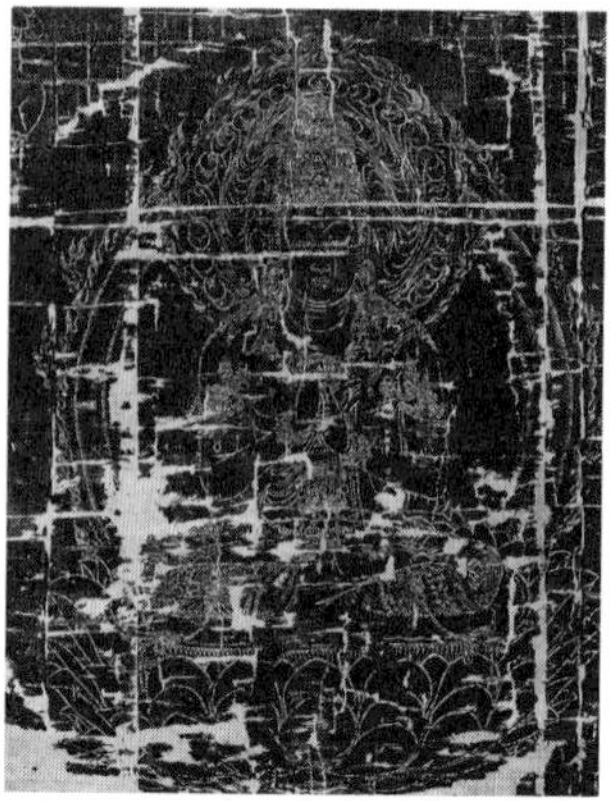

図30　高雄曼荼羅（金剛界一印会・毘盧遮那如来，平安時代・天長年間〈824–834年〉，神護寺）［東京国立文化財研究所美術部編，1967］

である恵果から直々に与えられた彩色両界曼荼羅(58)の原本をもとに、綾地に金銀泥の線描で転写したものである。空海請来の原本や、その原本にもとづいて写された第一転写本は現存しないものの、原本の写しである可能性の高い「高雄曼荼羅」は、当時の中国の都で描かれていた密教画の様相をよく伝えている。こうした空海請来の絵画や図像は、真言宗のなかで絶対的な権威をもち、後の時代にわたって繰り返し写し続けられることになった。

中国密教の正統な系譜を引き継いだ真言宗に対し、遅れをとった天台宗の円仁(59)や円珍(60)は、空海が伝えることのなかった図像や修法《しゅほう》を求めて入唐し、多くの請来品をもたらした。円仁請来の両界曼荼羅を鎌倉時代に転写した「金剛界八十一尊曼荼羅《こんごうかいはちじゅういっそんまんだら》」（金剛輪寺伝来、根津美術館蔵）は、空海がもたらした曼荼羅とは異なる構成をもつものである。また「伝真言院曼荼羅」（教王護国寺〈東寺〉蔵）は、円珍請来本の転写本との説があるものだが、これらに描かれる尊像は、肩幅のある引き締まった体形に

(58)　密教では、如来や菩薩などのすべての仏は、大日如来が姿を変えたものと考えられており、大日如来が説く世界を視覚的にあらわしたのが曼荼羅である。『大日経』にもとづいて描かれた胎蔵曼荼羅と、『金剛頂経』にもとづいて描かれた金剛界曼荼羅を両界曼荼羅という一セットのものとして整理したのが、空海の師、恵果であった。

(59)　七九四―八六四年。平安前期の天台僧。日本天台宗の開祖である最澄の弟子の一人。最後の遣唐使となった承和五年（八三八）、入唐請益僧《しょうやくそう》として渡唐し、九年間にわたって求法巡礼した。

(60)　八一四―八九一年。最澄の孫弟子にあたる。

色鮮やかな彩色と肉身や着衣にほどこされる強い暈《くま》が(61)印象的である。インドの影響を強く受けた晩唐の彩色画をよく写し伝えている（本書三三頁、**図3**参照）。

これらに対し、約一世紀を経た一〇世紀半ばの彩色密教画の遺品が、醍醐寺五重塔初層の壁扉画である（**図31**）。この一〇世紀の両界曼荼羅は、「伝真言院曼荼羅」の系統の図像を継承するが、尊像の肉身部にほどこされた朱暈《しゅぐま》は色のコントラストが和らいでいる。また建築部材を彩る宝相華文の輪郭線も、奈良時代以来の鮮やかな朱色から、少し黄色みのある輪郭線へと切り替わっている。やがて白色の輪郭線が主流となる次代へ向けての過渡期の様相を示しているのである。その後、平等院鳳凰堂の堂内建築部材に描かれる宝相華文の輪郭線は白色となり、壁扉画のもつやわらかな色調と調和して堂内を埋め尽くすことになる。このように一〇世紀以降の仏画は、入唐八家がもたらした中国絵画の図像を継承しつつ、補色を多用したコントラストの強い色調から、中間色の多いやわらかな色

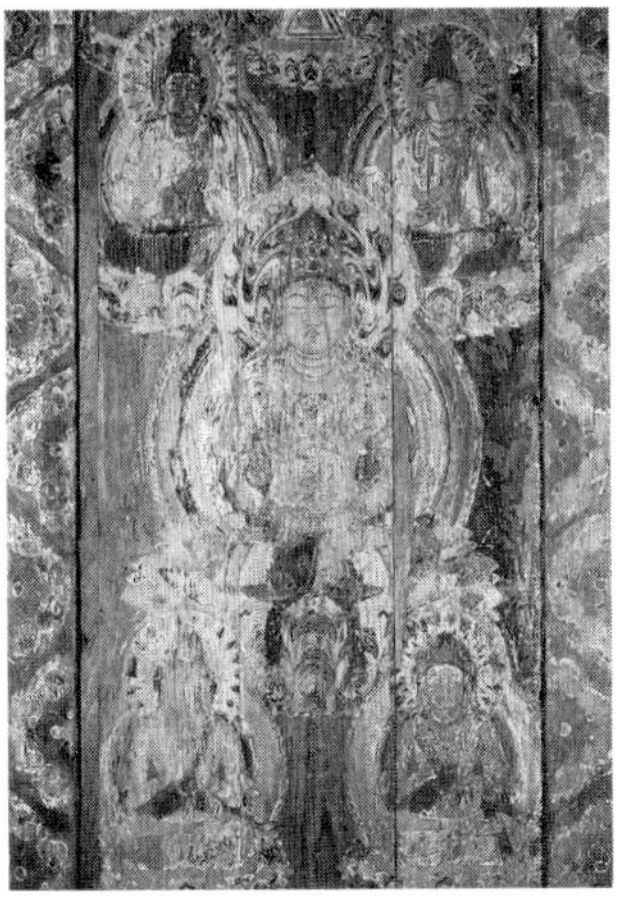

図31　醍醐寺五重塔初層壁扉画（心柱西覆板西面・胎蔵界中台八葉院・大日如来四菩薩，平安時代・天暦5年〈951〉）［西川ほか監修，2002］

後に天台寺門派《じもんは》の開祖となる。仁寿三年（八五三）に、大宰府から唐の商船に乗って入唐し、長安の青龍寺の法全《はっせん》から密教の奥義を伝授されるなど五年間にわたって求法した。

(61) 輪郭線に沿って色をほどこして立体感をあらわす技法。光の当たっている対象を白色であらわす照暈《てりぐま》、衣文線に沿って色を付す片暈《かたぼかし》などがある。

調へと変化していったのであった。

　もっとも日本の仏画における様式の変化と類似した現象が、日本のみならず唐末から五代にかけての江南地方、とりわけ日本とのやり取りがあった呉越国でも生起しているとみて、両者の間に何らかの影響関係を想定すべきだという意見がある［大原、二〇〇九］。これは、民間交易ルートが拡大したという事実から、両者の絵画の間にも影響関係があったはずだと仮定し、そうした仮説にもとづき、両者の類似性を探し求めようとする方法論に立脚している。

　たしかに大原嘉豊が指摘するように、その後、一〇世紀後半の北宋の壁画に認められる特異な文様（雷崩し文）が同時代の日本の仏画に現れており、中国から日本への受容関係が認められる。だが、大原も当該期の日中の影響関係を示唆する作品があまり見当たらないことをいぶかしがっているように、こうした受容関係の指摘できる事例は多くないのが実態である。とすれば、逆にはたして「民間交易ルートが拡大したという事実から、両者の絵画の間にも何らかの影響関係を想定すべき」とすること自体が正しいかどうかを吟味しなければならないことになる。次節で民間信仰に焦点を当て、この仮定について考えてみよう。

3　民間信仰とその造形

宝誌信仰とその造形

中国には人々に親しまれ、絶大な信仰を集めた伝説的な僧がいる。僧伽《そうぎゃ》、宝誌《ほうし》、万廻《まんえ》の三聖僧であり、いずれも実在の僧が死後に神格化されて全国に祀られるようになったものである〔肥田、二〇一三〕。このうち中国南朝で活躍した宝誌和尚(四一八—五一四年)は、日本でも平安後期の造像例が知られており、中国文化の受容姿勢をうかがい知る好例となっている。

この宝誌は仏教を信奉した南朝の梁の武帝より崇敬を受け、死後は十一面観音の化身として崇められた。北宋により南唐が平定された際、その地の重要な仏教文物が都の開封《かいほう》に移され啓聖禅院《けいせいぜんいん》(62)に納められたが、その一つが「宝誌和尚真身」であった。

啓聖禅院に安置された宝誌和尚像の姿形の詳細は不明だが、端座《たんざ》した遺体に漆布を貼り付けて固めたか、もしくは乾漆を盛り上げてつくられた肖像であったと推測されている〔塚本、二〇一一・二〇一二〕。これに対し、唐末以降の新たな宝誌和尚像は、鋏、曲尺、円鏡などをかけた杖といった特徴的な持物をもつ姿にあらわされる

(62)　北宋初期の太平興国五年(九八〇)、二代皇帝太宗《たいそう》(在位九七六—九九七年)が生まれた宮城西側で建立が開始され、雍熙二年(九八五)に完成した皇帝を記念するための寺院。江南地方を平定した後に金陵(現在の南京市)からもたらされた「栴檀釈迦瑞像」「宝誌和尚真身」などが安置された。

ようになっていた(**図32**)。

先に触れたように、日本でも宝誌和尚像の存在が知られる。平安時代後期の南都寺院の見聞記『七大寺巡礼私記《しちだいじじゅんれいしき》』(63)によれば、大安寺金堂に宝誌和尚の木像があり、その姿は両手で顔の皮を裂いてその内側に仏身を現わすものであった。『七大寺巡礼私記』に記されるこの像は、奈良時代の入唐僧である戒明《かいみょう》が中国より請来した「志公十一面観世音菩薩真身」と同一のものである可能性が高い(64)。

また日本に現存する唯一の宝誌和尚像は平安後期の作であるが、その像容もまた顔が中央で縦に裂け、その裂け目の内側から別の顔がのぞくという異形である(**図33**)。その姿は『七大寺巡礼私記』に記載される宝誌像に類似し、戒明請来像の像容にも近いものである。

図32 夾江千仏岩第91号三聖龕(中国・四川省)(著者撮影, 2015年9月18日)

図33 西往寺宝誌和尚像(平安時代・11世紀)[京都国立博物館編, 2001]

(63) 大江親通《おおえのちかみち》が平安時代末期に南都諸寺を巡礼した際の見聞や、各寺院の縁起などについて詳述した書。この時期の南都寺院の実態を知るうえで貴重な記録。

(64) 近年、戒明請来像と『七大寺巡礼私記』大安寺金堂条に記載される像は同一のものではなく、戒明請来像は鋏などをぶら下げた錫杖《しゃくじょう》をもつ姿だったとする説も提示されここで注目したいのは、平安後期作で、現存する唯一の西往寺宝誌和尚像が、唐末以降に中国で一般的だった宝誌和尚像の図像に准じていない点である。西往寺像の存在からすれば、平安後期の日本でも宝誌信仰は確実に認識されていたことがわかる。しかしながら造像にあたっては当時の中国で一般的だった図像には依拠せず、むしろ日本に存在した過去の図像が参照されていた可能性が高いのである。ここにもまた、同時代中国の流行にはとらわれない日本の姿勢をみてとることができそうである。

僧伽信仰の場合

もう一例、中国の代表的な民間信仰の受容関係を取り上げてみよう。唐代に実在した霊験あらたかな僧、僧伽(65)についての信仰である。僧伽は、その没後に十一面観音が姿を変えて現世に現れたとみなされるようになり、水難、病気などあらゆる苦しみを癒す存在として幅広い層から厚い信仰が寄せられた。北宋初期になると、高僧伝や類書に、僧伽にまつわる数多くの霊験説話が収録されるようになる。

この僧伽を祀る堂宇が、北宋の都開封の中心部に所在した大相国寺(66)に建てられている。この寺は北宋皇帝が諸地域の仏教文物を集約し、仏教を守護する理想的な帝王のイメージを打ち出すために位置づけた寺である。開封の繁栄を回想的に記録し

ているが、この図像の出現時期が唐末であることから考えると疑問視される。

(65) ?―七一〇年。西域出身の初唐の神異僧。唐の龍朔元年(六六一)に来朝して人々の教化に努め寺を建てた。その評判を聞きつけた中宗皇帝に普光王寺という寺号を賜わり、亡くなった際は中宗みずから遺骸に漆布を加えて手厚く葬送した。

(66) 南北朝時代北斉の天保六年(五五五)創建。唐時代に相国寺の寺額を賜り、北宋の建国後に大幅に改築された。北宋が征服した地域から仏教文物を回収し安置した。

図 34　僧伽大師像（高麗・1024 年，韓国・僧伽寺）（写真提供＝大澤信氏）

た『東京夢華録《とうけいむかろく》』には、この大相国寺に多くの人々が集った様子が記されている。この寺は、皇帝のイメージ戦略を流布させるべく市井に開かれた寺であった〔塚本、二〇一一・二〇一二〕。

　九世紀前半に入唐した最澄の弟子である円仁は、中国滞在中に親交のあった新羅人から、僧伽、宝誌、万廻の三聖僧をかたどった小仏龕《ぶつがん》を、道中の無事を祈って贈られている（『入唐求法巡礼行記』）。僧伽像は、九世紀半ば頃に創建された京都の安祥寺の財産目録（「安祥寺資財帳」）にも見え、比較的簡単に入手できるものであったらしい。このように日本でも信仰の下地があり、ましてや水難に効験のある存在なら、海を渡り歩く海商を通じて信仰が広まっても不思議ではない。しかしながら残された彫像や文献をみるかぎり、日本で信仰の広まった形跡は認められないのである。

　このことは朝鮮半島の統一王朝である高麗国（九一八―一三九二年）での僧伽信仰のあり方とは対照的である。高麗時代の仏教彫刻には五代から北宋初期にかけての新図像や様式を取り入れた作例が多く、僧伽信仰の図像もその一つに数えられている

［崔聖銀、二〇一八］。そこでは、同時代の中国における僧伽信仰の流行を受け、左右に垂れ紐のついた頭巾で頭を覆い、袈裟を着るという独特の姿の僧伽像がつくられていた（**図34**）。この高麗時代前期、一一世紀前半の作例に明らかなように、その姿は中国における唐末以降の僧伽像と類似している。こうした高麗の流行に対し、日本でその流行はついに生み出されることがなかったのである。

このように、いくら民間の往来が増加しても、当時中国で流行していた民間信仰は日本に入ってきていない。往来の増加は、必ずしもそのまま文化受容へとはつながらないことを物語る事例と言えよう。

4　高麗国と宋代文化の受容

ここで、国風文化期における日本の異文化受容の特徴を浮き彫りにするために、朝鮮半島の高麗がいかに中国の文化を受け入れていたかを、もう少し見ておくことにする。

九一八年に建国した高麗は、以後、五〇〇年近くにわたって続いた統一国家である。一般に、前期（九一八―一一七〇年）、中期（一一七〇―一二七〇年）、後期（一二七〇―一三九二年）の三期に分けられるが、日本の国風文化期にあたる期間は、北宋にならって中央集権的な官僚国家を目指したとされる高麗前期に含まれる。
北宋が成立する九六〇年以前、高麗は、五代十国時代の一地方国家であった呉越国と頻繁なやりとりをしており、そこでの仏教思想をほぼリアルタイムに受け入れていた。その後、九七八年に呉越国が北宋に帰順すると、高麗はただちに使いを宋へ送り、その翌年から宋の年号を使うなど密接な関係を結んだ。高麗の仏教美術に北宋仏教美術の造形的影響が確かめられるのは、比較的早い段階からのことである。五代・北宋初期に流行していた図像、様式のいずれもが、ほぼ同時期に高麗に入っていることが確かめられている［崔聖銀、二〇一八］。

日本と比較することができる興味深いいくつかの例をみてみよう。

まずは永観元年（九八三）に渡航した日本の東大寺僧奝然[67]による請来品に注目したい。奝然が渡宋したのは、太平興国四年（九七九）に北宋が中国再統一を果たした数年後のことであった。北宋が平定した五代十国の諸王朝からさまざまな文物と人材を集めて都の開封に集約し、それらを皇帝のひざ元に秩序づけることによって新しい国家像を模索していた時期に当たる［塚本、二〇一一・二〇一二］。奝然が請来したのは、北宋皇帝のもとで完成したばかりの「蜀版《しょくはん》一切経[68]」、舎利を奉籠した「七宝《しっぽう》合成塔《ごうせいとう》」、釈迦在世中の姿をそのまま模した「栴檀釈迦瑞像《せんだんしゃかずいぞう》」であった。これらはいずれも北宋が征服した地域から収集した文物のコピーであり、中国の再統一を象

(67) 九三八―一〇一六年。永観元年（九八三）、弟子の嘉因《かいん》・盛算《せいさん》らとともに渡宋。天台山や五台山の巡礼を実現し、翌年の三月、二代皇帝の太宗との三度目の謁見において一切経等を賜った。開封をあとにして到着した台州では地元の開元寺の協力を得て、釈迦の真の姿だという釈迦瑞像の模刻像をつくった。

(68) 一切経は仏教経典の総称。大蔵経ともいう。「蜀版一切経」（開宝蔵）は北宋の初代皇帝太祖（在位九六〇―九七六年）の命により、先進的な技術をもっていた後蜀の益州（現在の四川省成都）の地において版木の製作が開始され、太平興国八年（九八三）に都の開封に移した版木を用いて、雍熙

徴するきわめて政治的な文物であった。そのコピーの一つが日本の僧に与えられたのである。この時期の皇帝が積極的に入宋僧と謁見《えっけん》したのは、北宋を中心とする新たな国際秩序を確認する手段として僧侶が利用されたからだとも言う［手島、二〇一四］。奝然への下賜品は、皇帝からの格別な取り計らいによるものであったことは間違いない。

さて、ここでは奝然の三大請来品のうちの「蜀版一切経」をとりあげてみることにしよう。奝然は、雍熙《ようき》二年（九八五）、開版直後の一切経を皇帝から下賜され、翌年には日本にもたらした。これに対し高麗では、第六代成宗（在位九八一―九九七年）が、九八九年、九九〇年と相次いで北宋に使節を派遣し、この一切経を下賜されている。そして一〇一一年には、これを底本とした版木の製作が始められる。このように、勅命により雍熙二年に刊行された「蜀版一切経」は、ただちに周辺諸国に下賜されており、きわめて政治的意味合いが強いものであった。

興味深いのは、周辺各国の反応である。高麗や遼《りょう》(69)では北宋の先進的な印刷技術そのものから模倣され、版木を作ること自体がコピーされて一切経が版本として刊行されたのに対し、日本では版木が製作されることはなく、コピーするにしても、あくまでも紺紙に金泥による筆写という、日本でなじまれていた形態によるものであった［牧野、二〇〇八］。その書体もまた、高麗の版木では統一新羅時代に尊崇され

二年（九八五）に刊行された経典のこと。

(69) 九一六年、耶律阿《やりつあ》保機《ぼき》が中国東北からモンゴル高原東部にかけて建国した契丹《きったん》のこと。九四七年以降に遼という中国風の国号を用いた。歴代皇帝が仏教を信仰し、多くの寺院や仏塔が建立された。一一二五年に滅亡。

た唐の書家欧陽詢《おうようじゅん》(70)にもとづいていたのに対し［藤本、一九九八］、日本では、中国六朝時代の書家で、唐の第二代皇帝の太宗《たいそう》に珍重された王羲之《おうぎし》(71)の書にもとづいた書体であった。

また高麗では、すでに述べたように、この下賜された「蜀版一切経」をもとに版木が彫られ、ひろく刊行されたのに対し、日本では結局、藤原道長の法成寺《ほうじょうじ》の経蔵にしまいこまれ、世間からは隔離されて、その存在が同時代的にひろまることもなかった。要するに日本では、当時の中国の最新の一切経の内容そのものに強い関心があったわけでも、また最先端の技術に興味関心があったわけでもなかったのである。

このように、ほぼ同時期に相次いで北宋の文物を取り入れた周辺国であったが、同じ一切経にしても、その受容のあり方はそれぞれであった。最先端の印刷技術をも含めて北宋にならい版を重ねた高麗に対し、日本では昔ながらのなじみのある素材を用いて写し取り、これを威信財とする一方、世間からは隔離して同時代の社会に影響を与えるような扱いをしなかったのである。

こうした違いは仏教文物のみにみられる傾向ではなく、海商を通じてもたらされた器物についても同様のことが言える。たとえば呉越国は、高麗や日本に対して、独自の世界秩序を築き上げるために仏教を介して積極的に交流を取り結ぼうとした

(70) 五五七—六四一年。虞世南《ぐせいなん》、褚遂良《ちょすいりょう》とともに初唐の三大書家の一人。初め書は王羲之に学び、後に北朝の書家から教えを受けたとも伝えられる。そのため南朝人でありながら、北朝風の力強さと厳しさのある書風を大成させた。

(71) 三〇三—三六一年。中国の東晋時代(三一七—四二〇年)に活躍した古今無二の書聖。唐の太宗に愛された王羲之の書は日本には奈良時代にもたらされ、その後国風文化期の能書家小野道風(八九四—九六六年)、藤原佐理(九四四—九九八年)、藤原行成(九七二—一〇二七年)は、王羲之の書風を基調としながら和様の書を完成させた。

〔山崎、二〇一〇／渡邊、二〇〇七〕。呉越国王からは、海商を通じて天皇や大臣あての書簡や贈物がたびたび送られることとなったが、日本は呉越国との通交を正式には結ばなかった。ただ通交は結ばずとも、呉越国の名産で、輸出陶磁として世界にひろく流通した越州窯《えっしゅうよう》青磁(72)が日本にもたらされていたことが知られる。村上天皇（在位九四六―九六七年）の在位中に執り行われた神事において、青磁を意味する「秘色《ひそく》」の瓶が用いられていた事例が見受けられるのである（『吏部王記《りほうおうき》』(73)）。一〇世紀における典型的な「唐物」受容の事例であり、こうした青磁などの「唐物」が、天皇や貴族の生活のなかに深く入り込んでいることは、これまでにも多数論じられているとおりである〔河添、二〇一四〕。

ところが同じく中国から青磁を受容した高麗では、中国に技術者を派遣して直接技術を学び、自国内で青磁を生産するようになるだけでなく、そこから独自の芸術の域にまで昇華させていた。水色が美しい高麗青磁の誕生である。これに対し、日本では磁石《じせき》を高温で還元焼成《かんげんしょうせい》してつくる青磁のような磁器は、近世に至るまで国内生産されることはなかった〔伊藤、一九九八／崔健、一九九八〕。

海商などを通じて「秘色」が日本に輸入されたとしても、「蜀版一切経」と同じく、同時代の中国文化を、技術も含めてそっくりに模倣することはなかったのである。あくまでそれは、消費するものであった。

(72) 呉越国の領地に相当する現在の中国浙江省は、一世紀から続く青磁の製作地であった。各地に多くの窯址があり、これらを総称して「越州窯」と呼ぶ。陶磁生産の画期は九世紀にあり、五代には「秘色《ひそく》」と貴ばれた青磁が生産され、この越州窯青磁は貢納品や貿易陶磁として珍重された。

(73) 醍醐天皇第四皇子の重明《しげあきら》親王の日記。

かつて遣唐使に随行して唐に渡った人々のなかには、学術や技術を習得する人材のための枠が設けられており、彼らは直に中国の地を踏み、直に現場に接して技術を習得する機会を得ていた［河上、二〇一九］。そうした機会が、一〇世紀以降には失われてしまっていた。学習した先端技術や文化が、やがて日本の実情にあわせて変容し、オリジナル化を遂げるという、それまでの「受容」のあり方を実現するには、一〇世紀以降にはそもそもその始まりとなる機会が欠けていたのである。

それにしても一〇世紀以降、幾人かの僧たちが中国に渡ったはずである。それにもかかわらず、なぜ一〇世紀以降の日中間の造形的影響関係はこれほどまでに確認できないのだろうか。この問題を解くため、渡海僧たちの働きをあらためて見てみることにしたい。

5　一〇世紀における中国と日本

唐王朝が滅びた九〇七年以降に渡航した代表的な僧に、興福寺僧の寛建《かんけん》(74)〈延長五年〈九二七〉渡航〉と天台僧の日延《にちえん》〈天暦七年〈九五三〉渡航〉、そして東大寺僧の奝然〈永観元年〈九八三〉渡航〉がいる。彼らが中国から日本に何を持ち帰り、そのうち日本は何を受け入れ、何を受け入れなかったのか。そこには国風文化期の中国文物に対する典

(74) 生没年不詳。興福寺僧寛建の一行は、菅原道真らの漢詩集や小野道風の行草書を持参し、中国に流布させようとしたという(『扶桑略記』)。寛建は帰国することなく中国で没した。

(75) 九一七―九七七年。平安中期の陰陽師《おんみょうじ》。暦博《れき》

型的な視線があらわれているはずである。すでに概略は述べられているが［佐藤全敏、二〇一七］、ここでは受け入れられなかったものにも十分注意を払い、確認していこう。

同時代中国からの乖離の姿勢

このうち目覚ましい請来品をもたらしたのは、日延と奝然だった。中国国内で失われた経典を中国天台に送り届けた日延は、天徳元年（九五七）に請来品を多数ともなって帰朝する。日本に未着であった仏教の典籍や漢籍など千余巻、賀《か》茂保憲《ものやすのり》(75)より依頼された新暦「新修符天暦《しんしゅうふてんれき》」(76)、そして呉越国王が造立した金属製の宝塔などである。

日延請来仏典のうち唐代に編纂された『往生西方浄土瑞応刪伝《おうじょうさいほうじょうどずいおうさんでん》』という往生伝は、後に慶滋保胤《よししげのやすたね》(77)が日本で最初の往生伝『日本往生極楽記』を執筆するにあたって参考にしている。また「符天暦」は、造暦の現場では、当時正式な暦として採用されていた宣明暦《せんみょうれき》の補助的な役割を果たすこととなり［鈴木、一九九八］、日本の宿曜《すくよう》道《どう》(78)の成立にも影響を与えたとされる。こうした浄土教関連典籍の参照、そして私暦「符天暦」の補助的利用といった事実をもって、同時代中国の影響が強かったとの理解を導く議論がある［西本、二〇一五］。問題はそうした理解が妥当かどうかとい

士、天文博士、陰陽頭などを歴任した。

(76) 遣唐使の中止後はじめて日本にもたらされた中国民間の私暦。将来の背景には、一〇世紀初頭以来、それまでに取り入れられていた宣明暦《せんみょうれき》と会昌暦《かいしょうれき》のいずれが正しいかという暦家間の論争があったとされる。

(77) ?―一〇〇二年。平安時代中期の文人。寛和二年（九八六）に出家し、『往生要集』の著者源信に師事した。法華経を講義し、法華経に関する詩文をつくり、夜を徹して念仏する勧学会《かんがくえ》を催したことで知られる。

(78) 平安時代中期から室町時代にかけて行われた占星術の一種。

う点にある。

ここでいったん視点をずらして、当時、中国の天台で進められていた経典収集事業に目を移してみよう。戦乱によって経典を失った中国の仏教界は、経典の再収集を図っていた。この事業には日本天台や高麗が力を貸しており、特に高麗は国を挙げて中国天台の復興に力を尽くした。第四代高麗国王の光宗(在位九四九―九七五年)は、天台徳韶《とくしょう》(79)に師事した永明延寿《えいめいえんじゅ》(80)編の『宗鏡録《すぎょうろく》』に感銘を受けて弟子の礼を取り、高麗僧を永明延寿の門下にしたという。『宗鏡録』とは、呉越国内で主導的な地位にあった禅宗を核にして、唐代以前の多元的な仏教思想を一元的に統合しようとする論述であった[柳、二〇一五]。宋時代になると、この書は勢力を増す禅宗を中心にあらためてひろく受容されるようになり、一二世紀初頭には大蔵経に編入刊行され、東アジアの仏教史においてきわめて重要な役割を果たすことになる。

ところが日本で『宗鏡録』が受け入れられるようになるのは、ずっと後の鎌倉時代以降のことであった。国風文化期において、日本国内の浄土教信仰の隆盛にともない『瑞応刪伝』などの浄土教関連典籍が参考にされる一方、こうした宗教界の大きな新しい潮流を取り込もうとはしていないのである。

暦についても同様のことが言える。先ほど確認したように、中国の私暦を補助的に取り入れることはあっても、結局のところ、日本は北宋の官暦そのものを新たに

(79) 八九一―九七二年。呉越国王の銭弘俶《せんこうしゅく》(在位九四八―九七八年)が帰依した中国五代から北宋にかけての僧。天台山に住して、中国天台宗の開祖である智顗《ちぎ》の遺跡や天台教学の復興に尽力した。

(80) 九〇四―九七六年。五代から北宋にかけての僧。天台山において禅定を修学し、天台徳韶《とくしょう》の法を継いだ。禅宗の立場から仏教の理論を一元的に統合するため、唐代以前の仏典の要文を集め『宗鏡録』にまとめ上げた。

取り入れることはなかった点こそが重要である［佐藤全敏、二〇一七］。これは、官暦を正式に取り入れてきた九世紀までの姿勢と大きく隔たっていると言わざるを得ない。

ここでもまた当時の日本において、中国の新しい情報にもとづいて文物を更新しようとしていなかったという事実が浮かび上がってくるのである。

受容の断片化

もう一点、日延がもたらした金属製の宝塔（阿《あ》育《いく》王塔《おうとう》）を検討しておこう。インドのアショーカ王（阿育王）(81)の故事にならって、呉越国王がつくった八万四〇〇〇基もの宝塔の一つである（**図35**）。この宝塔は、塔身上の屋蓋の四隅に方立《ほうだて》という隅飾りを付ける独特な姿をしており、塔身には各中央に仏龕形の区画をもうけて、その中に浮き彫りで四種の本生図《ほんじょうず》(82)をあらわしている。

図35　銭弘俶八万四千塔（中国・呉越，顕徳2年〈955〉，福岡・誓願寺）［辻ほか編，2015］日延請来分に比定されている．

衆目を集めた奝然請来の「七宝合成塔」も、この日延のもの

(81) 古代インドのマウリヤ朝第三代の王。紀元前三世紀にインドをほぼ統一した。仏教を厚く信仰し、八つの仏塔から仏舎利を取り出して、八万四〇〇〇の宝塔に納入し各地に広めたとされる。

(82) 釈迦が前世に実践した善行に関する物語を本生譚《ほんじょうたん》と言い、それをあらわしたもの。

と同形式とみられる。だが、こうした金属製宝塔は、その独特の形式も、また塔身にあらわされた本生図も、平安時代に流行した形跡はない。むしろ宝篋印塔《ほうきょういんとう》と呼ばれ各地にその石造塔が造立されるようになるのは、ここでもまた鎌倉時代の一三世紀以降のことである。しかも流行したのは、日延が請来したものとは別系統の宝塔であった［大塚、二〇一二］。平安時代にあっては、同時代の阿育王塔への日本の無関心さが際立つ。

もっとも一二世紀の「大仏頂曼荼羅《だいぶっちょうまんだら》」（奈良国立博物館蔵）の図像が、北宋の大中祥《だいちゅうしょう》符《ふ》四年（一〇一一）に埋納された阿育王塔(83)の方立内側の二坐仏の図像に類似していること、またその塔身の四隅にあらわされた鳥が平等院鳳凰堂の鳳凰と類似していることが指摘されている［稲本、二〇一七］。この事実はきわめて興味深い。なぜなら阿育王塔そのものは同時代的には受け入れられなかったにもかかわらず、そのなかの部分的な図像についてなら、断片的に受容していた可能性を示しているからである。ここにもまた包括的受容から断片的受容へという流れを見出すことができるだろう。

秘匿・拒絶

北宋が中国を再統一した直後に奝然がもたらした「蜀版一切経」については先に

(83) 二〇〇八年に、中国・南京市の大報恩寺址の地宮から出土した。大報恩寺の前身である長干《ちょうかん》寺《じ》は中国南朝の諸王朝の都として栄えた建康を代表する寺院の一つ。

阿育王塔（北宋、大中祥符四年〈一〇一一〉）（東京国立博物館他編『特別展 中国王朝の至宝』図録、二〇一二年）

ふれたが、今度は彼の別の請来物をとりあげてみよう。舎利を奉籠した「七宝合成塔」と、釈迦在世中の姿とされる釈迦像を模した「栴檀釈迦瑞像[84]」である。

このうち「栴檀釈迦瑞像」は京都の清凉寺の本尊として今に伝えられ、三国伝来の生身仏《しょうじんぶつ》として広範な信仰を集めてきた（**図36**）。この像は、請来当初、京の都に熱狂的に迎え入れられた。雅楽寮による奏楽をともなうパレードが仕立てられ、「七宝合成塔」、五百もの箱に入れられた「蜀版一切経」、そしてそれに続いて輿に乗せられた「栴檀釈迦瑞像」が朱雀大路を北上して、北野の蓮台寺へと至った。蓮台寺には多くの貴族らが参詣したことが知られている。

しかし結局、この像も、当時の彫刻の造形にはほとんど影響をもたらさなかった。奝然の弟子の嘉因《かいん》が再渡宋後に請来した文殊菩薩像なども、摂関家に召し上げられつつも平等院経蔵に蔵されただけで、同時代の彫刻には影響を与えていなかった。

図36　清凉寺釈迦如来像（中国・北宋，雍熙2年〈985〉）［辻ほか編，2015］

つまり摂関期に新たに請来された仏像は、それに接する貴族らにとっては珍奇で威信財となるものではあったが、造形のあり方としては九世紀以前までと同じようには無条件に絶対的な影響力をもつものではなかっ

（84）北宋・雍熙二年（九八五）、日本への帰国に際して台州に滞在した奝然は、開元寺において同年七月二一日からおよそ一カ月弱をかけて、張延《ちょうえん》皎《こう》・延襲《えんしゅう》に栴檀釈迦瑞像の模刻像をつくらせた。

たのである。これは「蜀版一切経」でみられた現象と共通している。

なお、最終的に清凉寺に安置されることになった「栴檀釈迦瑞像」と「七宝合成塔」は、同時代には造形的な点で顧みられることはなかったが、その後、同時代の中国文化が注目されるようになる一二世紀末以降になると、盛んに模刻・模造が行われるようになっていく。

では、なぜそこまで同時代には影響をもたなかったのか。この像を請来した奝然は北宋仏教の直接的な導入をはかり、愛宕山の聖地化、新戒壇設立、三学宗[85]の移植などを試みていた。しかし諸宗の反対にあって断念させられている〔横内、二〇〇六〕。その一環として、「栴檀釈迦瑞像」に対しても反発があったようで、事実、日本天台宗が激しい対抗心を燃やしていたことが指摘されている〔奥、一九九三・一九九六・二〇〇九〕。

こうした日本国内の仏教界の反応の裏には、インド仏教や中国の仏教教学はすでに衰退しており、それらよりも日本仏教のほうが優れているという認識・自負があった。こうした自負は、たとえば一〇世紀後半に、源信が自著の『往生要集』などを中国天台山に送付したこと、あるいは中国の天台山外派が日本に送付した著作に対して、日本天台宗が総力をあげて厳しい批判したという姿勢などにもよくあらわれている。

(85) 律・禅・教を同等とみなして学ぶ宋風仏教。

こうして見てくると、一〇世紀の日本には、渡海僧の力によって一定量の文物がもたらされていたことは確かだが、日延や奝然請来品に対する、秘蔵、無視、拒絶といった反応によくあらわれているように、いまだ知らぬ仏教のかたちをそのまま一括して学ぼうという意欲が当時の日本にはほとんどなかったことが知られよう。同時代の中国の仏教文化に積極的に目を向けることもなかったのである。そして受け入れたものは、仏像や絵画から明らかなように、本来の文脈から切り離された「断片」にすぎなかった。

結びにかえて

一〇世紀から一一世紀の日本の文化の基盤となっていたのは、同時代の中国文化ではなく、九世紀までに受け入れていた唐時代の文化であった。

ふりかえってみると、美術史学のなかの絵画分野では、国風文化が「和」と「漢」の二つの要素をもつものであることが早くから論じられてきた[千野、一九九二・一九九三／島尾、二〇一二]。

そこでいう「漢」、すなわち中国的な要素とは、かつて日本が受け入れてきた古い中国文化であり、また同時代の中国文化の一部でもあり、両者が組み合わされてモザイク状になっているものとされていた。国風文化期の絵画には過去の古い中国の要素が多くの割合を占めており、同時代の中国的要素はごくわずかにすぎない。そして古い中国の要素も、日本にあわせて変容を遂げていったと論じられていた。

近年、歴史学分野の佐藤全敏は、絵画史で議論されていたこうした現象が、絵画史だけでなく彫刻史、ひいては国文学をはじめとする多くの文化領域においても見出せることを確認した。諸領域を博捜して見出された国風文化の構造とは、「王朝としてすでに滅んでいた唐の文化」と「倭のなかにすでにある世俗文化」とが並立・融合し、そこにいくぶんかの同時代の「唐物」が加味されて成り立つ、というものであった〔佐藤全敏、二〇一七〕。

さまざまな文化領域の実証的研究を帰納することによって得られたこうした「国風文化」理解は、同時代の中国文化の影響を考えようとする近年の「国風文化」理解とは根本的に違っている。しかし本章で述べてきた事実は、前者の理解を裏づけている。

いかに受け入れ、いかに受け入れなかったか

井手誠之輔は文化をめぐる日中間の関係について、**図37**のような図を示して次のように論じた〔井手、二〇〇五〕。前近代を通じ、文化の「渡し手」となることがほ

とんどであった中国と「受け手」となることがほとんどであった日本との関係は、時代や地域、個人・集団によって、必ずしも一様ではなかった。美術作品の実情に即して大きく捉えると、それは国風文化期をはさむ前後で二分される。その二つを類型化すれば、「可逆型」（図37上段）と「非可逆型」（同下段）と呼ぶことができる。

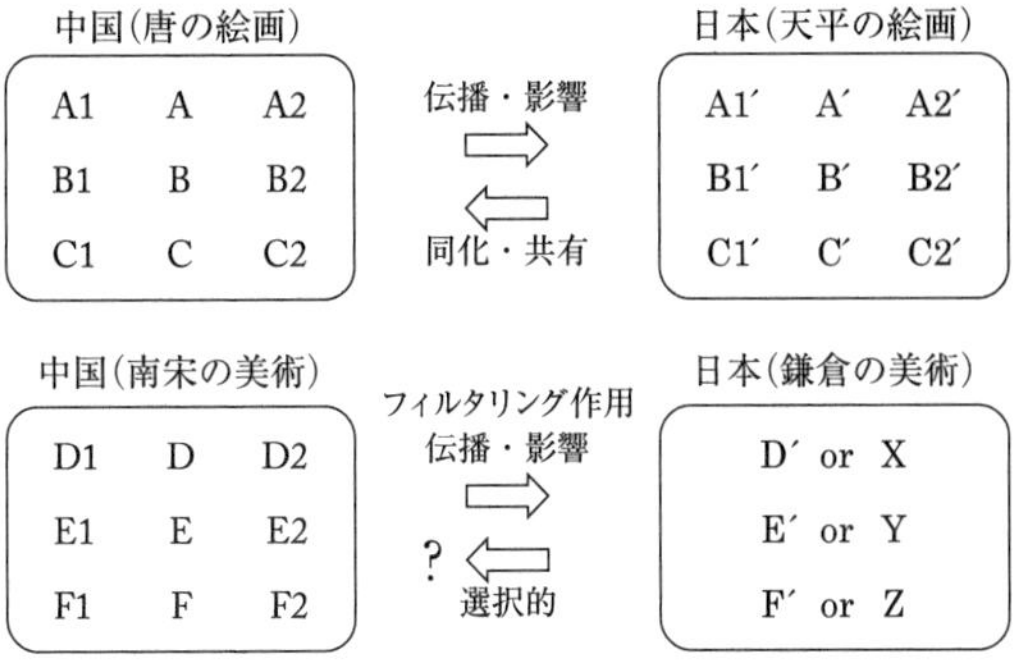

図37　可逆型モデルと非可逆型モデル［井手，2005］

まず「可逆型」であるが、これは、同時代の唐王朝のもつ絶大な影響力により、日本でも唐の規範にしたがう作品がつくられた時代のモデルである。奈良時代に代表される。そこでは中国の唐時代の美術史を語る素材として、日本で制作された作品が十分に機能するような状況となっている。

これに対し、「非可逆型」は、「渡し手」である中国側の文化情報が、「受け手」である日本でつくられた作品からは復原することができない時代のモデルである。この「非可逆型」の時代においては、日本と中国との間には、文化の受容をめぐって、選択、拒否、改変、そもそも双方の回路の欠如も含めて、さまざまなフィルターがかかっていた。

こうした観点から国風文化期の絵画や彫刻をみていくと、この時期の関係性は明らかに「非可逆型」に属し、当該期の日本文化をもって中国の同時代の文化史を語ることは困難である。現在、同時代の中国文物が国風文化期の日本の文化に強い影響を与えていたという主張が行われているが、「可逆型」の時代における中国文化の日本への「影響」のあり方と、「非可逆型」の時代におけるその「影響」のあり方について、具体的な作品一つ一つに即して分析し、両者の時代の間にある根本的な違いを考慮していないようにみえる。

気をつけなければならないのは、こうした「非可逆型」の時代に日本に流入した「唐物」をいくら注視してみても、その背後にある、日本で受容されなかった圧倒的な質・量におよぶ同時代の中国文物が、いっさい目に入ってこないという事実である。井手が、旧来の単純な「影響伝播論」や「和漢論」を批判したように、受容されているものだけを見ているかぎり、「渡し手」はいつも単なる「渡し手」にとどまり、その背後にある実際の中国の多様な文化は捨象されてしまうのである。これでは、日本に受け入れられた文化が、実際の中国文化のなかのどの程度の部分なのかを、最初から見極められない。その結果、過大な評価も生まれがちになる。井手の中世絵画史研究にもとづくこうした議論は、国風文化を考える上でも重要な視点を与えるものとなっているのではないだろうか。

こうしてつくりあげられた国風文化とは、いわば「唐」と「和(倭)」の双方を含みこんだハイブリッドであったが、これをあらためて「和」として認識するようになるのは、南宋文化がまとまって導入されることとなった鎌倉時代も目前の一二世紀末以降のことである。そこではじめて、国風文化は古典となり、その後繰り返し参照される日本文化の規範の一つになっていくのであった。

美術史研究では、個別的な作品一つ一つに密着して研究すると同時に、そうした作品をいかに位置付けるべきか、長い時間議論が重ねられ、モデル化も試みられてきた。「国風文化論」をさらに進展させるためにも、美術史はさらなる研究を積み重ねていくことになるだろう。

引用・参考文献

板倉聖哲、二〇〇五年「東寺旧蔵「山水屏風」が示す「唐」の位相」板倉聖哲編『講座日本美術史2　形態の伝承』東京大学出版会

井手誠之輔、二〇〇五年「影響伝播論から異文化受容論へ——鎌倉仏画における中国の受容」前掲『講座日本美術史2　形態の伝承』

伊藤郁太郎、一九九八年「高麗青磁の特質」『世界美術大全集　東洋編10　高句麗・百済・新羅・高麗』小学館

稲本泰生、二〇一七年「奝然入宋と「釈迦信仰」の美術――南京大報恩寺址出土品を参照して」G・B・S実行委員会編『論集日宋交流期の東大寺――奝然上人一千年大遠忌にちなんで』東大寺・法蔵館
岩佐光晴、一九八四年「六波羅蜜寺地蔵菩薩立像について」『美術史学』6、東北大学文学部美学美術史研究室
榎本淳一、一九九七年「「国風文化」の成立」(『唐王朝と古代日本』吉川弘文館、二〇〇八年)
大塚紀弘、二〇一二年「石造宝篋印塔の成立」(『日宋貿易と仏教文化』吉川弘文館、二〇一七年)
大原嘉豊、二〇〇九年「藤原道長の時代の仏画」『研究発表と座談会　摂関期にみる美術の諸相』仏教美術研究上野記念財団助成研究会
奥　健夫、一九九三・一九九六・二〇〇九年「大安寺本尊釈迦像とその模刻――名作誕生」(『仏教彫像の制作と受容――平安時代を中心に』中央公論美術出版、二〇一九年)
奥　健夫、二〇一九年「構造技法よりみた東寺講堂諸尊像」前掲『仏教彫像の制作と受容――平安時代を中心に』
小塩　慶、二〇一七年「国風文化期における中国文化受容――異国描写を手掛かりとして」『史林』100―6
加島　勝、二〇〇九年「上東門院彰子埋納の金銀鍍宝相華唐草文経箱をめぐる二、三の問題」前掲『研究発表と座談会　摂関期にみる美術の諸相』
河上麻由子、二〇一九年『古代日中関係史――倭の五王から遣唐使以降まで』中公新書
河添房江、二〇〇七年『源氏物語と東アジア世界』日本放送出版協会
河添房江、二〇一四年『唐物の文化史――舶来品からみた日本』岩波新書
韓釗、二〇〇七年「唐時代の石灯籠――中国から見た安祥寺蟠龍石柱」上原真人編『皇太后の山寺――山科安祥寺の創建と古代山林寺院』柳原出版
北澤憲昭、一九八九年『眼の神殿――「美術」受容史ノート』美術出版社
紺野敏文、一九七八年「仁和寺本五仏図像と安祥寺五智如来像について」(『日本彫刻史の視座』中央公論美術出版、二〇〇四年)
紺野敏文、一九八七年「須弥壇」『平等院大観2　彫刻』岩波書店
崔健、一九九八年「高麗青磁の性格と展開」前掲『世界美術大全集　東洋編10　高句麗・百済・新羅・高麗』
崔聖銀、二〇一八年「高麗時代の仏教彫刻と五代・宋の仏教美術との関係」『アジア仏教美術論集　東アジアⅥ

朝鮮半島』中央公論美術出版
佐々木守俊、二〇〇四年「安祥寺五智如来坐像について」(『平安仏教彫刻史にみる中国憧憬』中央公論美術出版、二〇一七年)
佐藤道信、一九九九年「美術史学の成立と展開」『明治国家と近代美術——美の政治学』吉川弘文館
佐藤全敏、二〇〇八年「古代日本における「権力」の変容」『平安時代の天皇と官僚制』東京大学出版会
佐藤全敏、二〇一四年「観心寺如意輪観音像　再考」『美術研究』413
佐藤全敏、二〇一七年「国風とは何か」鈴木靖民ほか編『日本古代交流史入門』勉誠出版
佐野みどり、一九九七年『風流　造形　物語——日本美術の構造と様態』スカイドア
皿井　舞、二〇〇七・二〇〇八・二〇〇九年「醍醐寺薬師三尊像と平安前期の造寺組織」『美術研究』392・393・398
皿井　舞、二〇一一年「日宋交流と彫刻様式の転換」『新編森克己著作集』4、勉誠出版
島尾　新、二〇一一年「日本美術としての「唐物」」河添房江・皆川雅樹編『アジア遊学147　唐物と東アジア　舶載品をめぐる文化交流史』勉誠出版
鈴木一馨、一九九八年「『符天暦日躔差立成』とその周辺」『駒沢史学』51
竹浪　遠、二〇一〇年「北宋における李成の評価とその文人画家像形成について——子孫・鑑賞者・李郭系画家との関わりから」(『唐宋山水画研究』中央公論美術出版、二〇一五年)
田中史生編、二〇一四年『入唐僧恵蕚と東アジア　附恵蕚関連史料集』勉誠出版
千野香織、一九九二年「南北朝・室町時代の絵巻物——新しい光のなかで」(『千野香織著作集』ブリュッケ、二〇一〇年)
千野香織、一九九三年『岩波　日本美術の流れ3　10—13世紀の美術　王朝美の世界』岩波書店
塚本麿充、二〇一一・二〇一二年「北宋初期三館秘閣の成立とその意義」(『北宋絵画史の成立』中央公論美術出版、二〇一六年)
手島崇裕、二〇一四年「東アジア再編期の日中関係における仏教の位置・役割について——特に入宋僧奝然をめぐる考察から」『平安時代の対外関係と仏教』校倉書房
東京国立文化財研究所、一九九九年『今、日本の美術史学をふりかえる』

東野治之、二〇〇七年『遣唐使』岩波新書
戸田禎佑、一九九七年『日本美術の見方　中国との比較による』角川書店
西川新次、一九八七年「鳳凰堂の彫刻」前掲『平等院大観2　彫刻』
西本昌弘、二〇一一年「平安京野寺（常住寺）の諸問題」角田文衞監修・財団法人古代學協會編『仁明朝史の研究——承和転換期とその周辺』思文閣出版
西本昌弘、二〇一五年「「唐風文化」から「国風文化」へ」『岩波講座日本歴史5　古代5』岩波書店
肥田路美、二〇一三年「四川省夾江千仏岩の僧伽・宝誌・萬迴三聖龕について」『早稲田大学大学院文学研究科紀要』58
藤本幸夫、一九九八年「書」前掲『世界美術大全集　東洋編10　高句麗・百済・新羅・高麗』
牧野和夫、二〇〇八年「十二世紀後末期の日本船載大蔵経から奝然大蔵経をのぞむ」吉原浩人・王勇編『海を渡る天台文化』勉誠出版
増記隆介、二〇〇〇年「東京国立博物館「普賢菩薩像」の図像と表現」（『院政期仏画と唐宋絵画』中央公論美術出版、二〇一五年）
増記隆介、二〇一六年「十世紀の画師たち——東アジア絵画史から見た「和様化」の諸相」『美術研究』420
水野敬三郎、一九八〇年『日本の美術164　大仏師定朝』至文堂
水野敬三郎、一九八七年「阿弥陀如来坐像」前掲『平等院大観2　彫刻』
皆川雅樹、二〇一四年『日本古代王権と唐物交易』吉川弘文館
柳　幹康、二〇一五年『永明延寿と『宗鏡録』の研究——一心による中国仏教の再編』法蔵館
山崎覚士、二〇一〇年『中国五代国家論』思文閣出版
横内裕人、二〇〇六年「自己認識としての顕密体制と「東アジア」」（『日本中世の仏教と東アジア』塙書房、二〇〇八年）
吉川真司、二〇一〇年「摂関政治と国風文化」京都大学大学院・文学研究科編『世界の中の『源氏物語』』臨川書店
吉村稔子、二〇〇六年「三千院蔵阿弥陀聖衆来迎図考——来迎図の成立に関する一考察」『美術史』161

渡邊　誠、二〇〇七年「平安貴族の対外意識と異国牒状問題」『歴史学研究』823

挿図引用文献

秋山光和ほか編、一九八七年『平等院大観2　彫刻』岩波書店
秋山光和ほか編、一九九二年『平等院大観3　絵画』岩波書店
板倉聖哲編、二〇〇五年『講座日本美術史2　形態の伝承』東京大学出版会
京都国立博物館編、二〇〇一年『特別展覧会　ヒューマン・イメージ』
『世界美術大全集　東洋編4』一九九七年、小学館
辻惟雄ほか編、二〇一三年『日本美術全集3　東大寺・正倉院と興福寺　奈良時代2』小学館
辻惟雄ほか編、二〇一五年『日本美術全集6　東アジアのなかの日本美術　テーマ巻1』小学館
東京国立博物館編、二〇一九年『国宝　東寺――空海と仏像曼荼羅』
東京国立文化財研究所美術部編、一九六七年『高雄曼荼羅の研究』吉川弘文館
奈良六大寺大観刊行会編、一九六八年『奈良六大寺大観10　東大寺2』岩波書店
西川新次・山根有三監修、二〇〇二年『醍醐寺大観2』岩波書店
『日本彫刻史基礎資料集成　平安時代重要作品篇2』一九七六年、中央公論美術出版
『日本彫刻史基礎資料集成　平安時代重要作品篇3』一九七七年、中央公論美術出版
『日本彫刻史基礎資料集成　平安時代重要作品篇4』一九八二年、中央公論美術出版
『日本彫刻史基礎資料集成　平安時代重要作品篇5』一九九七年、中央公論美術出版
文化庁ほか編、二〇〇八年『平等院国宝木造阿弥陀如来坐像　国宝木造天蓋修理報告書』
『大和古寺大観4　新薬師寺・白毫寺・円成寺』一九七七年、岩波書店
『大和古寺大観5　秋篠寺・法華寺・海龍王寺・不退寺』一九七八年、岩波書店

＊写真提供元・出典の記載がない図版は、科研等による調査の一環として、許諾を得て著者が撮影したものである。

コラム 「浄土」を演出する漆工芸

（金堂は）七宝所成《しっぽうしょじょう》の宮殿なり。宝楼の真珠の瓦青く葺き、瑠璃《るり》の壁白く塗り、瓦光りて空の影見え、大象のつめいし、紫金《しこん》の棟、金色の扉、水精の基《もとい》、種々の雑宝をもて荘厳《しょうごん》し厳飾《ごんしょく》せり。（中略）上を見れば、諸天《しょてん》雲に乗りて遊戯し、下を見れば、紺瑠璃を地に敷けり。

（『栄花物語《えいがものがたり》』巻一七、おむがく）

平安時代の歴史物語『栄花物語』が描写する法成寺《ほうじょうじ》である。この寺は藤原道長が晩年に建立した、国風文化期における最大級の伽藍であった。廃絶して現存しないが、『栄花物語』の描写からは実に壮大華麗な伽藍であったことがしのばれる。もっともこの情景描写は、極楽浄土を観想《かんそう》する十六想観についての注釈書の記述が参考にされている。文学的な修辞をわりひくにせよ、当時の人々は、法成寺のような伽藍に、極楽浄土の情景を重ね合わせて見ていたのだろう。

国風文化期の代表的な建築である平等院鳳凰堂もまた、この世に現れた極楽浄土だと考えられていた。中堂の左右に翼廊がのびるかたちは阿弥陀浄土の情景を描いた絵画にみられ、その贅をこらした堂内荘厳も、浄土を再現しようとするものであった。堂内は彩色文様で満たされており、また梁《はり》には鏡が取り付けられ、天蓋の格天井《ごうてんじょう》部、格子戸《こうしど》、須弥壇《しゅみだん》には漆と大量の螺鈿《らでん》を用いてかたどられた宝相華文《ほうそうげもん》などがあらわされた。とりわけ漆地《うるしじ》に螺鈿をあしらう漆工芸がこれほど大規模に残されている平安時代の遺例は、この平等院鳳凰堂と中尊寺金色堂以外に現存しない。

近年の調査によって、平等院鳳凰堂の荘厳に用いられた螺鈿はヤコウガイ（夜光貝）の真珠層であることが判明した。種子島、屋久島を北限とする南方の海に生息するヤコウガイは、交易によって得られるいわゆる「唐物」の一つであった。

平安時代における漆工芸

日本のなかで螺鈿を用いた古い工芸品は、正倉院宝物のなかにおおよそ二〇点を数える。盛唐期の中国から日本にもたらされた螺鈿技法は、その時点ですでに現在に至るまで継承されている技法がすべてそろっていた。青銅鏡の背面を飾る、ヤコウガイによる文様と、その余白地に砕いたラピスラズリやトルコ石を散りばめて樹脂で固めて平滑にしたもの(平螺鈿《へいらでん》、上段の図)。希少な紫檀《したん》の木地を彫り込んで文様にかたどったヤコウガイを象嵌《ぞうがん》する技法は木地螺鈿といい、螺鈿紫檀五弦琵琶《らでんしたんのごげんびわ》などが有名である。漆下地にヤコウガイを象嵌する技法(漆地螺鈿)を用いたものには螺鈿箱や楽器(箜篌《くご》)などがある。

これらのうち平螺鈿は九世紀以降に消滅し、木地螺鈿は武具などに取り入れられ発展する。そして漆地螺鈿も、蒔絵《まきえ》技法と融合して日本独自の発展を遂げていった。なお平安時代の蒔絵は研出《とぎだし》蒔絵である。すなわち、金粉などを絵漆で描かれた文様の上に蒔きつけ、一旦乾燥させてからさらに漆を塗り、木炭で研いで磨いて仕上げる技法である。平安時代前期を代表する蒔絵遺品に、延喜一九年(九一九)頃の仁和寺の宝相華《ほうそうげ》迦陵頻伽《かりょうびんが》蒔絵《まきえ》壥冊子《そくさっし》箱《ばこ》や、これにやや先行する東寺の海賦《かいふ》蒔絵《まきえ》袈裟《けさ》箱《ばこ》がある。こうした蒔絵技法と螺鈿技法を、堂内荘厳に展開した大規模な遺例が平等院鳳凰堂であり、ここでは須弥壇に注目したい。

平螺鈿背八角鏡(正倉院)

鳳凰堂須弥壇の漆工芸――新旧素材の併用

阿弥陀如来像と台座を支える須弥壇は、高さが約六〇センチメートル、約四・八メートル四方の正方形をしており、堂内の後方中央に位置する（一六一頁、図2及び注4参照）。石製の基壇と正面および両側面の三方にめぐらされた木造部が組み合わされたものである。木造部の表面は、漆を二回ほど塗布したつややかな黒漆地《くろうるしじ》に金粉を粗く蒔いて研ぎ出した平塵《へいじん》地《じ》としている。そこに切り抜いた螺鈿を用いて宝相華の団花文《だんかもん》や蝶文《ちょうもん》がほどこされた。須弥壇の階段部にあらわされた螺鈿による文様は、建築部材にほどこされた彩色文様と同じパターンである。日本で独自の展開をみせた蒔絵に、平安時代に通有の宝相華文が螺鈿であらわされていたのである。

ところで、この螺鈿による宝相華文の花芯部には、二ミリメートル角の青色ガラスの残片のあることが報告されている。この青緑色の透明感のあるガラス片は、科学調査によってカリ鉛ガラスであることが判明した。すなわち飛鳥・奈良時代に国内でつくられていた、不透明な鉛ケイ酸ガラスとは異なるガラスであったのである。カリ鉛ガラスは、中国で八世紀頃から製造がはじまり、宋代にはひろくつくられたという。日本での使用例は一二世紀の中尊寺金色堂が最古だとされていたが、少なくとも鳳凰堂創建の一一世紀半ばまで遡ることとなった。新しいガラスの受容がいつからか、また国内で生産可能だったかどうかなど不明な点が多いものの、少なくとも飛鳥・奈良時代にはなかった新規な素材が新しく取り入れられたことになる。

ただ使用されたガラスすべてが新素材に切り替えられたわけではなかった。平成の大修理の際、台座華盤《けばん》の内部から、カリ鉛ガラスを中心に、色とりどりの古いタイプの鉛ケイ酸ガラス珠や螺鈿の破片が大量に発見された。天蓋や台座蓮弁から下がる瓔珞《ようらく》などの脱落片を、修理時に華盤内に納めたものとみられ、当時、新旧の両技法によるガラスを取り混ぜて使っていたことがわかる。

仏堂荘厳の系譜

七世紀末に創建された薬師寺金堂の須弥壇は、白大理石製の葛石《かずらいし》に、ガラスを敷き詰め、黄金の仕切りを造り、高欄は希少な蘇芳《すおう》によるものであったという（『薬師寺縁起』）。「瑠璃をもって地となし（中略）、城闕《じょうけつ》・宮閣《きゅうかく》の軒、窓、羅網《らもう》は皆七宝より成る」という薬師経典にもとづいてきらびやかな浄土を実現しようとしたものであった。古代寺院の堂内空間は、各種経典に説かれる仏の浄土を再現しようと、金銀のみならず、色とりどりのガラス珠などで荘厳されていたのである。鳳凰堂は、こうした堂内荘厳の延長上に位置づけられる。その中で須弥壇は、少なくとも奈良時代にあっては、水波の文様をあらわした「緑釉塼《りょくゆうせん》」などを敷き詰めることによって、浄土の宝地に見立てられていた。平安時代以降、須弥壇に木造部が付加されるようになると、仏具類の加飾に用いられていた蒔絵技法がほどこされ独自の発展を遂げる。その独得の須弥壇を演出する一材料として「唐物」が用いられた。

過去に受け入れた唐の文化を独自に発展させ、これを表現するための材料として、一部分に同時代の「唐物」を用いるという、国風文化の特徴の一つは、このように鳳凰堂の漆工芸にも確かに見ることができるのである。

◉『国宝平等院鳳凰堂　平成修理報告書』平等院、二〇一二年

◉『平等院鳳凰堂内光学調査報告書』東京文化財研究所、二〇一六年

王朝物語の創始と継承

金光桂子

はじめに

文学において国風文化が論じられる時、まず取り上げられるのは、最初の勅撰和歌集『古今和歌集』[1]であろう。平安初期には唐風賛美の風潮の中で勅撰の漢詩集が相次いで撰進されていたが、ここに至ってはじめて「やまと歌」が天皇の命により集成されたことは、まさに和文学の復権を象徴する出来事であった。それ以降、さまざまに歌風の変遷は経つつも、現代の宮中歌会に至るまで、和歌はわが国の「国《くに》風《ぶり》」を代表する文芸としての地位を保ちつづけている。

一方、『古今和歌集』に「仮名序《かなじょ》」が添えられているように、この時期には仮名文字の普及に伴って、やまと言葉による文章も発達し、日記・随筆・物語など多くの和文による文学作品が生み出された。中でも物語は、現在まで伝存するものこそ限られているものの、大小何百もの作品が創作され、盛んに享受されていた。その最高傑作である『源氏物語』[2]は、もはや日本古典文学の代名詞的存在である。物語文学の隆盛は鎌倉時代に入っても続いたが、やがて貴族社会の変容とともに創作活動は衰退し、その一部の流れが室町物語[3]へと引き継がれてゆく。平安中期以降の貴族文化・王朝文化の盛衰と軌を一にするという点では、物語は国風文化期の文学を

(1) 延喜《えんぎ》五年(九〇五)、醍醐《だいご》天皇の命を受けた紀《きの》貫之《つらゆき》らによって撰進された勅撰和歌集。約一一〇〇首の和歌を収めるほか、和文の「仮名序《かなじょ》」と漢文の「真名序《まなじょ》」を持つ。

(2) 藤原道長の娘彰子(一条天皇中宮)に仕えた紫式部の作。寛弘《かんこう》五年(一〇〇八)までには少なくとも一部が執筆されていたことが知られる。全五四帖の長編物語で、主人公光源氏《ひかるげんじ》の生涯を描く正編と、子・孫の世代を語る続編とに分けられる。

最も特徴づけるものであるともいえる。

また、物語の読者は主として女性であった。実際には男性も享受していたのだが、基本的には女性の好み、あるいは女性読者への効果を考えて作られたものである。『源氏物語』以降は、物語の作者も女性であることが多くなる。国風文化というと、優美・繊細といった、いわゆる「女性的」なイメージが浮かぶが、そうした文化の中で、女性の文学たる物語の果たした役割は大きい。

しかしながら、初期の物語作者の多くは男性、しかも漢籍に詳しい知識人だったと推定される。また、『源氏物語』の作者紫式部も、当時としては珍しいほど漢文学に精通した女性だった。これらの作者たちは、漢文学をはじめとする異国的要素を積極的に取り入れつつ、自らの物語を作り上げている。本章の第1節ではまず、主として漢文学の摂取という観点から、『源氏物語』に至る物語文学の流れを、粗々ながら確認する。

『源氏物語』以降の物語となると、漢文学からの影響はさほど顕著に見られない。むしろこの時期の物語に甚大な影響を及ぼしたのは、『源氏物語』そのものである。しかし、主人公が大陸に渡る物語なども作られており、物語と漢(唐)との関わりがまったくなくなったわけではない。『源氏物語』を模範と仰ぎつつ、それとは異なる新しいものを作り出そうとするこれらの物語において、漢(唐)はどのような役割

(3) 室町時代から江戸時代初期にかけて作られた、比較的短編の読み物のこと。御伽草子《おとぎぞうし》、中世小説などと呼ばれることもある。内容は多岐にわたり、公家物・武家物・庶民物などに分類されている。

を果たしたのか。そのことを第2節で考えたい。

『源氏物語』以降も、物語は時代の変化に応じて少しずつ変容していった。第3節では、時代の大きな変動期にあたる一二世紀末に作られた、二つの作品を取り上げる。片や『源氏物語』とはあえて違う路線を行こうとするもの、片や『源氏物語』の時代を再現しようとするものと、志向するところはそれぞれ異なる。しかし、いずれも次の時代との接点となる作品であり、そのような物語が生まれた背景に考えを及ぼしたい。

1　初期物語から『源氏物語』まで

『竹取物語』と『うつほ物語』俊蔭巻

『源氏物語』絵合《えあわせ》巻には、後宮の女房たちが左右に分かれて物語絵の優劣を競う場面がある。その最初の勝負に供されたのは、「物語の出《い》で来《き》はじめの親なる竹取の翁《おきな》」と「うつほの俊蔭《としかげ》」だった。いずれも『源氏物語』以前の物語として著名な作品である。

まず「竹取の翁」は、現存する最古の物語とされる『竹取物語』(4)のこと。お馴染みのかぐや姫の物語だが、この物語のあらすじは、小《ちい》さ子譚《ごたん》、難題求婚譚、天人女

(4) 竹の中から生まれた小さな女の子(かぐや姫)が美しく成長し、数多《あまた》の求婚者たちに難題を出して退け、八月十五夜に迎えを受けて昇天するという物語。成立は九世紀末〜一〇世紀初め頃と推定される。

房説話といった、民間伝承や説話によく見られるパターンを組み合わせて成り立っている。と同時に、かぐや姫の月世界への帰還や、地上の人間に不死の薬を残してゆく点などには、『漢武帝内伝《かんぶていないでん》』[5]のような中国の神仙譚《しんせんたん》からの影響が指摘されている［渡辺、一九九二］。

また、かぐや姫が求婚者たちに課した難題の中には、「仏の御石《いし》の鉢」（天竺《てんじく》）、「蓬莱《ほうらい》の玉の枝」、「唐土《もろこし》にある火鼠《ひねずみ》の皮衣《かわぎぬ》」など、遠い異国や仙境にあるという神秘的な物が多く含まれているが、これらもそれぞれ漢籍や仏典に典拠を見出せるものである。

次に、「うつほの俊蔭」は、『うつほ物語』[6]（図1）の首巻である俊蔭巻を指す。この巻の物語は、幼少の頃より漢詩文の才に長けた清原俊蔭が、遣唐使として唐に派遣されるところからはじまる。しかし俊蔭の乗った船は嵐に遭い、「波斯国《はし》」[7]まで流される。俊蔭はそこで仙人から琴《きん》という楽器を習い、かつ琴の名器を得て日本に持ち帰るのだが、その過程で阿修羅《あしゅら》や文殊菩薩《もんじゅぼさつ》、さらには仏までが登場して俊蔭と言葉を交わしたり、音楽を愛でる天人・天女が舞い降りて来たりと、空想的・伝奇的な物語が展開する。

俊蔭巻の後半は、俊蔭の子・孫の世代の物語である。俊蔭の死後、その遺児である俊蔭女《としかげのむすめ》は窮乏生活を強いられていた。彼女には仲忠《なかただ》という名の息子がいたが、

（5）中国・六朝《りくちょう》時代に作られた志怪《しかい》小説。前漢の武帝のもとに西王母《せいおうぼ》という仙女が降臨し、神仙の道を説いたという伝説をモチーフとしている。

（6）全二〇巻に及ぶ長編の物語で、完成したのは一〇世紀後半か。巻を追うごとに主題や作風も変化するが、全体としては俊蔭にはじまる親子四代にわたる琴の伝承を主軸とする。発端となる俊蔭巻には特に古い時代の物語の痕跡が見られ、この巻のみで享受されることもあったらしい。

（7）ペルシアとする説と南海の島とする説とがある。

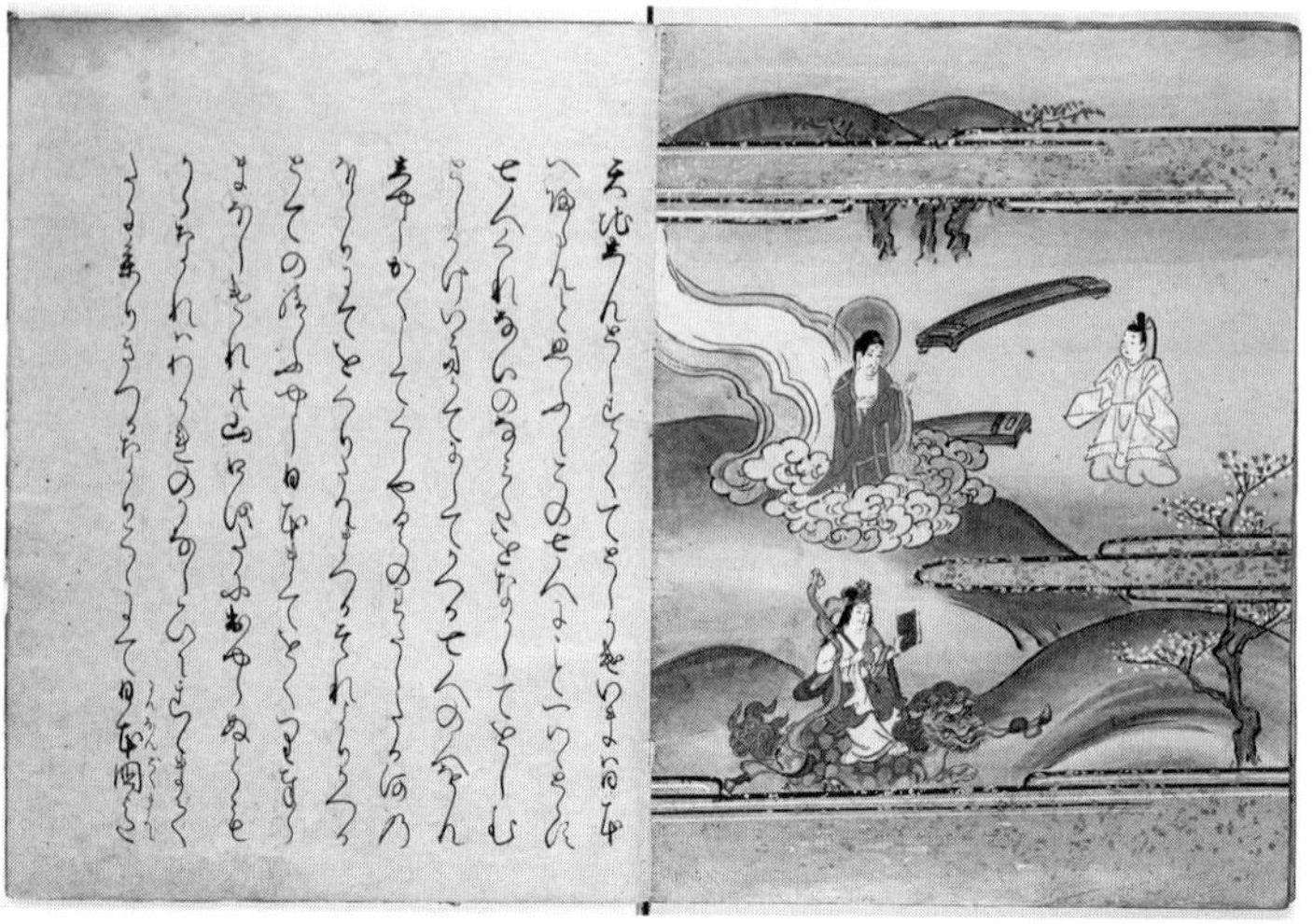

図1　奈良絵本『宇津保物語』より，仏が俊蔭の弾琴を聴きに来る場面（京都大学附属図書館所蔵）

この仲忠は「親はかなしき〔いとしい〕もの」と知り、わずか五歳にして母を養うために奔走する。

そこで語られる仲忠の孝養譚は、『孝子伝』[8]（**図2**）などに見られる中国の孝子説話に依拠している。たとえば、仲忠は川で魚を釣って母に食べさせていたが、冬になり川が凍って釣りができなくなる。悲しんだ仲忠が「私が本当に孝子であるなら、氷よ解けてくれ」と泣いて訴えたところ、そのとおり氷が解けて大きな魚が出てきたという。このエ

（8）中国で漢代以降盛んに作られた、孝子の逸話を集めた書。日本にも早くから伝来し、主に幼学の書として利用された。中国では散逸してしまっているが、日本に二種の完本が現存する。

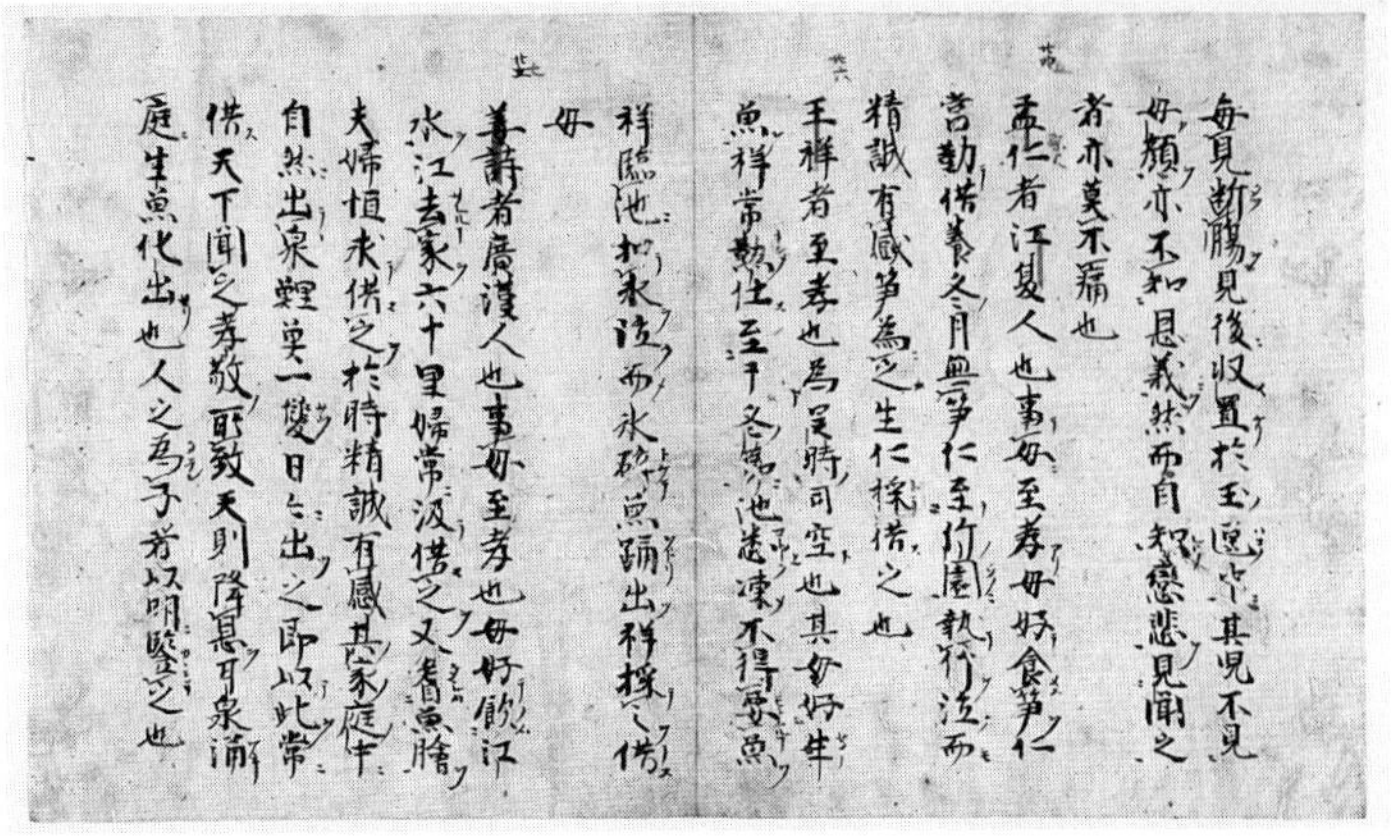
母見断腸見後収置於玉匣之中其児不見
母類亦不知恩義然而自知悲恋見聞之
者亦莫不歎也
孟仁者江夏人也事母至孝母好食笋仁
常勤供養冬月無笋仁至竹園執竹泣而
精誠有感笋為之生仁採供之也
王祥者至孝也為呉時司空也其母好生
魚祥常勤仕至于冬節池悉凍不得要魚
祥臨池扣氷泣而氷砕魚踊出祥採之供之
母
姜詩者廣漢人也事母至孝也母好飲江
水江去家六十里婦常汲供之又嗜魚膾
夫婦恒求供之於時精誠有感其家庭中
自然出泉鯉魚一雙日々出之即以此常
供天下聞之孝敬所致天則降甚可泉涌
庭生魚化出也人之為子者以明鑒之也

図2　船橋本『孝子伝』王祥伝(京都大学附属図書館清家文庫所蔵)

ピソードは、『孝子伝』に載る王祥《おうしょう》という人物の逸話とそっくりである。同じタイプの説話としては、冬のさなかに母の好む筍《たけのこ》を得たという孟宗《もうそう》の故事がよく知られているが、俊蔭巻にはこれに似た話も見られる。幼い仲忠の親思いの姿は、孝心が現実にはあり得ないことを引き起こすという型の孝子説話を繰り返し利用することによって、印象深く描き出されているのである。

物語の作者と読者

このように、初期の物語には、漢籍に取材した話をはじめ、漢籍や仏典から得た知識が豊富に生かされており、異国の土地・文物への関心も見て取れる。『竹取物語』『うつほ物語』ともに作者は不明だが、文体が漢文訓読の口調を残したややぎこちない和文であることからも、漢文学に習熟した男性知識人であろうと推定されている。

特に『うつほ物語』は、俊蔭をはじめ学問を修めた人物をクローズアップする傾向があり、作者自身も大学(9)出身の漢学者とする説が有力である。その俊蔭が、結局唐にたどり着くことはなかったとはいえ(10)、遣唐使として出発するところには、優秀な人材を盛んに派遣して唐の先進的な文化を学ばせていた時代の名残が感じられる。

一方、これらの物語の読者として想定されていたのは、「物語ト云テ女ノ御心ヲヤル物」(『三宝絵《さんぼうえ》』(11)序)といわれるように、主として女性、とりわけ高貴な家の姫君であったと考えられる。その姫君たちにとって、こうした物語の異国的要素は特にもの珍しかったことであろう。当時、漢籍は原則として男性の読み物であったから、神仙譚にせよ孝子譚にせよ、女性がその原典に触れる機会はほとんどなかった。彼女たちが異国の不思議な物語を知り、遠い世界へ思いを馳せる媒介として、和文の物語が機能していたと思われる。

また、『源氏物語』絵合巻に見られるように、この頃の物語は絵を伴って享受されることが多かった。いわゆる「絵になる場面」を提供するという点でも、異国的要素の導入は有効であっただろう。残念ながら『源氏物語』の記述では、絵合に提

(9) 令制による官人養成のための教育機関。特に中国の史書や漢詩文を教える紀伝道《きでんどう》からは、菅原道真らすぐれた漢学者が輩出した。

(10) ただし『うつほ物語』の後の方の巻にはあたかも俊蔭が唐に行ったかのような記述があり、後述するように『源氏物語』でも俊蔭巻の舞台を「唐土」と述べている。

(11)『三宝絵詞《さんぼうえことば》』ともいう。永観《えいかん》二年(九八四)成立。仏法僧《ぶっぽうそう》の三宝について説話を交えつつ解説した仏教の入門書で、本来絵を伴っていたらしい。この『三宝絵』自体、源為憲《ためのり》という漢学者が、尊子内親王という高貴な女性のために記したものである。

出された物語絵が、それぞれの作品のどの場面を絵画化したものなのかまではわからない。しかし、俊蔭巻の絵について、「唐土と日本《ひのもと》とをとり並べて」いる点に見所があると評価していることから、異国の情景が描かれているという設定であることは間違いない。

初期の物語に漢籍からの影響や異国への関心が色濃く見られるのは、漢文学に馴れ親しんだ作者の知識・関心のおのずからなる反映であると同時に、享受者側の興味にこたえるものでもあったといえよう。

情愛の強調

ただし、これらの物語が単にもの珍しさを狙って異国的要素を取り込んでいるだけかというと、そうではない。漢文学の世界が和文の物語に導入されるにあたって、日本的な変容を遂げている点にも、目を向ける必要がある。

『うつほ物語』の仲忠の孝養譚を例にとろう。そのエピソードが中国の『孝子伝』に拠っていることは先述のとおりだが、『うつほ物語』は『孝子伝』には見られない、母親のやさしさをも描き出している。たとえば、川が凍って魚が捕れないと泣く仲忠に対し、母の俊蔭女は、「また氷が解けた時に捕ればよいでしょう。私はもう十分に食べたのだから」と声をかけて慰める。また、雪の中を走り回ってきた仲忠の足が海老のように真っ赤にかじかんでいるのを見ては、「こんな寒い時に出歩かなくてもよいのに」と涙を流す。中国の孝子説話では、このような親側の思いが語られることはほとんどない。この違いは、人情を超越したところにある「孝」という徳目を説こうとする孝子説話に対し、『うつほ物語』の主題がむしろ親子の情愛にあることを示している［山本、一九九九］。

初期の物語が漢籍を利用しつつ、より情愛を強調する方向に改変を施しているということは、『竹取物語』のかぐや姫の昇天場面についても指摘されている［倉又、一九九三］。それは、読者である女性たちにとってより馴染みやすい形にした結果ともいえようし、当時物語が娯楽だけでなく教育書としての役割をも期待されていたことを考えれば(12)、若い姫君たちへの情操教育上の手本として、俊蔭女のような女性像が求められたということでもあろう。

食物がなければ食べずともよいと言って仲忠をいたわる俊蔭女は、限りなく慈愛に満ちた母親である。一方で、自ら生活の資を得る術は持たず、五歳の幼な子に頼り切りという無力な姿をさらしてもいる。このように無力ではあるが情愛の豊かな女性像は、理想的な女性の典型として、後の物語にも引き継がれてゆく。

女性作者の登場

(12) 物語に対するこのような期待は、『源氏物語』蛍《ほたる》巻などからも窺われる。そこでは『うつほ物語』に登場する「あて宮」という人物が、しっかりした女性だが男性に対するあまりに素っ気ない態度が女らしくないという理由で、姫君の手本にはならないと論評される。

(13) 継子いじめを主題とする物語で、成立は一〇世紀末頃か。作者は男性と考えられている。

男性知識人によって物語が作られていた時期を経て、一一世紀初頭に『源氏物語』が出現して以降、物語の主たる作り手は女性へと移ってゆく。いつ頃から女性が物語を執筆するようになったのかは、よくわからない。一〇世紀のうちに制作された物語の中で現存するものは、『伊勢物語』などの歌物語を除くと、『竹取物語』『うつほ物語』以外に『落窪《おちくぼ》物語』(13)ぐらいしかなく、ほかに名のみ伝わる散逸《さんいつ》物語が二〇─三〇編ほど存在するが、もとより作者は不明である。

しかし、たとえば『伊勢集』(14)冒頭の物語的歌集と呼ばれる部分は、後人の編集が加わっているにせよ、伊勢自身の記したものが元になっている可能性が高い。また、歌物語に分類すべき作品であるが、藤原高光《たかみつ》の出家を題材とした『多《と》武峰《うのみね》少将《しょうしょう》物語』(15)の作者は、高光の妻に近侍した女性かと推定されている。いずれも実体験に基づいている点では日記に近いものであるけれども、女性が和歌を中心としたストーリー性のある文章を書くことは、『源氏物語』以前にも確実にあった。

日記といえば、『源氏物語』に先立つ散文作品として、『蜻蛉《かげろう》日記』(16)(**図3**)を挙げないわけにはいかない。女流日記文学の嚆矢とされるこの作品は、作者である藤原道綱母《みちつなのはは》の物語読書体験が、執筆動機の一つとなっていた。

世の中に多かる古《ふる》物語のはしなどを見れば、世に多かるそらごとだにあり、人にもあらぬ身の上まで書き日記して、めづらしきさまにもありなむ、

(14) 藤原温子(宇多《うだ》天皇女御)に仕えた女房伊勢の私家集。冒頭の三四首には一連の流れを持つ詳細な詞書《ことばがき》が付され、伊勢自身を「女」と三人称で呼ぶなど、物語に近い性格を呈している。

(15) 藤原高光の出家は応和《おうわ》元年(九六一)のこと。後に多武峰に隠棲したため「多武峰少将」と呼ばれる。本作品は、高光とその妻・妹らの詠んだ和歌や、互いの手紙のやりとりを中心に構成されている。

(16) 藤原兼家《かねいえ》の妻となり一子道綱を産んだ作者が、兼家との結婚生活を中心に、天暦《てんりゃく》八年(九五四)〜天延《てんえん》二年(九七四)までの出来事を自伝的に記した作品。

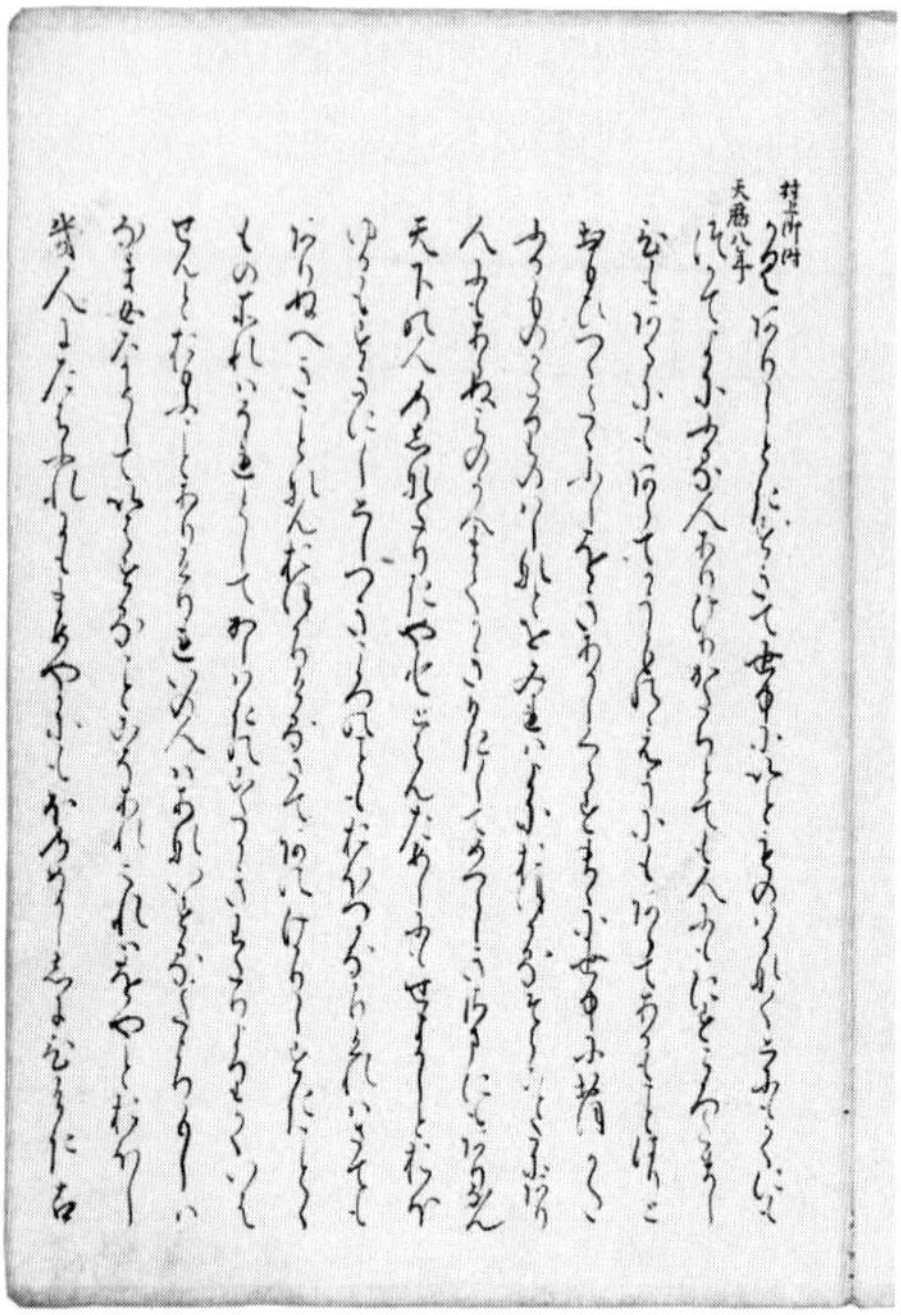

図３　御所本『蜻蛉日記』冒頭部分（宮内庁書陵部所蔵）

（『蜻蛉日記』上巻・序文）

世間に出回っている古めかしい物語を見ると、まったくの作り事でさえもてはやされている。まして私自身の体験を日記風に書いたならば、さぞかし珍しいことであろう、というのである。

この序文において、道綱母は、「そらごと」の物語と「身の上」を書く日記との違いを明確に意識している。しかし一方、『蜻蛉日記』の冒頭では、「世の中にいとものはかなく、とにもかくにもつかで、世に経《ふ》る人ありけり」——たいそう頼りなくどっちつかずの状態で世間に暮らしている人がいたと、自分自身をまるで物語の登場人物であるかのように、三人称で提示する。

道綱母が自身の体験を書こうとした時、手本にすることができたのは、何より日頃から慣れ親しんでいた物語だったのである〔横井、二〇一三〕。彼女が『蜻蛉日記』を執筆する以前に、和文による日記文学というジャンルが確立していたわけではなかった。こうして、物語のような体裁をとりつつ、女性が自らの結婚生活の実態と、その折々に起伏する生々しい感情を綴るという、新しい文学が誕生した。

そして、これに続いて物語の側でも、『源氏物語』のようにリアリティを追求した作品が生まれることになる。

『源氏物語』と漢文学

『蜻蛉日記』は、地の文に引歌《ひきうた》(17)表現を用いるなど、文体の上でも和文としての洗練が見られる。一方で、作者道綱母の漢詩文に関する深い素養が、漢詩の一節の引用や、漢語をやわらげた表現などに反映されていることも指摘されている〔大谷、二〇〇八〕。作者の父藤原倫寧《ともやす》は文章生《もんじょうしょう》(18)出身とされ、作者の教養はそうした環境の中

(17) 古歌の一部を文章に引用すること。

(18) 大学で紀伝道を専攻する学生のこと。

で培われたものであろう。女性と漢字・漢籍とは縁のないものという建前の時代ではあったが、道綱母の生きた時代から『源氏物語』の作られた一条朝にかけては、同じく学者の娘であり、「少々の男にはまさりて」(『大鏡《おおかがみ》』)漢詩を作ったという高階《たかしな》貴子[19]や、貴子の娘である藤原定子(一条天皇皇后)に仕え、自らの漢詩文の知識が男性貴族たちから称賛されたさまを『枕草子《まくらのそうし》』[20]に書きとどめた清少納言のように、漢詩漢文の世界に親しんだ女性たちの名が散見する。

『源氏物語』の作者である紫式部の父藤原為時《ためとき》もまた文章生出身で、一条朝を代表する漢詩人だった。幼い頃の式部が兄弟より先に漢籍を理解してしまい、この子が男子でないのは残念だと父を嘆かせたという逸話は、『紫式部日記』によってよく知られている。『紫式部日記』の中には、式部が主人の藤原彰子に『白氏文集《はくしぶんしゅう》』[21](**図4**)の「新楽府《しんがふ》」を教授したという記事もある。

そのような作者の手になる『源氏物語』に漢文学の影響が色濃く見られるのは、当然のことであろう。『源氏物語』のどの部分にどのような漢籍が利用されているかということは、平安末期頃から注釈書に指摘されるようになり、その後も数多くの人々によって探索が積み重ねられてきた。その結果、『史記』『文選《もんぜん》』といった中国の文献から菅原道真など日本人の手になる詩文に至るまで、極めて多岐にわたる典拠が報告されている。

(19) 高階成忠《たかしなのなりただ》の娘。はじめ円融《えんゆう》天皇の掌侍《しょうじ》として仕え、後に藤原道隆の妻となり、伊周《これちか》・隆家・定子らを産んだ。

(20) 作者が宮中で見聞した出来事や折々の感懐を書き記した、約三〇〇の章段から成る作品で、随筆文学に分類されている。定子の崩御した長保《ちょうほう》二年(一〇〇〇)前後の成立か。

(21) 中唐の詩人白居易の詩文集。全七一巻。読みは「はくしもんじゅう」とも。日本には承和《じょうわ》年間(八三四―八四八年)に伝来し、たちまち貴族の間で大流行したとされる。「新楽府」はその巻三・巻四にあたり、当時の政治や社会を批判する諷諭《ふうゆ》詩五〇編から成る。

その中でも最も頻繁に利用されている漢籍が『白氏文集』である。その影響は、『源氏物語』の出発点からすでに著しい。物語冒頭の桐壺《きりつぼ》巻は、時の帝（桐壺帝）がさほど身分の高くない妃（桐壺更衣《こうい》）を寵愛していることを語る。その際、「楊貴《ようき》妃《ひ》の例《ためし》もひき出でつべくなりゆくに」等、白居易《はくきょい》の代表作である「長恨歌《ちょうごんか》」(22)を想起させる表現が随所にちりばめられている。

また、『源氏物語』夕顔《ゆうがお》巻では、「中《なか》の品《しな》」（中流）階級に属する夕顔(23)という女性と主人公光源氏との恋が語られる。この夕顔をめぐる物語の構想には、「いづれか狐なるらんな」という光源氏の言葉を手がかりに、唐代に作られた伝奇小説「任氏《じんし》伝《でん》」が関わっていることが指摘されている。「任氏伝」は美女に化けた狐と人間の男との恋と破局を描く物語で、白居易も同じ題材を「任氏怨歌行」(24)という詩に詠んで

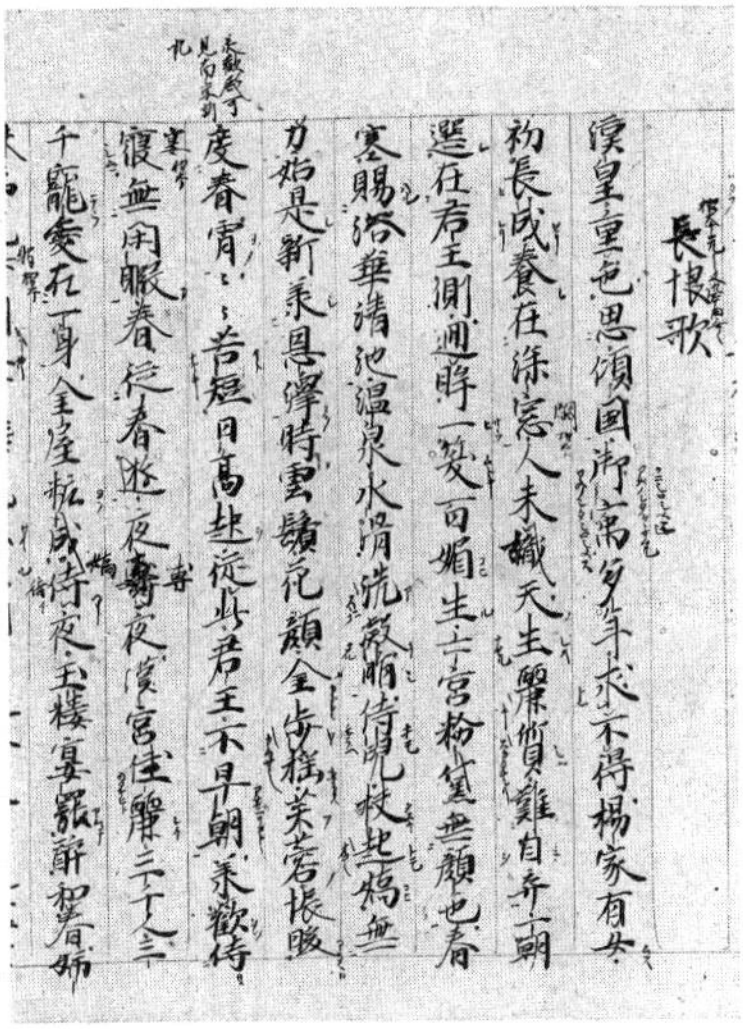

図４　金沢文庫本『白氏文集』「長恨歌」の箇所（大東急記念文庫所蔵）

(22) 唐の玄宗皇帝と楊貴妃の悲恋を歌った叙事的な長詩。『白氏文集』には、白居易の友人の陳鴻《ちんこう》がほぼ同じ内容を散文で綴った「長恨歌伝」と並んで収められている。『白氏文集』の中でも、平安貴族の間で特に好まれた作品である。

(23) 上流貴族の出身だが、親を早くに亡くし落ちぶれた女性。光源氏とともに荒廃した屋敷に泊まった夜、物の怪に襲われて死亡する。

(24) 現在では散逸して残っていない。

いた。夕顔巻の物語は、この小説と詩の両者から影響を受けているらしい［新間、二〇〇三］。

野分の段

以上のように、『源氏物語』作者の漢文学への親近度が、初期物語の男性作者に比較して遜色ないことは容易に見て取れる。しかし、『源氏物語』がそれらの物語と一線を画すのは、漢文学素材を平安朝の現実に溶け込ませた翻案の妙にあるだろう。夕顔の物語が「任氏伝」をもとに作られているとしても、夕顔は決して狐が化けた女ではない。「任氏伝」は異類（動物）と人間という普通には結ばれるはずのない者同士の婚姻を描く物語だが、『源氏物語』ではそれを、親を亡くし落魄《らくはく》した女と帝の皇子という、身分・境遇の隔絶した男女の関係に置き換えたのである。

同じことは、桐壺巻における「長恨歌」の利用についてもいえる。帝に寵愛された桐壺更衣は、周囲の妬みを一身に受け、心労のあまり若くして命を落とす。その後、悲しみに沈む帝が靫負命婦《ゆげいのみょうぶ》という女官を更衣の実家に遣わす場面がある（図5）。「野分《のわき》の段」として知られる場面で、秋の荒涼たる屋敷の光景に重ね合わせて登場人物の哀切な心象を描き出す文章は、『源氏物語』の中でも屈指の名文である。

この野分の段は、「長恨歌」の後半、安禄山の乱で楊貴妃が殺害された後、玄宗

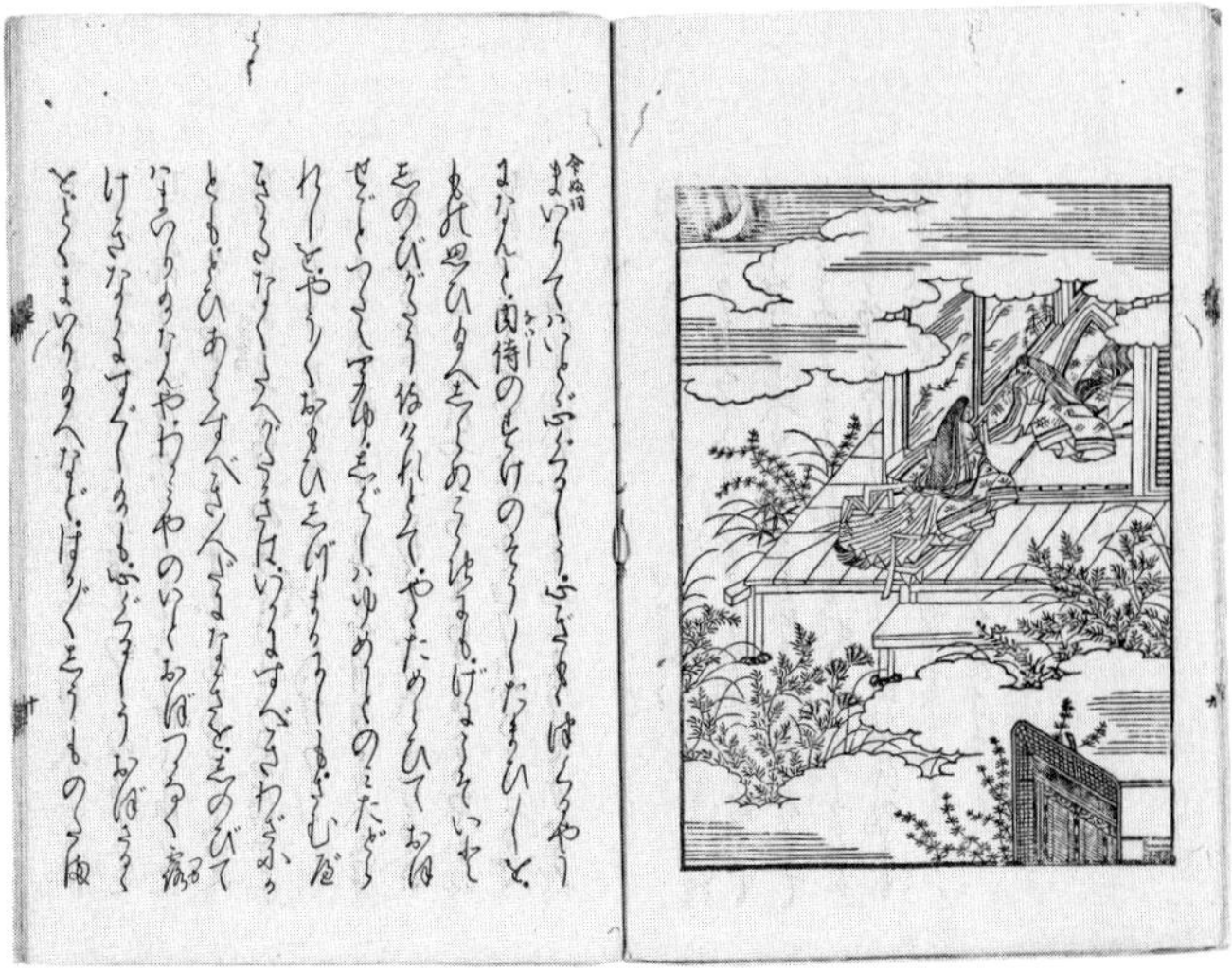

図5　承応三年刊『源氏物語』桐壺巻「野分の段」(国文学研究資料館所蔵)

皇帝の嘆きを癒すべく方士《ほうし》(25)が登場し、蓬萊の仙宮に生まれ変わった楊貴妃を訪ねて行くという幻想的な展開を、現実的な形に翻案したものとされる。虚構の物語とはいえ、あまりに非現実的で荒唐無稽なことは書かないのが、『源氏物語』に一貫した姿勢である。

しかも、この野分の段で語られるのは、更衣に先立たれた近親者たちの悲しみばかりではない。弔問にやって来た命婦に向かって、更衣の母親は次のような思いを訴える。はかばかしい

(25)神仙の術を操る者のこと。

後見のいない娘を宮仕えさせることには、当初から不安もあった。それでもなお、娘をあえて後宮に入れたのは、亡き夫の残した、自分が死んでも宮仕えの素志を諦めてはならないという遺言を守りたい一心でのことだった。その甲斐あって帝の寵愛を蒙ったことは光栄であるけれども、そのために娘が横死に近い死を遂げたかと思うと、帝の深い愛情もかえって恨めしく思われる。

この母親の言葉からは、更衣の悲劇が、貴族たちが競って娘を入内させ天皇の寵を得ようとした、一〇世紀頃の宮廷の実情を映し出していることがわかる。そうした時代にあって天皇に求められるのは、個人的な愛情の深浅にかかわらず、后妃たちをそれぞれの分に応じて公平に扱い、後宮に波風を立てないことだった(26)。桐壺帝はその掟を破り、後宮の秩序を乱したことになる。その帝に宮廷中の批判が集まっていたことは、やはり「長恨歌」の表現を借りつつ、更衣の生前から繰り返し述べられていた(27)。しかし、野分の段で更衣の母が帝に向ける恨み言は、母親自身の自責や悔恨が混じっているだけに、ひときわ重みがある。同じ社会に生きる読者たちの胸にも、とりわけ痛切に響いたのではないか。

野分の段は更衣の死を悼む叙情性に満ちた場面であるが、ただ単に悲哀に埋没するのではなく、現実に根ざした批評的な視点が据えられている。「長恨歌」は『白氏文集』では「感傷詩」に分類されている詩だが、その中にも、楊貴妃を寵愛して

(26)『栄花物語』は、村上天皇が数多の女御・更衣たちを「なだらかに」扱ったことを褒め称え、聖代の証としている。

(27) たとえば、桐壺巻の「目をそばめつつ」(宮廷人たちが帝の更衣への寵愛ぶりから視線を背けるさま)という表現は、「長恨歌伝」の「京師《けいし》の長吏《ちょうり》も之《これ》が為に目を側《そば》む」に拠る。

(28) たとえ話などを用いて、それとなく諭すこと。

(29) 物語の記述によると、「亭子院《ていじのいん》」つまり宇多天皇が描かせ、伊勢や紀貫之に和歌を詠ませたものという。この長恨歌

政治を顧みず世を乱した皇帝を批判する、諷諭《ふうゆ》(28)の意図があったとされる。こうした批判精神と叙情性との共存もまた、『源氏物語』が白居易の文学から学んだものであることが指摘されている[長瀬、二〇一九]。

唐風と和風

このように、『源氏物語』は漢文学を単に表面的に摂取するのではなく、十分に咀嚼した上で、日本の当代の物語として生まれ変わらせている。その『源氏物語』は、和と漢(唐)の相違にも自覚的であったようで、物語中にその類の言及が少なくない。

野分の段にも、「長恨歌」を用いて唐の女性と日本の女性を比較するところがある。更衣の死後、帝が明け暮れながめていたという「長恨歌の御絵(29)」の中の楊貴妃と比較して、更衣の生前の姿を偲ぶ場面である(**図6**)。

絵に描ける楊貴妃の容貌《かたち》は、いみじき絵師《えし》といへども、筆限りありければいとにほひ少なし。太液《たいえき》の芙蓉《ふよう》、未央《びおう》の柳も、げにかよひたりし容貌を、唐《から》めいたる装《よそ》ひはうるはしうこそありけめ、なつかしうらうたげなりしを思《おぼ》し出づるに、花鳥《はなとり》の色にも音《ね》にもよそふべき方ぞなき。*

ここでは、「唐めいたる装ひ」の「うるはし」に比して、更衣の「なつかしうら

絵は実在したものらしく、『伊勢集』には、宇多天皇が「長恨歌」の絵を屏風に描かせ、それを題材に伊勢が詠んだ和歌が収められている。

***(大意)** 絵に描かれた楊貴妃の容姿は、すぐれた絵師でも筆の力には限界があるから、生気に乏しい。確かに太液の芙蓉や未央の柳にも似通う容姿であって、唐風の装いは端正であっただろうけれども、親しみやすくかわいらしかった更衣の様子を思い出しなさると、花の色にも鳥の声にもたとえようがないのであった。(「太液の芙蓉、未央の柳」は「長恨歌」の一句の引用で、楊貴妃の顔だちを太液池の蓮の花に、眉を未央宮の柳の葉に喩えたもの。)

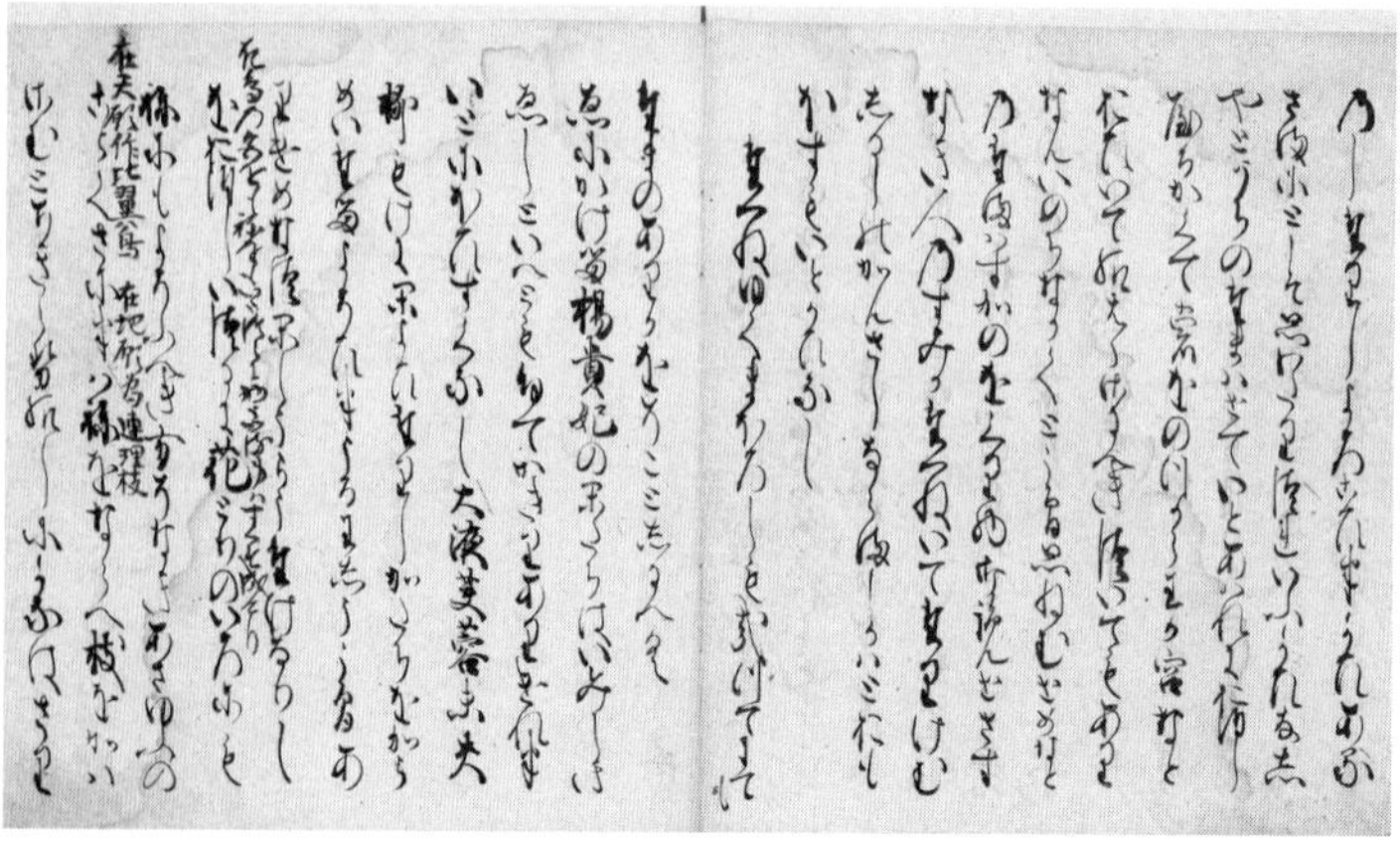

図6　池田本『源氏物語』桐壺巻「野分の段」(天理大学附属天理図書館所蔵)

うたげなりし」さまの方がすぐれているとされる。『うつほ物語』などではまだ唐風賛美の傾向が強かったのに対し、和の側により高い価値を見出している点で、国風文化の定着を示すものとして、よく取り上げられる箇所である［河添、二〇〇五／松岡、一九九八］。

「うるはし」は整った端正な美しさを表す語とされる。『源氏物語』にはほかにも、「唐土の后の飾り」(若菜《わかな》上巻)等、唐風の美を形容する際に「うるはし」を用いる例がある。それは確かに正統的・模範的な美しさではあるのだが、整いすぎるあまり、往々にして堅苦しく近寄りがたい印象を与え、時には滑稽なまでの生真面目さや古風さにつながることもある。

一方、「なつかし」は親しみを感じさせるさま、「らうたげ」はいたわってやりたくなるようなかわいらしさを表す。『源氏物語』ではほかに、唐絵《からえ》に対して大和絵を、唐楽《とうがく》・高麗楽《こまがく》に対して東遊《あずまあそび》(30)の音楽を、「なつかし」という言葉で評価している。外来の文化に正統性・規範性は認めつつも、自分たちに身近な風土や習俗に親しみを感じ、心情的にそちらを重んじるという価値観が読みとれる。

(30) 東国に起源を持つ歌舞のこと。平安時代以降、中央に流入し、宮廷や神社で行われるようになった。

「なつかしうらうたげ」な女性像

こうした価値観は、『源氏物語』が光源氏という男性を主人公とする恋物語である以上、その恋の相手となる女性たちの人物造型の中に、最も顕著に認められるであろう。

『源氏物語』の中で、光源氏または語り手の視点から「うるはし」と形容される女君は、葵《あおい》の上(31)と末摘花《すえつむはな》(32)の二人である。葵の上は源氏の最初の妻であるが、夫婦となっても源氏にうち解けようとせず固く心を閉ざしていた。末摘花については、極貧の中で頑なに古風な生き方を守り続けた性格が、やや揶揄的に「うるはし」と評価されている。どちらも光源氏にとって、あまり積極的に関わりたい相手ではなかったという点で共通する。

(31) 左大臣の娘。光源氏の元服に伴い、正妻と定められた。葵巻で男子(夕霧《ゆうぎり》)を産んだ後、急逝する。

(32) 故常陸宮《ひたちのみや》の娘。赤い鼻に象徴される醜貌や、古風で気の利かない振舞いにより、光源氏を辟易させることが多い女性。

一方、「なつかし」「らうたげ」という形容を与えられる女君は多いが、特に「なつかしうらうたげ」とされる者の中に、藤壺《ふじつぼ》(33)と宇治大君《うじのおおいぎみ》(34)がいることに注目される。いずれも光源氏、あるいは『源氏物語』後半の主人公である薫《かおる》にとって、最も理想的な女性であり、永遠の思慕の対象である。さらにこの二人は、それぞれの事情から男君の愛を受け入れないという共通点を持つ。どれほど拒んでもなお男君たちの心を惹きつけてやまない、そんな彼女たちの魅力を表す時に、「なつかしうらうたげ」は用いられている。

しかし、その魅力は反面、つけ入られやすいという弱点ともなる。そのよい例が、光源氏が初老の年齢になってから妻に迎えた女三宮《おんなさんのみや》(35)である。この女三宮のことを、源氏に降嫁する以前から柏木《かしわぎ》という若者が思慕していた。源氏が不在のある夜、柏木はせめて思いの一端なりと訴えようとして、宮の寝所に忍び込む。ところが、会う前はさぞかし気高い方だろうと想像していた女三宮は、意外にも「なつかしくらうたげに、やはやはと」した風情であったため、柏木は自制心を失ってしまう。その後二人の関係は光源氏の知るところとなり、柏木は悶死、女三宮は柏木との間の不義の子を産んだ後に出家するという、不幸な結末を迎える。

親しみやすさを表す「なつかし」は、「やさしさ」に通じるところがある。また、いたわってやりたいさまを表す「らうたげ」は、その語意の中に「弱さ」を含んで

(33) 桐壺帝の中宮。光源氏との一夜の契りで身籠もり、男子(後の冷泉《れいぜい》帝)を産む。桐壺帝が崩御した後、源氏の思慕を断念させるべく出家する。

(34) 宇治八宮《はちのみや》の長女。父の死後、薫から求愛されるが、境遇の違いなどを慮って拒みつづけ、心労を重ねた末に若くして逝去する。

(35) 光源氏の兄朱雀《すざく》院の娘。朱雀院の出家に際し、親代わりのような形で源氏に託される。柏木との密通により男子(薫)を産んだ後、出家する。

いる。周囲の嫉妬に耐えかねて命を落とした桐壺更衣は、まさにやさしくか弱い女性であっただろう。遡っては『うつほ物語』の俊蔭女も、状況は異なれど同じタイプの女性だったといってよい。それでも俊蔭女は、息子仲忠の孝心が引き起こした奇跡や、亡父俊蔭から伝えられた琴の音の力によって、最終的には幸福を得ることになる。それに対して『源氏物語』は、人の心を惹きつける「なつかしうらうたげ」な女性を、日本人の感性に合った理想像として提示しつつ、その魅力がもたらす悲劇や不幸をも、現実的な視点から描き出したのである。

2 『源氏物語』以降――平安後期物語

後期物語と漢文学

以上、初期の物語が漢籍から主として伝奇的要素を取り入れていたのに対し、『源氏物語』は漢文学から得た素材を平安朝の物語として巧みに翻案していること、また、『源氏物語』には唐風よりも和風に対する共感が明確に示されていることを確認した。ここからは、『源氏物語』以後の物語を見てゆこう。

『源氏物語』以降の平安時代の物語は、「後期物語」と総称される。この時期になると、ますます多くの女性が物語執筆に手を染めるようになる。たとえば天喜《てんぎ》三年

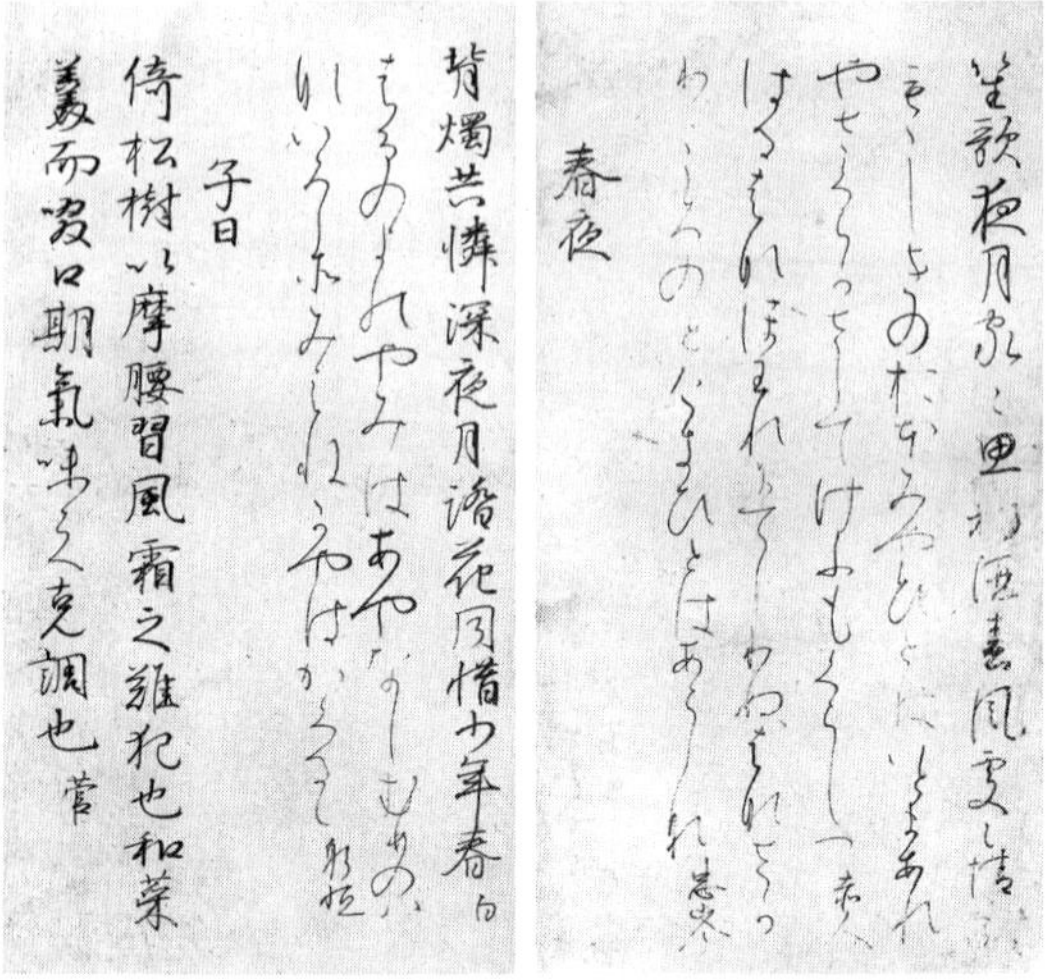

図7　御物粘葉本《ぎょぶつでっちょうぼん》『和漢朗詠集』（宮内庁三の丸尚蔵館所蔵）

（一〇五五）に行われた「六条《ろくじょう》斎院物語合《さいいんものがたりあわせ》」(36)では、計一八人の女房が、短編ではあるが新作の物語を提出している。しかし、そうした作者たちの中に、紫式部ほどに漢文学の素養のある人物がいたかというと、現存する作品や散逸物語の資料を閲する限り、その可能性は低そうである。後述する『松浦宮《まつらのみや》物語』を例外として、『源氏物語』以降の物語では、総じて漢文学の影響は稀薄になってゆくが、それは何よりまず作者の知識レベルの問題であろう。

ただし、『和漢朗詠集《わかんろうえいしゅう》』(37)（図7）のような作品が作られ、その中の詩句が人口に膾炙《かいしゃ》するようになったことにより、漢詩文に関する一定の知識は、物語作者と読者との間に共有されていたと思われる。漢詩の秀句を集めたものとしては、一〇世紀半ば

(36) 六条斎院と称された禖子《ばいし》内親王のもとで行われた行事で、内親王に仕える女房らがそれぞれ物語を制作し、その出来ばえを競ったらしい。そのうち「逢坂《おうさか》越えぬ権《ごん》中納言《ちゅうなごん》」の一編だけが『堤中納言物語《つつみちゅうなごんものがたり》』の中に残っている。

(37) 藤原公任《きんとう》（九六六―一〇四一年）撰。漢詩の中から朗詠（節を付けて歌うこと）に適した詩句を選び、主題別に分類して、和歌と共に並べたもの。

に『千載佳句《せんざいかく》』(38)も作られていたが、和歌と漢詩とを共に並べる『和漢朗詠集』は、和歌的な発想に基づく分類が見られたり、中国だけでなく日本詩人の詩句も収めるなど、日本人にとってより親しみやすいもので、男女の別を問わず愛好されたらしい。

たとえば、後期物語の一つである『狭衣物語《さごろも》』(39)の巻頭を見ると、「少年の春は惜しめどもとどまらぬものなりければ……」と、いきなり「少年」という漢語ではじまっている。これは、「花を踏んでは同じく惜しむ少年の春」という『和漢朗詠集』に収められた白居易の詩句と、「惜しめどもとどまらなくに春霞《はるがすみ》帰る道にし立ちぬと思へば」という『古今和歌集』の和歌とを組み合わせた、当時としても斬新な起筆の文章だった。以下、『狭衣物語』には、詩句を踏まえた文章や詩句そのものの引用が散見するが、その大半は『和漢朗詠集』所載のものである。他の物語も全体的な傾向は一致しており、『和漢朗詠集』などから漢詩句を引用することによって文章表現を豊かにすることは珍しくない。しかし、物語の構想や人物造型など、作品の根幹に関わる面で漢文学を直接に利用することは稀である。

それは、この時代の物語作者にとって、『源氏物語』という手本があれば事足りたからでもあろう。『源氏物語』以降の物語は、ほぼ例外なく『源氏物語』の影響を著しく蒙っている。同じく『狭衣物語』から例を挙げると、主人公の狭衣は、

(38) 大江維時《これとき》(八八八―九六三年)撰。唐代の詩人の七言詩から二句一聯の秀句を選び、主題別に分類したもの。

(39) 一一世紀後半の成立か。作者は、「六条斎院物語合」にも参加している六条斎院宣旨《せんじ》という名の女房とされる。主人公狭衣の恋と挫折を描く、全四巻の物語。『源氏物語』に次いでよく読まれた作品で、後世には「源氏・狭衣」と並び称されることもあった。

『源氏物語』の前半・後半それぞれの主人公である光源氏と薫の長所をあわせ持つような人物として造型されている。また、飛鳥井《あすかい》の君という女君と狭衣との悲恋の顚末は、明らかに『源氏物語』の夕顔および浮舟《うきふね》の物語を組み合わせて作られている。

少し時代は下るが、さまざまな物語を取り上げて批評する『無名草子《むみょうぞうし》』(40)は、『源氏物語』の出現を「凡夫《ぼんぶ》のしわざともおぼえぬこと」と称え、それ以降の物語は『源氏物語』に学んで作れば至極簡単なものだ、という。初期の男性物語作者が自らの馴れ親しんだ漢籍に材を求めたように、『源氏物語』を読んで育った物語作者たちにとっては、『源氏物語』が最大の拠り所だったのである。

伝奇性の復活

一方、後期物語に共通する特徴の一つとして、『源氏物語』では排除されていた非現実的・伝奇的な要素の復活が指摘されている。この現象は一見初期物語から『源氏物語』へと至る流れとは逆行しており、時代の嗜好、作者の資質などさまざまな要因が考えられる。しかし、その原因の一つには、やはり『源氏物語』への意識があるだろう。『源氏物語』の主人公光源氏は、その名のように光り輝くばかりの容姿と才能をそなえた、この世の人とも思えぬ完璧な人物だった。後の物語がそ

(40) 女房たちがさまざまな物語について感想・批評を述べ合うという形で、『源氏物語』以降の物語を紹介する書。一二〇〇年前後の成立。批評された物語の中には、散逸物語も多く含まれている。

れに匹敵する（または上回る）主人公の卓越性を示そうとすれば、超自然的な力に頼るのが手っ取り早い。

『狭衣物語』には、主人公の狭衣が笛を吹くと、その音色に魅せられて天稚御子《あめわかみこ》(41)という天人が降臨し、天上へ誘うという場面がある。狭衣のすばらしさは物語冒頭から繰り返し述べられているが、この事件によって、天に魅入られるほどの超人性が改めて確認されるのである。

この場面では結局、天稚御子は狭衣を連れて行くのは諦め、一人で天上へ帰って行く。その時に、天稚御子は狭衣と漢詩を詠み交わしている。(42)あえて和歌でなく漢詩の贈答としたのは、「天」に加えて「漢」のイメージを天稚御子に付与することで、二重の意味での異世界からの来訪者が狭衣の卓越性を保証するという効果を狙ったのかもしれない。

同じく後期物語の『浜松中納言《はままつちゅうなごん》物語』(43)になると、主人公である中納言自身が渡唐し、唐の人々から称賛を浴びることになる。中納言が唐に渡った動機は、亡くなった父親が唐の皇帝の三の皇子《みこ》として転生《てんしょう》しているという夢告げを得たためとされる。「転生」のモチーフはこの物語で何度か繰り返され、後期物語の非現実的要素の一つに数えられている。そのような理由で中納言ほどの高位の貴族が渡唐するという点からして現実味がないが、中納言が唐に到着するとその美貌が人目を驚かし、作

(41)「天稚御子」という名の天人は『うつほ物語』俊蔭巻にも登場する。その由来などはよくわからないが、音楽を愛でる天人と認識されていたらしい。

(42) ただし漢詩そのものは記されず、内容を要約した形で示される。

(43) 一一世紀半ば頃の成立か。作者は菅原孝《たか》標女《すえのむすめ》（『更級《さらしな》日記』の作者）とする伝がある。現存するのは全五巻で、中納言が渡唐するに至るまでの経緯を描いた首巻は散逸している。

詩であれ音楽であれ、その才能は唐の人の誰も及ばぬほどすぐれていたという。常識的にあり得ないことながら、文化的先進国である唐をひれ伏させるほどの人物という裏付けによって、主人公の理想性は強調される。

ではその中納言の目に、唐の国はどのように映ったのであろうか。

唐の女性の描写

唐に到着した中納言は、しばしば異国の見慣れぬ景色や風物に目を留め、「おもしろし」「めづらし」と興じている。しかし、こと人事となると、日本と異なる風俗や習慣に、珍しさとともに違和感をおぼえ、時に滑稽と感じることもある。

まず女性の容姿については、『源氏物語』桐壺巻に見られた価値観をほぼ踏襲しつつ、より具体的な描写が見られる。唐の女性の特殊な風俗は「髪上げ」(44)(図8)に象徴され、日本女性の「ただうち垂れ、額髪《ひたいがみ》も縒《よ》りかけなどしたる」髪型との違いが認識されている。そして、唐の女性の髪上げ姿が「うるはし」と評されるのに対し、中納言は、垂髪《すいはつ》こそが「わが方ざま〔日本風〕に、なつかしくなまめきたることなれ」と考えている。

また、中納言が唐で知り合う女性の中に、一の大臣の五の君という人がいる。この女性は、ある時中納言の姿を見たことから恋心を募らせ、果ては病となり、父に

(44) 髪を結い上げて簪《かんざし》を挿した髪型。平安朝の貴族の女性は垂髪が普通で、儀式の折の女官など特別な場合のみ髪上げをすることがあった。

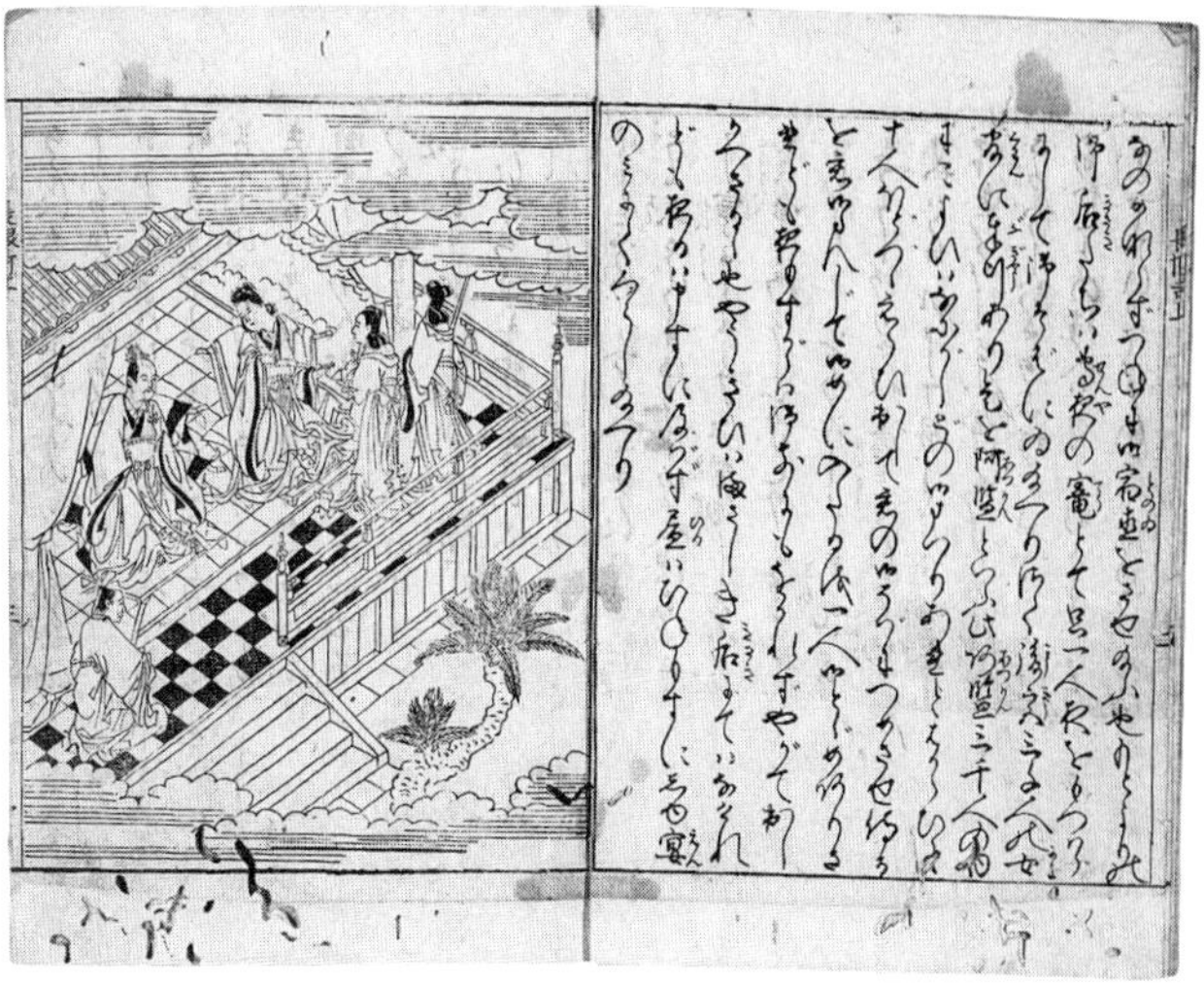

図8　『長恨歌抄』より，唐の女性の髪上げ姿(京都大学附属図書館谷村文庫所蔵)

頼んで屋敷に招いてもらった。そんな事情は知らずに大臣邸を訪れた中納言は、思いがけず五の君に引き合わされる。その時の中納言の第一印象はかなり辛辣である。たとえば五の君は、帳台のとばりを少し巻き上げた状態で中納言を待ちつつ、団扇《うちわ》を手まさぐりにしていた。中納言が近寄って話しかけても、恥じる様子もない。それを見た中納言は、「珍《めず》らかに、をかしうもあさましうも」(珍妙であきれ果てる)とか

「すさまじく」（興ざめだ）という感想を抱いている。日本の扇に対して、円形の「団扇」も中国風の風俗である。

このように、『浜松中納言物語』には、髪上げ、団扇など、唐の女性の風俗が具体的に描かれているが、その多くは絵画を通して得られた知識・イメージなのであろう。[45] さらにここでは、単に装いだけでなく、態度・振舞いの面でも日本の女性と異なること——日本の高貴な女性であれば、男性の前で姿をあらわにしたりしない——があげつらわれていることに注目したい［池田、一九八九］。

(45) 別の場面では、唐の女性を描写する際に「唐絵にたがはず」という表現を用いている。

率直な物言い

『浜松中納言物語』には、このような日本と唐の人の態度・習慣の違い、いわば国民性の相違について言及するところが、ほかにもいくつかある。その中でも何度か繰り返されるのが、唐の人は率直な物言いをする、あるいは隠し事をしないということである。

同じく五の君に関連するところから挙げると、はじめ大臣邸に招かれた理由がわからないでいる中納言に対し、五の君の兄にあたる人が、妹の恋患いのゆえであることをありのままに説明する場面がある。それを聞いた中納言は、普通はこんなに洗いざらい打ち明けないだろうにと驚きつつ、「この国のやうは、つくろふことなく物言ふなるべし」と考え、「わが世〔日本〕の人、いみじく飾りつくろふ習ひ」と比較して、「いとをかしう」思っている。

日本人の「飾りつくろふ習ひ」については、『大鏡』[46]の伝える逸話にも似た発想が見られる。高麗《こま》の相人《そうにん》が、藤原基経《もとつね》の子である時平《ときひら》・仲平《なかひら》・忠平《ただひら》三兄弟の人相を観たという挿話である。その結果はというと、長男の時平は「御容貌すぐれ、心《こころ》魂《だましい》すぐれ賢うて」、日本にはもったいない。次男の仲平は「あまり御心うるはしくすなほ」なため、「へつらひ飾りたる小国」である日本には合わない。結局、忠平が「日本国のかため〔柱石〕」として子々孫々繁栄することが予言される。

この逸話では、日本と特定の外国とを直接比較しているわけではないが、「小国」の対として、大国・唐が当然意識されているであろう。仲平への予言の中にある「うるはし」が唐風を象徴する語であることは、これまで見てきたとおりである。「すなほ」〔素直〕は飾り気のない素朴なさまを表す語で、堯《ぎょう》・舜《しゅん》のような古代中国の聖人の世の理想性をいう時にも用いられることがある。[47]古代中国のような理想の国家にこそ、仲平はふさわしいということであろう。

この『大鏡』の逸話では、高麗人という異国人の視点からではあるが、「へつらひ飾りたる」――人におもねって何かと取りつくろうという日本の国柄を、決して良しとはしていない。[48]それに対して『浜松中納言物語』では、唐の人の飾らない、

(46) 文徳《もんとく》天皇即位の嘉《か》祥《しょう》三年（八五〇）から後一条朝の万寿《まんじゅ》二年（一〇二五）までの歴史を、紀伝体で叙述する歴史物語。藤原道長の栄華に至る藤原氏の歴史を語ることに重点を置いている。

(47) たとえば「堯の世の民は、堯の心のすなほなるをもつて心とするがゆゑに、みなすなほなり」（『平家物語』巻六・紅葉）など。

(48) ただしこの逸話の趣旨は、兄の時平・仲平を凌いで忠平の子孫が繁栄し、道長の代に至っているということにある。

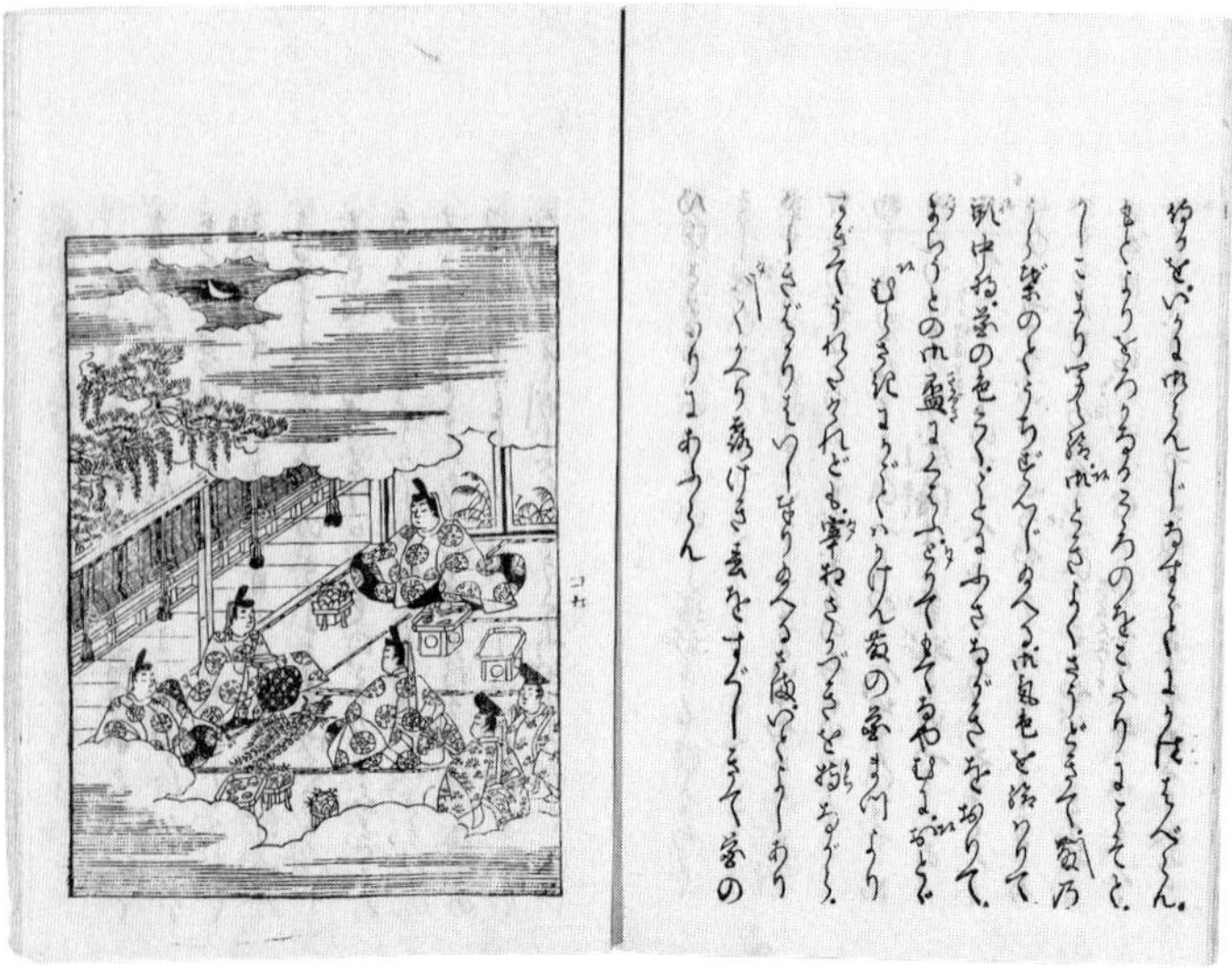

図9　承応三年刊『源氏物語』藤裏葉巻（国文学研究資料館所蔵）

まさに「すなほ」な言動こそが、中納言の失笑を買うほどに奇異であるとされる。

　ここで、『源氏物語』藤裏葉《ふじのうらば》巻の一場面を参照したい。この巻には、光源氏の息子の夕霧《ゆうぎり》が、雲《くも》居雁《いのかり》という幼馴染みの女性との結婚を、雲居雁の父内大臣から許可されるという場面がある（図9）。父親が娘の恋人（または片思いの相手）を自邸に招くという状況は、『浜松中納言物語』の当該場面に一致する。この場面において内大臣は、折から盛りの藤の花を娘にたとえ、歌語を用いた回りくどい表現で、それとなく夕霧に結婚許諾の意向を伝えている。その言葉遣いは、『浜松中納言物語』の五の君の兄の、ストレートに事実を説明する台詞と比べると、確かに雲泥の差がある。少なくとも『源氏物語』以降、日本の正統的な恋物語は、こうした婉曲な柔らかい言葉によって進行するものだった。

では、唐の人は率直な物言いをするという認識を、『浜松中納言物語』の作者はどこから得たのだろうか。この作者の漢文学に関する教養は、他の後期物語の作者と比べて特に深いようには見えない。それでも、『蒙求《もうぎゅう》』(49)に載るような著名な人物の逸話に触れたり、楊貴妃・王昭君《おうしょうくん》(50)・李夫人《りふじん》(51)といった、漢詩によく歌われる中国女性の名を挙げることがある。こうした人物にまつわる故事は、一部は和文化されて流布していたようだし、(52)『和漢朗詠集』所収の詩句から知識を得ることもできた。その中から作者が直接依拠したものを特定することは難しいが、唐の人と日本人との違い(あるいは、中国の物語と日本の物語における人物像の違い)を、そのように巷間に広まっていた故事・物語から感じ取ることは可能だったろう。

『浜松中納言物語』は、唐の人に対するそうしたイメージを活用し、『源氏物語』などとは一風異なる恋の場面を、おかしみを交えつつ描いたのである。

(49) 中国・唐代に作られた幼童向けの教科書。古人の著名な逸話を、四字句が対をなすような形で構成し、おぼえやすくしたもの。注を伴って流布し、日本でも幼学書として盛んに学ばれた。

(50) 前漢の元帝の時代に匈奴《きょうど》に嫁がされた女性。

(51) 前漢の武帝の寵妃。その死を武帝が深く嘆いたという逸話がある。

(52) たとえば『更級日記』に、「世の中に長恨歌といふふみを、物語に書きてあるところあんなり」という一節があり、「長恨歌」を和文化した物語のあったことが知られる。

かしこき女

ただし、日本人の目から見た唐の人の異質性は、滑稽なものとしてのみとらえられているわけではない。特に唐の女性に関しては、まったく別の評価も見られる。物語の後半、日本に帰国した中納言は、帝から唐の珍しい話を所望され、唐の男性が学問にすぐれているのは普通のことだけれども、と断った上で、「女のすぐれたる」実例を報告する。その中で、例の五の君は、漢字も仮名も達者に書き、詩文にも明るく、みごとな詩を作るさまはそこらの博士の及びもしないほどだった、と紹介される。中納言は帰国の途につく直前、五の君から漢詩と和歌の記された手紙を受け取り、「まことにかしこうありけるかな」と感心していた。その手紙を読み上げると、帝をはじめ宮中の人々は驚嘆し、感涙を流す。唐の人が仮名を書き和歌を詠むというのは、もちろんあり得ない無理な設定なのだが、中納言の話を聞いた日本の人々は、そのことよりむしろ、女性であるのに「文《ふみ》の道」や「まことしき才《ざえ》」、つまり漢詩・漢学に長けているということの方に驚いているらしい。

中納言はまた、五の君の姉にあたる「一の后」という人についても、「世のまつりごとかしこう」と、女ながらに政治に参与していることを報告している。[53] 漢文や政治の世界に公然と関わるという、この時代の日本には存在しないタイプの女性像が、ここでは好意的な驚きでもって迎えられ、「かしこし」という賛辞を与えられ

(53)「一の后」は皇太子の母でもある。物語の末尾には、唐の皇帝が退位し、皇太子が即位してからは、一の后が「世のまつりごと」を行っているという情報がもたらされる場面がある。

ているのである。

『源氏物語』にも、「かしこき女」と呼ばれる女性がいる。それは、帚木《ははきぎ》巻の「雨《あま》夜《よ》の品定め(54)」において、式部丞《しきぶのじょう》という人物の体験談に登場する、ある博士の娘である。かつて式部丞が通っていたこの女性は、並々の博士にもまさる学識をそなえており、寝物語で式部丞に学問を教えてくれるし、手紙も漢文でしたためるという。一方、風流などとは程遠い人柄で、非常識な言動でもって式部丞を閉口させたという笑い話で落ちが付けられる。この女性は、同じく学者の娘であった紫式部の自虐的な自画像ともいわれ、かなり誇張して描かれていることは否定できない。しかし、『源氏物語』全体を通して、学問や政治の面で才能ある男性を「かしこし」と評することは少なくないけれども、女性に褒め言葉として「かしこし」が使われることはめったにない。特にこの博士の娘のように、男性の領域である漢文学の世界に踏み込み、その才をひけらかすような女性に対しては、とりわけ手厳しい。

それに比べると、『浜松中納言物語』における賢女称賛は、まったく屈託がない。それはまず、異国の女性という条件があればこそのことだろう。中国の故事説話を見渡せば、詩を作る女性はもちろん、善政に寄与する后妃の例も、特段珍しくはない。また、五の君が中納言に贈った詩が、決して堅苦しいものではなく、「えも言はずあはれにかなしく、おもしろき文」という、情趣に富んだものであったことも、

(54) 旧暦五月の長雨の頃、宮中で宿直している光源氏のもとに若い殿上《てんじょう》人《びと》たちが集まり、女性談義に花を咲かせるという場面。

好意的な評価を受けるのに必須の条件だったに違いない。

河陽県后の人物造型

このような「かしこき女」の面影は、『浜松中納言物語』の唐土での物語における最重要人物である、河陽県后《こうようけんのきさき》にも見られる。河陽県后とは、唐の皇帝が最も寵愛していた后で、父親は唐の親王、母親は日本人という特異な出自の人物である。そのためか、この后は「うるはし」「気高し」という唐風の美ばかりでなく、「なつかし」という和風の魅力も兼ねそなえているとされる。唐の女性の姿や振舞いに違和感を禁じ得ない中納言も、この后には魅了されてしまい、ついには秘密の関係を結ぶことになる。

その中納言との関係において、河陽県后が「かしこし」と評されることがある。まず二人の最初の逢瀬の場面を見てみよう。この時、中納言はまだ相手が后であるとは知らず、たまたま垣間見《かいまみ》した女性の美しさに惹かれて忍び込んだのだが、その非常事態に、后に仕える女房たちも后自身もいったんは動転するものの、もはやどうしようもないと悟り、せめて素姓を隠し通そうと、むやみに騒ぐことなく対応する。こうした冷静な態度について、物語の語り手は、「その世の人、女なれど、かしこうやありけむ」——唐の人は、日本と違って女でも賢かったのであろうか、と推し量っている。

このように、女のもとに男が突然押し入ってくるという事件は、物語にはよくあるパターンである。そうした場合、当の女君は茫然としてただ泣き伏すばかり、周りの女房たちもあまり役に立たないことが多い。第1節の最後に触れた、『源氏物語』の女三宮がその典型例である。それに比べると、河陽県后および女房たちの判断の冷静さ、落ち着きぶりは、確かに特筆に値する。

その後、この一夜の契りで后は懐妊し、秘密裡に男子を出産する。これもまた、物語にはありがちな展開である。こうした時、他の物語であれば、女君の母親や男兄弟などが登場して、秘密の保持に力を貸すことが多い。しかし、そのように助力してくれる人がいない河陽県后は、自ら主体的に考え行動する。自身の置かれた状況を的確に分析し、出産を無事に済ませるための最良の方法を考え、かつそれを実行に移した[55]のは、すべて后自身の手腕であった。

河陽県后に関しては、漢詩文に堪能であるとか、政治に携わっているといった類の記述は特にない。半分は日本的という后の美質を担保するためには、そこまで踏み込んだ設定はできなかったであろう。しかし、この后が冷静な判断力、行動力などの点で、「かしこき女」として造型されていることは間違いない[56]。そしてその能力は、日本とは異なる唐の女性ならではの特性として説明されるのである。

(55) 具体的には、たまたま一の后から辱めを受けた機会を利用し、都での生活が嫌になった風を装って、蜀山《しょくさん》にある父親の屋敷に引き籠もり、秘かに出産する。

(56) 別の場面でも、河陽県后が心の動揺を抑えて理性的に振舞ったことを、「かしこき人の御心に」と述べるところがある。また、あまり「もの恥ぢ」しないという唐の人の性質も、河陽県后は持ち合わせている。

『浜松中納言物語』から『とりかへばや物語』へ

『浜松中納言物語』の作者が、はじめからこのような女性を描こうという意図をもって、唐土を物語の舞台に選んだのかどうかは定かでない。そもそもの動機は、先に述べたような主人公の卓越性の強調とともに、目新しい趣向で読者の興味を惹くことに過ぎなかったのかもしれない。また、よく指摘されることだが、この物語に記される中国の地名は地理的に不正確であることが多く、故事を引用する際に人名を混同するなど、欠点はさまざまにある。異国の習俗を滑稽と見なす優越意識もいささか鼻につく。『浜松中納言物語』に描かれた唐が、イメージの中で構築された、現実味に乏しいものであることは否めない。

それでもなお、唐土を舞台としたことにより、河陽県后のような新しい女性像が物語の世界に導入されたことの意味は小さくない。というのは、こうした唐の女性像が、『とりかへばや物語』(今本《いまほん》)[57](**図10**)の女主人公の人物造型にもつながってゆくからである。

『とりかへばや物語』は、『浜松中納言物語』より少し成立の遅れる、男女の逆転をモチーフとした物語である。生まれつき内気な男の子と活発な女の子の兄妹がおり、周囲に性別を誤解されたまま成人するところから物語がはじまる。つまり男装

(57) 古本《こほん》と、それを改作した今本とがあったが、古本は散逸し、現在読まれているのは今本である。それぞれ「古とりかへばや」「今とりかへばや」とも呼ばれる。古本の成立は一一世紀後半、今本の成立は一二世紀後半か。古本については『無名草子』に批評されており、今本よりも不自然な設定が目立つ作品だったらしい。

の女君と女装の男君という二人の主人公がいるわけだが、より重点を置いて描かれるのは、男装している女主人公の生き方である。

男の姿で出仕しはじめた女主人公は、容姿才芸すべてに秀で、帝のおぼえもめでたく、近衛大将にまで昇進する（以下「女大将」と呼ぶ）。しかし、宰相中将《さいしょうのちゅうじょう》という人物に女であることを見抜かれ、契りを結び、子を身籠もるという事態に陥る。そのため女大将はこっそり都を離れて宇治に引き籠もり、女の姿に戻って出産する――というのが、物語前半のあらすじである。

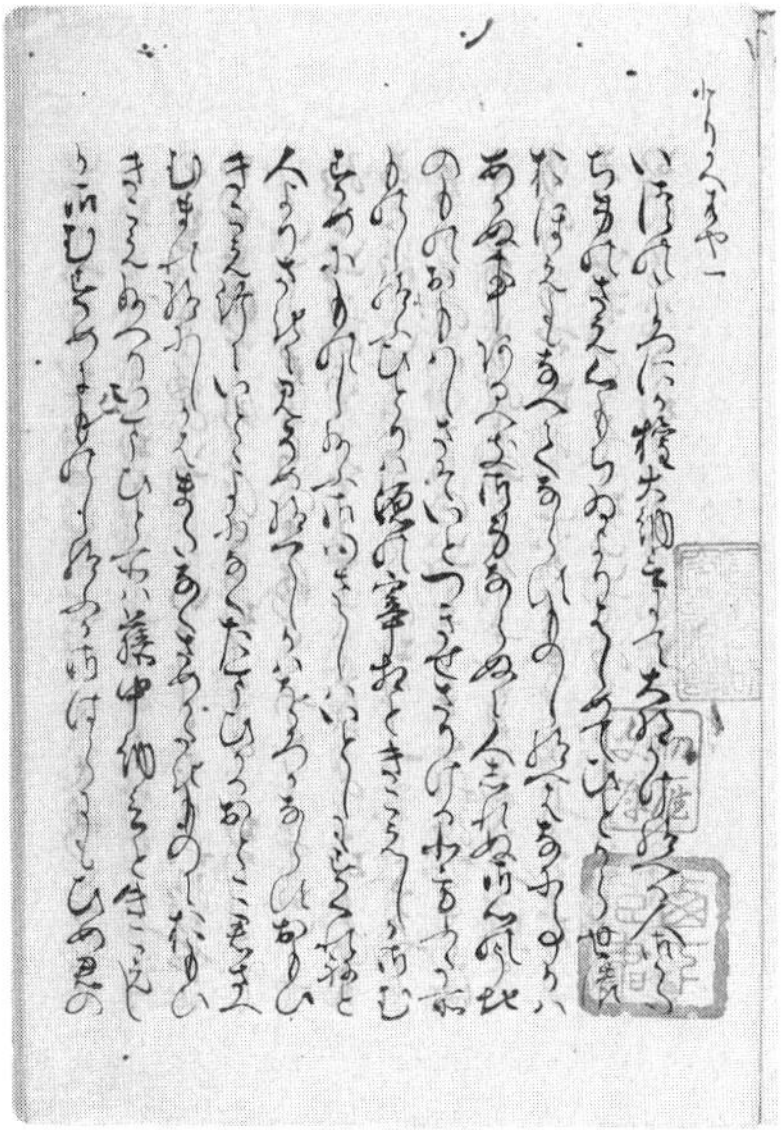

図 10 『とりかへばや物語』冒頭部分
（国文学研究資料館初雁文庫所蔵）

さて、『とりかへばや物語』にも、唐と関係のある人物が登場する。それは吉野の宮という人物で、かつて唐に渡ったことがあり、そこで唐の人をも凌ぐ学才を絶賛されたという点、『浜松中納言物語』の主人公を髣髴させるところがある〔辛島、二〇〇二〕。主人公の女大将は、この吉野の宮から、学問・詩作の技量ともに唐の人以上であると感嘆されている。つまり、女大将自らが唐へ渡ることはなくとも、在唐経験のある吉野の宮からお墨付きを与えられることによって、主人公としての理想性が保証されているのである。

女大将の人物造型

しかし、ここで注目したいのは、女大将自身の人物像に、『浜松中納言物語』の河陽県后をはじめとする唐の女性たちとの共通点が見られることである。漢詩文に長けていることもその一つであるが、男と不本意ながら秘密の関係を結び、懐妊・出産に至るという事態に直面した時の態度・振舞いにおいても、類似性を指摘することができる。

たとえば、女大将が宰相中将とはじめて契りを結んだ時には、困惑しながらも男装の秘密を知られてしまったからには仕方がないと諦め、これ以上秘密が漏れないことを第一として、宰相中将にも慎重に振舞うよう理を尽くして求めるという、冷静で理性的な態度をとる。

また、その契りによって妊娠したことに気づいた女大将は、到底一人では対処できないと判断し、宰相中将に相談する。当時高貴な女性にとって妊娠とは恥ずかしいことであり、たとえ夫であっても自ら告げるようなことはしないものだが、女大将は「男の姿」であったために、恥じ入ることなく打ち明けることができたという。ここでは、むやみにもの恥じしないという性格とともに、懐妊という危機を乗り越えるための方策を自ら考え、それを実行するという行動力も見て取れる。

その後、宰相中将に伴われて宇治に身を隠し、姿を女に改めてからも、女大将は自らの置かれた立場を冷静に見極め、事態を収拾すべく適切な判断を下して行動してゆく(58)。こうした冷静な判断力と行動力をそなえた女君のあり方が、典型的な物語の女性像と一風異なっていることは、『浜松中納言物語』の河陽県后について述べたことと同じになるので、繰り返さない。

河陽県后の場合、その特性は唐の女性であるところに帰せられていた。それに対して女大将の場合は、「男に馴《な》らひにし御心」――男性として振舞うことが身についた性質ゆえと説明されている。つまり、「唐風」であることと「男性的」であることとが相似するということになる。

この現象を理解するには、国風文化が「女性的」であるのに対して唐風文化は

(58) 宰相中将は都にも恋人がおり、宇治と都との間を行ったり来たりしていた。女大将はそのことを不快に思いながらも、出産を終えるまでは中将に頼るしかないと、「男に馴らひにし御心」で判断し、穏やかに振舞う。

「男性的」という構図、あるいは、平安朝の日本において漢文学をはじめとする唐風文化の担い手が（建前上）もっぱら男性であったことを思い起こせば十分であろう。唐の文化が全体として「男性的」であるとすれば、唐の女性は、女性といえども、日本の女性に比べれば男性的なイメージを帯びるのは必然である。[59]

また、『とりかへばや物語』の女大将は、決して生まれながらに男性の心を持っていたわけではない。彼女の「男らしさ」は、周囲に誤解されたまま男子として育てられる中で、男性の装いをし、男性としての学問・諸芸を修め、他の男性たちとともに公の世界で奉仕するという経験を通じて培われたもの――まさに文化として身につけたものである。このように男性的文化を体得した女性の考え方や行動を描き出すにあたって、おそらく現実社会に実例を求めることは難しかったであろうから、『浜松中納言物語』の唐の女性像が参考にされたことは十分にあり得る。[60]

子との別れ

では、このような女主人公が造型されたことは、物語史的にどのような意味を持つのだろうか。そのことを考える手がかりは、女大将の「男らしさ」が最も印象的に発揮される、我が子との別れの場面にある。

宇治に身を隠した女大将は、無事に男児を出産した。しかし、男装時代には宮廷

(59) 先に引用した、『浜松中納言物語』の「その世の人、女なれど、かしこうやありけむ」は、「日本でも男はかしこい」ことを前提とした言い方である。

(60) ただし、現存する『とりかへばや物語』のもととなった古本が散逸しているため、『浜松中納言物語』からの直接の影響関係については論じにくい面がある。古本と今本とでは、女大将の人物造型に相当の違いがあったらしい。

の寵児としてはなばなしく活動していた女大将にとって、この先、多情な宰相中将の囲われ者として過ごす人生は耐えがたいものだった。そこで女大将は、吉野の宮を頼り出家することに決め、秘かに宇治を出奔する。その際、赤子を伴うわけにはゆかず、乳母のもとに残してゆくのである。もちろん、生まれて間もない我が子との別れは身を切られるようなつらさであったが、「男にて馴らひたまへりける名残の心強さ」ゆえに振り切ったという。

いかなる理由があるにせよ、母親が我が子との生き別れを自ら決断するというのは、尋常のことではない。ましてや物語の世界では、たとえば『うつほ物語』の俊蔭女のような、情愛に満ちた母親が理想像として描かれてきた。女大将の「心強さ」は、そうした母親像とはまったく対極的に見える。

こうした女大将の行為を理解するために、『夜《よる》の寝覚《ねざめ》』(61)という『とりかへばや物語』に先行する作品を参照したい。この物語には、子が「絆《ほだし》」(62)となって女主人公の出家を阻むという局面がある。詳しい事情は異なるけれども、『夜の寝覚』の主人公の中の君もまた、男君との関係に悩んだ末に、出家を断行しようと決意するに至った。しかし、折から妊娠していることが発覚して、出家は諦めざるを得なくなる。それ以前に産んだ子も二人いる中の君は、子どもたちに取り巻かれる生活に慰めを見出しつつも、その絆ゆえに憂き世を背くことのままならない境遇を嘆きつづける。

(61) 一一世紀後半の成立か。作者は『浜松中納言物語』と同じく菅原孝標女という伝があるが、作風が異なるため疑問視する見解も多い。現存する伝本はすべて、中間部と末尾に大幅な欠落がある。

(62) 束縛するもの。物語では、出家・遁世の妨げとなる近親者、特に妻子を意味することが多い。

出家を望みながら実現できない女君といえば、『源氏物語』の紫の上もそうである。光源氏に長年連れ添った紫の上は、源氏が女三宮という新たな妻を迎えた頃から、出家を望むようになる。しかし、「賢《さか》しきやうに」思われることを憚って、その希望を言い出すこともなかなかできないし、ましてや源氏の反対を押し切って強行することなど到底できなかった。

紫の上は、『源氏物語』の中でも最も理想的な女性として造型された人物であり、「なつかし」「らうたげ」といった美質をそなえていることは言うまでもない。だからこそ光源氏に最も愛されたわけだが、反面、そのやさしさや慎みゆえに、自分の意志を通すことはできなかった。それに対して、男君との縁を切ることは決意したものの、子という絆に引きとめられたのが、『夜の寝覚』の中の君だった。

『とりかへばや物語』の女大将は、その最も断ち切りがたい絆を断ち切る決心をしたということになる。それは、従来の物語に典型的なタイプの女君たちに、容易になし得ることではない。女大将の、男装という特異な経験により培われた誇り高さと、決断力・行動力があってこそ可能だったのである。

もちろん女大将も、決して愛情の薄い人物というわけではない。この後、女大将は結局出家はせず、帝の后という、女性として最高の位に達することになるのだが、その間、宇治に残してきた我が子への思いが消えることはない。物語が情愛を旨とするという基本線は守られている。

後期物語と唐

『源氏物語』から『夜の寝覚』『とりかへばや物語』へとつながる物語の流れを、女の生き方を追求した「女の物語」の系譜としてとらえる見方がある〔辛島、二〇〇二〕。『源氏物語』は、平安朝の現実の中で、日本人の価値観に沿った理想的な女性像を提示しつつ、そうした女性たちの生きがたさをも描いていた。中の君という女性を主人公に据える『夜の寝覚』は、その方向をさらに推し進めたともいえる。そのリアリズムや、女君たちの心理描写の精細さが、平安仮名文学の一つの達成であることは間違いない。しかし一方で、そうした物語がいささか重苦しい印象を与えることも否めない。物語が所詮は娯楽読み物であることを考えれば、なおさらである。

そのような中、『浜松中納言物語』は、唐の女性という条件つきで、一風変わった女君たちを造型した。もっとも、この作者の意識としては、単に異国の珍しい人物像への興味からそのように描いたに過ぎなかったのかもしれない。しかし、そうした唐の女性たちを一つの手本として、舞台を日本に戻し、「唐風」を「男性的」へとずらすことによって、『とりかへばや物語』の女大将という新しいタイプの女主人公が、「女の物語」に誕生したのではないだろうか。

漢籍からの直接的な摂取という形でなくとも、「唐」という異国は、やはり物語の世界に刺激を与えつづけていたのである。

3　転換期の物語

物語の変容

『浜松中納言物語』『とりかへばや物語』ともに、『源氏物語』の絶大な影響の下で、それぞれ『源氏物語』とは異なる女性像を創り上げていた。その他の物語となると、ほとんどが散逸しているため詳細は不明である。しかし、たとえば『心高き』『朝倉』[63]といった名の、「女の幸い」を主題とする物語が複数あったことが知られている[小木、一九六一]。さほど身分の高くない、女房階級出身の女主人公が、貴公子に愛され、その子を産むことによって出世するというパターンの物語である。こうした物語の発想も、おそらく淵源は『源氏物語』に求められる。しかし、「女の幸い」に重きを置くという点では、『源氏物語』とやや志向を異にしていたようである。このような物語の流行は、物語の作者でもあり読者でもあった当時の女性たちの、好みや願望の現れと考えるのが自然であろう。

(63) いずれも散逸物語だが、『無名草子』の記述などから、おおよその内容が推定復原されている。

『とりかへばや物語』の女大将が、宇治を出奔して都に戻ってきた後、帝の后となって世俗的栄達を遂げることも、こうした傾向の延長線上にあると考えられる。女大将を見そめた帝は、過去に別の男性と関係があったことを察しつつも、自分の「心ざしにまかせて」后に据えたところで何の問題があろうかと、思いをめぐらしている。こうした帝のあり方も、更衣への寵愛を批判されていた『源氏物語』の桐壺帝と比べると、大きな懸隔がある。摂関政治期の天皇と異なり、誰に憚ることなく愛する女性を厚遇することのできた、院政期の帝王像の反映であろうか。物語もまた、現実社会の変化を反映して、変容しつつあった。

やがて時代は平安から鎌倉へと移行する。ちょうどその転換期に作られたことがわかっている物語のうち、『松浦宮物語』『在明《ありあけ》の別《わかれ》』という二作品が現存する。この二作品は、それぞれ『浜松中納言物語』『とりかへばや物語』を継承するものでもある。一つずつ見てゆこう。

『松浦宮物語』

まず『松浦宮物語』(64)は、『浜松中納言物語』と同じく唐土を舞台とする物語である。主人公 橘 氏忠《たちばなのうじただ》が遣唐使として渡唐するという点、『うつほ物語』を模倣するところも大きい。

(64)『無名草子』に、「定家少将の作りたる」物語の一つとして紹介される作品。成立は文治《ぶんじ》五年(一一八九)～建仁《けんにん》元年(一二〇一)の間か。全三巻。

氏忠の在唐中、唐では皇帝が崩御した後に反乱が起こり、跡を継いだまだ幼い帝は都落ちを余儀なくされる。その乱の平定に力を発揮したのが、幼帝の母后である。臣下たちが敵の勢いに恐れをなす中、母后は彼らを鼓舞激励するばかりでなく、自ら戦略を立て、反乱軍を撃破する。平和が回復し都に戻ってからも、母后は幼帝を補佐・教導して、古《いにしえ》の聖人の世に匹敵するような善政を布《し》く。こうした母后のあり方は、「世のまつりごとかしこう」と言われた『浜松中納言物語』の唐の一の后をさらに発展させた体であるが、軍事・政治といった公の世界に関与する后の姿が、ここまで具体的に描かれた物語はほかに見出しがたい。

この母后のモデルとして、『後漢書《ごかんじょ》』皇后紀に見える、和熹鄧皇后《わきとうこうごう》(65)という人物が指摘されている[萩谷、一九九七]。それ以外にも、『松浦宮物語』には、史書・経書から詩文・伝奇小説に至る漢籍が、さまざまなレベルで利用されている。この物語の作者は藤原定家(66)(一一六二—一二四一年)であることがほぼ定説であるが、いずれにせよ、漢籍の素養を十分に備えた男性貴族であることは疑いないだろう。

物語に描かれた兵乱においては、主人公の氏忠も大活躍する。日本では弓矢の扱い方も知らなかったという氏忠だが、母后の委嘱を受けて全軍の指揮をとり、住吉明神の加護を得て敵の大将を討ち取るという働きを見せるのである。一介の日本人が大国・唐の国難を救うという展開や、母后の発言の中にある、日本は「兵《つわもの》の国」

(65) 後漢の和帝の后。和帝が崩御した後、皇太后として殤帝《しょうてい》・安帝《あんてい》という二代の幼い皇帝を後見し、朝政に携わった。

(66) 『新古今和歌集』(一二〇五年)撰者の一人。当時の歌壇を代表するとともに、後世まで和歌や連歌の世界で尊崇された歌人。物語との関係も深く、『伊勢物語』『源氏物語』の書写・校訂や注釈に携わったほか、物語の和歌を抜き出して歌合形式に並べた『物語二百番歌合』を作成している。

であり「神の守り強く、人の心賢《かしこ》かんなり」という言葉からは、『松浦宮物語』とほぼ同時代に作られた『吉備大臣入唐絵巻《きびだいじんにっとうえまき》』(67)にも通じる、異国に対する優越意識が窺われる[小峯、二〇一八]。

『源氏物語』からの脱却

一方で、日本の女性と比べた時の唐の女性への評価は、正反対といってよい。たとえば、氏忠に戦への加勢を依頼する母后の様子は、「きよらにうつくしうらうたげ」と形容され、だからこそ氏忠も見捨てることはできなかったという。もう一人、華陽公主《かようこうしゅ》(68)という女性については、「髪上げ」した姿も事々しくはなく、「あてになつかしう、きよくらうたげ」だと評価している。氏忠には日本に神奈備皇女《かんなびのみこ》という思慕の対象がいるのだが、その人も華陽公主に比べると「鄙《ひな》び」ている(田舎くさい)とまで言われる。『源氏物語』や、『源氏物語』の価値観を踏襲する『浜松中納言物語』とは逆転して、唐の女性こそ「なつかしう」「らうたげ」であり、日本の女性の方が劣るという意識が見られる。

『源氏物語』とのもう一つの大きな違いは、あからさまな伝奇性である。物語の最後の方で明かされるところによると、氏忠と母后とは前世においてともに忉利天《とうりてん》(69)の天衆であり、唐の国難を救うため、帝釈天《たいしゃくてん》のはからいでこの世に派遣されたの

(67) 一二世紀末頃、後白河院のもとで制作された絵巻。ボストン美術館所蔵。遣唐使として渡唐した吉備真備《きびのまきび》が、唐の人にその才を恐れられて幽閉され、さまざまな難題を出されるが、阿倍仲麻呂《あべのなかまろ》の霊の化した鬼に助けられ切り抜けるという物語。

(68) 唐の皇帝の妹で、氏忠に琴の秘曲を伝授する女性。後に日本に転生し、帰国した氏忠と夫婦となる。

(69) 仏教の世界観で、欲界《よくかい》(欲望にとらわれた衆生の住む世界)の第二天にあたる天。須弥山《しゅみせん》の山頂にあり、その中央には帝釈天が住むという。

だという。氏忠は華陽公主とも「蓬萊の仙宮」で結んだ契りがあるらしく、この二人の異国の女性に親近感をおぼえるのは、むしろそういった因縁によるのかもしれない。『源氏物語』以降、後期物語において非現実的要素が復活したことは前節で述べたが、それでも部分的なものにとどまっていた。それに対し、『松浦宮物語』は主要な登場人物がみな天人・仙女の生まれ変わりであるという形で、伝奇性を前面に打ち出す。

このように、『源氏物語』を基準とした場合、『松浦宮物語』はかなり異色の物語だといわざるを得ない。その異色さは、物語の舞台を藤原京の時代（六九四—七一〇年）という古代に設定する点、しかも、「貞観《じょうがん》三年（八六一）にこの本を書写した」という一文を末尾に書きつけ(70)、物語の成立自体を古く見せかける点にも現れている。『源氏物語』を遥かに遡る、国風文化以前の物語という設定なのである。

『松浦宮物語』は、『源氏物語』の影響を脱し、『源氏物語』以降の物語の流れとは別の路線を行こうとしているらしい［安達、二〇〇七］。藤原定家といえば、『古今和歌集』以来の伝統的な和歌の世界に革新運動を巻き起こし、いわゆる新古今調の歌風を確立した歌人として知られる。定家に物語文学を刷新しようとする意識がどれほどあったかはわからないが、何か新しいものを目指していたことは確かであろう。

(70) 書写者による奥書《おくがき》のような体裁をとっているが、実際は作者自身が記したものであり、「偽跋《ぎばつ》」と称されている。

(71) 漢文体の説話集。一一世紀末から一二世紀初めの成立か。全三巻で、中国と天竺（インド）の故事・説話を収める。幼童教育のために作られたものらしい。『今昔物語集』が利用した資料の一つとされる。

(72) 天竺・震旦《しんたん》（中国）・本朝（日本）の三国にわたる仏教説話・世俗説話を集成し、分類した説話集。全三一巻だが、一部の巻は欠損している。一二世紀前半の成立か。

一二世紀には、『注好選《ちゅうこうせん》』(71)『今昔《こんじゃく》物語集』(72)といった説話集や、歌学書の『俊頼髄《としよりずい》脳《のう》』(73)などに中国の説話が多く収められ、漢故事を歌物語風に仕立てた『唐《から》物語』(74)のような作品も作られた。『松浦宮物語』が中国の歴史や故事を多く取り込むのは、こうした時代的関心と無関係ではあるまい。また、『松浦宮物語』の戦乱の場面で使われる語彙・表現には、『平家物語』などとの共通点も見られる。説話、軍記物語といった、中世の新しい文学とも接点を持つ作品なのである。ただし、やはり異色すぎたせいか、後続の物語に『松浦宮物語』と同趣のものを見出すことは難しいようである。

(73) 源俊頼(一〇五五—一一二九年)著。一一一〇年代前半に、藤原忠実《ただざね》の娘泰子のため、和歌を詠むにあたっての手引書として作成された。

(74)「長恨歌」をはじめ、『白氏文集』『蒙求』などに見える中国説話二七編を、流麗な和文に翻訳し、和歌を添えたもの。作者は藤原成範《しげのり》(一一三五—一一八七年)とする説がある。

『在明の別』

次に、『在明の別』(75)(**図11**)は、『とりかへばや物語』と同じく男装の姫君を主人公とする物語である。ただし、『とりかへばや物語』のように兄妹が立場を入れ替えるわけではない。『在明の別』の主人公は関白の一人娘で、家に跡継ぎが生まれなかったため、男子として育てられたという生い立ちである。後に女の姿に戻り、帝の后となって栄華を極める点は、『とりかへばや物語』の女大将と共通する。

『在明の別』は、女主人公の男装という点こそ奇抜であるものの、その他の面では『源氏物語』の影響を色濃く受けた、正統的な物語である。そればかりでなく、

(75)『無名草子』に、「今の世の物語」の一つとして名を挙げられる作品。全三巻。男装の女主人公が活躍するのは主として巻一で、巻二・巻三は次世代の人物を中心に物語が展開する。

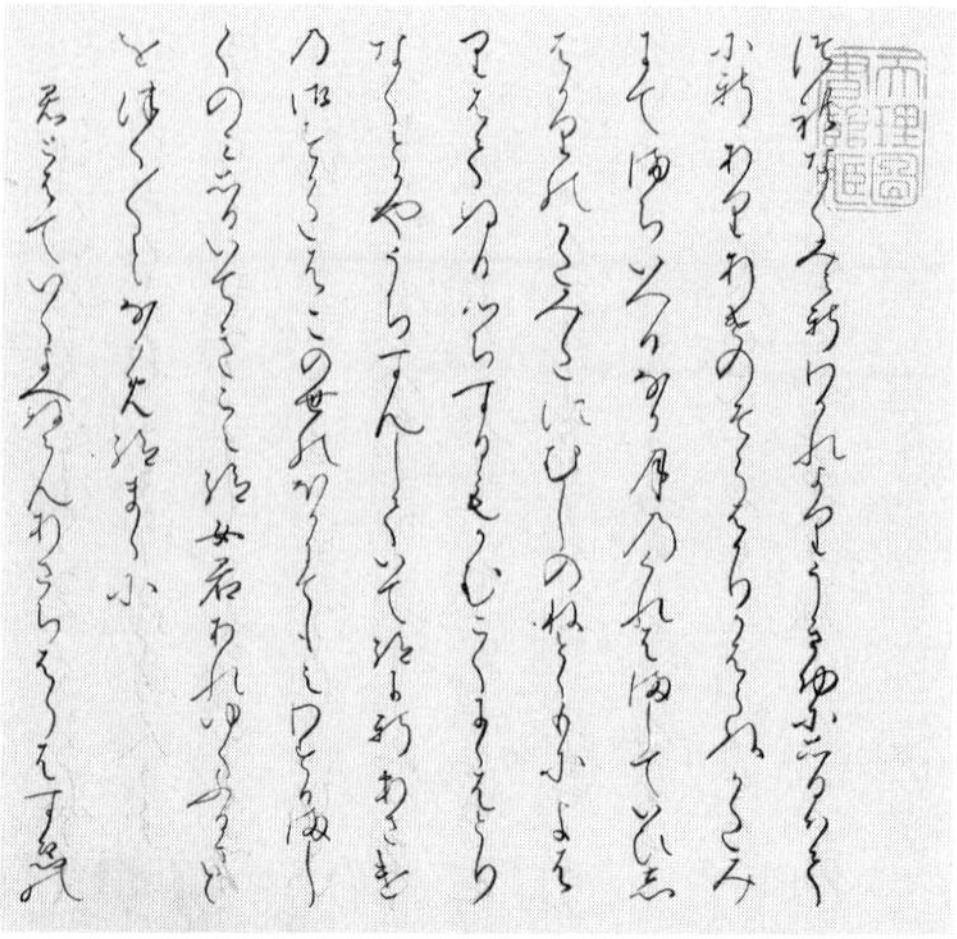

図 11　『在明の別』冒頭部分（天理大学附属天理図書館所蔵）

この物語は、『源氏物語』が執筆された時代——つまり藤原道長の時代をも強く意識しているところに特色がある。

そのことは、たとえば、帝の后となった主人公が二人の皇子を産み、その二人がやがて帝・東宮（皇太子）として並び立つという物語展開に現れている。しかもその時点で、主人公の父関白も健在であった。そのような事例を史実に求めると、摂関政治期といえども決して頻繁にあることではなく、該当するのは道長・彰子の父娘のみである。道長は、彰子の産んだ二人の外孫（後一条・後朱雀）を天皇と皇太子に据え、外戚の地位を安泰にしてから亡くなったが、『在明の別』の関白も同様である。『在明の別』には、その関白の臨終にあたって、二人の孫——帝と東宮が相次いで見舞うという場面がある。実は道長の臨終の直前にも、同様の出来事があった。その模様は『栄花物語』(76)に詳細に記されており、『在明の別』はその記述を参照しているらしい。このように、『在明の別』は、『栄花物語』のような歴史物語を主な資料として、史上の人物、それも、二〇〇年近くも遡る時代の人物をモデルにとり、物語の叙述に生かしている。

一二世紀後半は、保元《ほうげん》・平治《へいじ》の乱、治承《じしょう》・寿永《じゅえい》の乱といった合戦が相次ぎ、貴族社会もめまぐるしく変動していた。ちょうど同じ頃から、『源氏物語』の注釈が作られたり、『源氏物語』から本歌取りした和歌が詠まれたりと、単なる娯楽の域を超えて、『源氏物語』への関心が高まってくる。『源氏物語』は、王朝文化の最も栄えた時代の象徴となりつつあった。そうした風潮を反映するかのように、物語創作の側では、道長の時代、ひいては『源氏物語』の時代への懐古・憧憬のような作品が生まれたのである。

王朝文化への懐古

『在明の別』のこうした性格は、物語が成立した環境に由来するであろう。この物語は、年号でいえば文治《ぶんじ》(一一八五—一一九〇年)の終わりから建久《けんきゅう》(一一九〇—一一九九年)の頃に、摂関九条家(77)と近しい人物によって制作されたと考えられる[金光、二〇一七]。平家滅亡後のこの時期、摂関の職についた九条兼実《かねざね》は、後白河法皇や源

(76) 宇多天皇から堀河天皇の時代までの宮廷社会の歴史を編年体で記す歴史物語。全四〇巻で、正編(巻一～巻三〇)は藤原道長の栄華を中心に描き、続編(巻三一～巻四〇)はその子孫たちの動向を語る。

(77) 五摂家の一つ。藤原忠通《ただみち》の三男兼実(一一四九—一二〇七年)を祖とする。藤原定家やその父俊成も九条家との関係が深く、兼実の弟慈円《じえん》や次男良経《よしつね》らと盛んに和歌の会などを催していた。

頼朝らと緊張関係を保ちつつ、政治の立て直しを図っていた。そのような中、文治六年（一一九〇）正月には、兼実の長女任子の入内が執り行われる。その儀式にあたって参照されたのが、彰子入内の先例であった。たとえば、入内の調度品として屏風を新調し、そこに記す和歌を歌人たちに詠ませたのは、道長が彰子入内の際に行ったことをまねたものである。[78]

兼実以前、藤原氏は摂政関白の地位こそ受け継いでいたものの、長らく天皇の外祖父とはなれない事態が続いていた。任子の入内は、天皇との外戚関係を再び構築し、摂関家の復権を果たすことを願ってなされたものである。その際、摂関政治の全盛期を築き上げた偉大な先祖である道長を手本と仰ぐのは、決して不自然なことではない。また、そうした意識は兼実の周囲の人々の間にも浸透していたことであろう。

『在明の別』は、そうした風潮を反映して作られた物語だと推測される。物語の中で女主人公と父関白の達成した栄華は、あたかも道長の時代を再現するかのようであり、同時に、兼実の願望を形象化したものであるようにも見える。

『在明の別』のような平安末期以降の物語は、かつては「擬古《ぎこ》物語」と呼ばれ、時代の変化にもかかわらず『源氏物語』に追随する懐古的な作風のために、低い評価を受けがちだった。だが、近年は「中世王朝物語」という新たな呼び名が定着し

（78）任子入内の折の屏風歌は、「文治六年女御入内和歌」として現存する。彰子入内の屏風和歌作成については、『御堂《みどう》関白記《かんぱくき》』『小右記《しょうゆうき》』『権記《ごんき》』といった日記や『栄花物語』に記録がある。

つつあり、それぞれの作品の再評価も進んでいる。『在明の別』が確かに懐古的な性格を持っていることは否定できない。しかし、その背景には、現実に道長の時代の再現を志していた兼実の悲願があり、その願いを共有する人々の思いがあった。単なる懐古趣味と片づけることはできないのである。

引用・参考文献

安達敬子、二〇〇七年「『松浦宮物語』の方法」辛島正雄・妹尾好信編『中世王朝物語の新研究──物語の変容を考える』新典社
池田利夫、一九八九年「浜松中納言物語に於ける唐土の問題」『更級日記　浜松中納言物語攷』武蔵野書院
大谷雅夫、二〇〇八年「『蜻蛉日記』と漢文学」『歌と詩のあいだ　和漢比較文学論攷』岩波書店
小木　喬、一九六一年『鎌倉時代物語の研究』東宝書房
金光桂子、二〇一七年『中世の王朝物語　享受と創造』臨川書店
辛島正雄、二〇〇一年『中世王朝物語史論　上巻』笠間書院
河添房江、二〇〇五年『源氏物語時空論』東京大学出版会
倉又幸良、一九九三年「『竹取物語』の帝物語──『漢武帝内伝』からの離陸」『中古文学』51
小峯和明、二〇一八年『遣唐使と外交神話　『吉備大臣入唐絵巻』を読む』集英社新書
新間一美、二〇〇三年『源氏物語と白居易の文学』和泉書院
長瀬由美、二〇一九年『源氏物語と平安朝漢文学』勉誠出版
萩谷　朴、一九九七年『松浦宮全注釈』若草書房
松岡智之、一九九八年「桐壺更衣と和様──美人史上の源氏物語」『源氏研究』3
山本登朗、一九九九年「親と子──宇津保物語の方法」『ことばとことのは　森重先生喜寿記念』和泉書院

横井　孝、二〇一三年『源氏物語の風景』武蔵野書院
渡辺秀夫、一九九一年『平安朝文学と漢文世界』勉誠社

挿図引用文献

小松茂美監修、一九八三年『日本名跡叢刊69　平安　粘葉本和漢朗詠集(巻上)』二玄社
財団法人大東急記念文庫、一九八三年『金澤文庫本　白氏文集一』勉誠社

コラム　中世王朝物語と『栄花物語』

本章第3節で、一二世紀末成立の『在明の別』が、歴史物語である『栄花物語』を資料として藤原道長の時代の実在人物をモデルにとり、登場人物の人物造型に生かしていることを述べた。『在明の別』に先行する『海人《あま》の刈藻《かるも》』という物語も、『無名草子』によれば、「言葉遣ひなども、世継《よつぎ》をいみじくまねびて」(「世継」は『栄花物語』の異名)作られたものだったらしい。

こうした方法は、一三世紀以降の中世王朝物語にも受け継がれる。この時期の物語が『源氏物語』『狭衣物語』など平安朝の物語を著しく模倣していることは、早くから周知の事実であった。それに加えて、近年、おおよそ一三世紀半ば頃の成立と推定される物語のうち複数の作品に関して、『栄花物語』から大幅に表現を摂取している例や、『栄花物語』に基づいて実在人物をモデルにとったと思われる例が、相次いで報告されている(関本真乃『後嵯峨院時代の物語の研究』和泉書院、二〇一八年など)。

この時代、特に女性にとって『栄花物語』は重要な教養の書であったらしい。『十六夜《いざよい》日記』の作者として知られる阿仏尼《あぶつに》(一二二五頃―一二八三年)が宮仕えする娘にあてて記した『阿仏の文《ふみ》』と称される文章の中に、「世継」を読んで代々の帝や后妃の有様を知り、身の振舞いや心の持ち方を学ぶよう諭す一節がある。こうした読書を通じて、『栄花物語』に登場する平安朝の人々は、身近な存在になっていたと思しい。

たとえば、阿仏尼と同時代の女性で、権中納言実《さね》材卿母《ききょうのはは》と呼ばれる人がいる。もとは白拍子《しらびょうし》(舞女)だったらしいが、太政大臣西園寺公経《きんつね》の寵を受け、実材らを産んだ。和歌をたしなんだ人で、歌集が伝わっている。その歌集を繙《ひもと》くと、この女性が『源氏物語』等の物語を愛好していた形跡を随所に見出すことができるが、『栄花物語』をも読んでいたことが、次のような例から察せられる。

文永《ぶんえい》四年（一二六七）、実材が母に先立って亡くなった時のことである。歌集には、「公任《きんとう》の大納言、妹背《いもせ》山《やま》よそに聞くだに、と詠まれけん子《こ》恋《ごい》の森も、わが身に思ひよそへらるる心地して」という詞書《ことばがき》とともに、母の詠んだ悲しみの歌が収められている。「妹背山よそに聞くだに」とは、治安《じあん》三年（一〇二三）に夭逝した愛娘を悼んで藤原公任の詠んだ、

妹背山よそに聞くだに露けきに子恋の森を思ひやらなん（「子恋の森」は歌枕。「子を恋う」の意を掛ける）

という歌を引用したものだが、公任がこの歌を詠んだいきさつは『栄花物語』巻一八に記されている。

実材卿母は後に娘にも先立たれることになるが、その時には『源氏物語』の紫の上が亡くなった場面を思い起こしつつ、哀悼の歌を詠んでいる。『源氏物語』のようなフィクションであれ、『栄花物語』のような歴史物語であれ、物語の中の人々は、実材卿母にとって自らの悲痛な体験に重ね合わせて想起されるほどに近しい存在だった。それは、こうした平安朝の物語が、成熟した和文によって人間の真情を描き出すことに成功していたからでもあろう。

中世王朝物語の作者たちが『源氏物語』や『栄花物語』を利用するのは、王朝憧憬の精神に基づく懐古的な態度であろうけれども、その根底には、この実材卿母のように、決して自らの生きる現実から遠く隔たったものではない、王朝の文化とその時代の人々に対する共感があったと思われるのである。

文の声、読みのあや——漢詩文における国風文化

ブライアン・スタイニンガー

はじめに

七世紀半ば過ぎの天智《てんじ》朝を境に、漢詩文の制作は日本の朝廷儀礼の中で重要な役割を担うようになり、九世紀初めの嵯峨《さが》朝から淳和《じゅんな》朝に編纂された勅撰《ちょくせん》三集(『凌雲新集《りょううんしんしゅう》』『文華秀麗集《ぶんかしゅうれいしゅう》』『経国集《けいこくしゅう》』)がその頂点を示す。そして九世紀後半から、このような唐朝の文芸を外来のものとして排斥して、もとからあったヤマトの風俗を取り戻そうとする復古的な動きが『古今和歌集』の編纂など日本語文芸の世界を中心に見られるようになる。

しかし、和歌の流行にもかかわらず、漢詩文は平安時代を通じて活発に制作され続ける。菅原道真《すがわらのみちざね》が漢詩の制作に尽力したことはよく知られているが、下って藤原《ふじわらの》道長《みちなが》もまた時の漢学者を招きよく漢詩会を主催して、彼らの作品は『和漢朗詠集《わかんろうえいしゅう》』『本朝文粋《ほんちょうもんずい》』など、平安中・後期の文集に収まる。そのため、文学における「国風文化」の問題を考える際には、「漢詩から和歌へ」の推移ではなく、平安以降の日本漢詩文における変容(日本化)という問題がより特徴的なこととして浮かび上がって、これまでも様々に考察されてきた。

本章では、これらの研究成果を踏まえて、一〇世紀の日本漢詩文をパフォーマンス（演出）の面から考察し、そこでこの時期新たに求められはじめたことに中世漢詩文の根源を探り、改めて、平安朝漢詩文における「国風」とはどういうものであったか、その意義を考えたい。

1　「和漢」に映された日本漢詩文

本書「〈国風文化〉への招待」に説かれているように、平安時代（特に一〇世紀以降の摂関期）の文化を「国風文化」と呼称する所以は、概してこの時期に、①直前の八、九世紀に唐朝儀礼を尊重して行われた「唐風文化」の衰退・相対化が見られることと、②次いで中世となって以降、模範とされる文化の興隆がここに認められることとにある。

このことは日本漢文学史においても同様で、平安中期は重要な転換期に当たる。この時代、まず『白氏文集』(1)の渡来と流行が、それまでの日本の古代的な漢詩文のありかたに一つの断絶を起こし、結果としてそれ以降は承和《じょうわ》期（八三四―八四八年）以前の作品が顧みられなくなった〔大曽根、一九九八〕。そして、いわゆる博士家《はかせけ》（菅原家・大江《おおえ》家など、代々一流の学者を生み出した家）の社会的地位が固まるのにつれて、詩文表現にも師弟・家系意識が持ち込まれ、日本固有の作文模範・キャノン（正典）形

(1) 唐代の詩人白居易《はくきょい》（七七二―八四六年）の私集。友人の元稹《げんしん》が八二四年（長慶四）に編んだ『白氏長慶集』を、白居易自身が増補したもの。渡唐僧の恵萼《えがく》が八四四年（会昌四）に蘇州《そしゅう》で筆写して、日本に持ち帰ったが、遅くともこの時期までには日本に伝来した。

成を促していく〔山崎、二〇一〇／大木、二〇一三〕。例えば、近年佐藤道生を中心に、一〇世紀の後半に確立した「句題詩《くだいし》」(2)の研究が特に活発であるが、この句題詩の中でも、「破題《はだい》」（句題の文字を用いずに題意を敷衍する）という技法は、漢詩を作る際の基本に、またその出来の良し悪しを評価する際の基準になっただけでなく、和歌の世界にまで影響を及ぼしていくことになる〔佐藤、二〇一六〕。

概して、平安中後期を通じ、国産の詩文集・秀句集・指南書・金言集などが編集され、消化されるのにつれて、日本の漢詩文は唐の影響から切り離され、自己充足的な小宇宙へと変貌していく。(3)その流れの中で、平安中期の漢詩文表現の結晶として登場したのが『和漢朗詠集』であった。

周知の通り『和漢朗詠集』は一一世紀初期に、有力公卿《くぎょう》の藤原公任《きんとう》（九六六―一〇四一年）によって編纂された摘句集である（**図1**）。酒宴や法要などの場で、詩文の一句を節を付けて、麗《うら》らかに唱える（＝朗詠する）という感動的な場面は『枕草子』や『源氏物語』でよく描かれるが、『和漢朗詠集』はこのような当時の貴族社会の習慣を背景に編纂された。「紅梅《こうばい》」や「帰雁《きがん》」など四季それぞれのイメージで配列された上巻と「松」「山寺」のようなその他のテーマを収める下巻の二巻に分かれ、漢詩文の佳句と和歌を並んで載せる画期的なアンソロジーであり、中世以降も広く流布し、日本の漢詩文においてたびたび引用・参照される基本的な素材となっていく

(2) 句題詩は、古典の漢詩から一句（五字）を抜き出して、それを題として集団でそれぞれ一首の詩（主に七言律詩《しちごんりっし》）を賦《ふ》す、という作詩法である。平安後期では、摘句ではなく、その場に相応しい五字（例えば秋の十五夜の月見会で、「酌酒対明月」という具合に）の「新題」が創作された。

(3) 本章で扱う『和漢朗詠集』（秀句集）、『作文《さくもん》大体《だいたい》』（指南書）、『本朝文粋』（詩文集）の他に、一人の漢詩文を網羅的に集めた私集（菅原道真の『菅家《かんけ》文草《ぶんそう》』など）や辞書類（菅原是善《これよし》の『東宮切韻《とうぐうせついん》』など）も重要な役割を果たした。

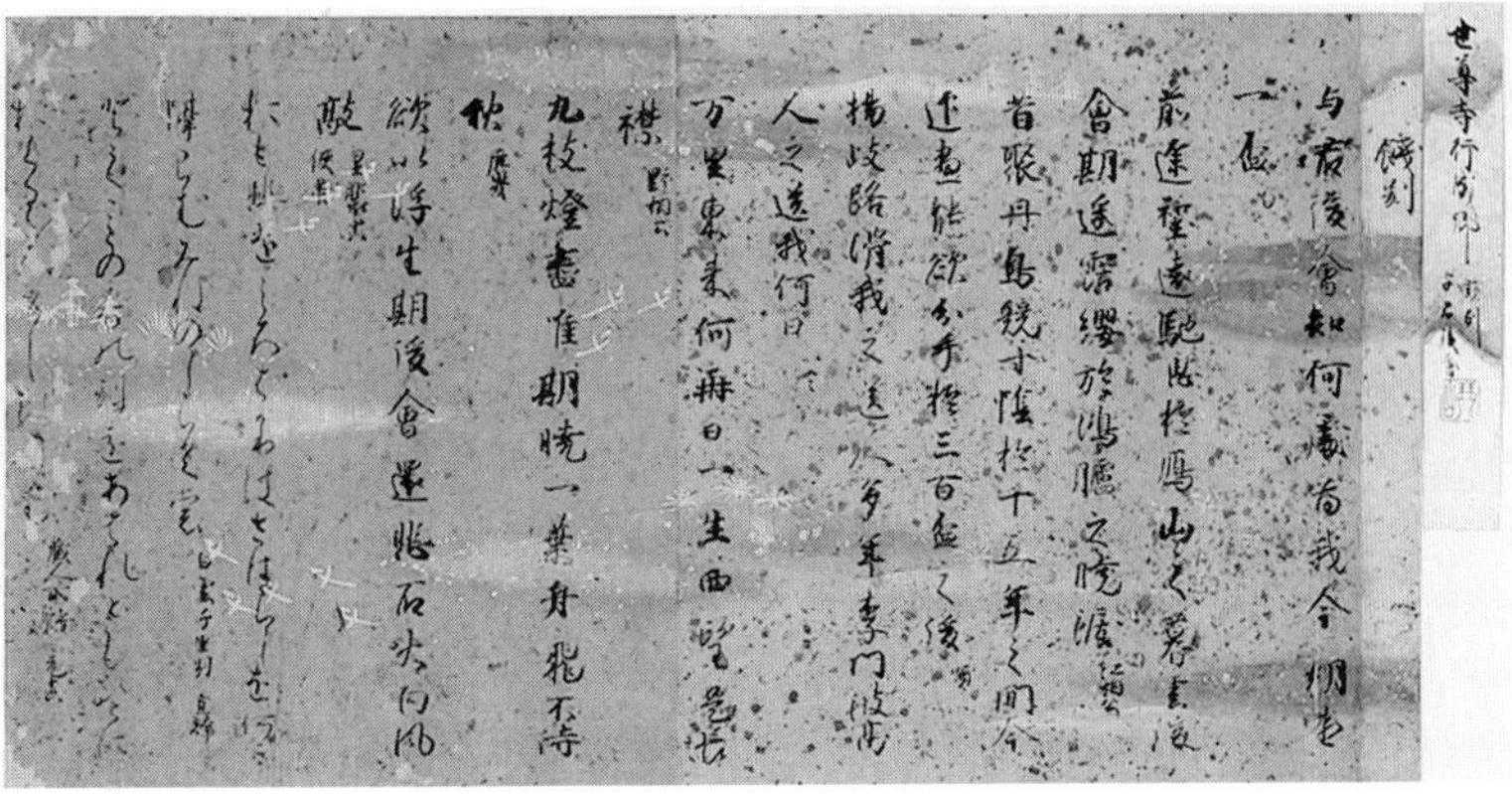

図1 『和漢朗詠集』(京都国立博物館所蔵『大手鑑(八十葉)』より)

[山田、二〇〇九]。

さて、ここで問いたいのは、書名に見える「和漢」の組み合わせが、本文として編まれた詩文とどう対応するかということである。構成としては、各題ごとに作品数の多寡の差はあるものの、およそ全体に渡って、一つの題の中に五項立てという構造を守っている。すなわち、①中国由来の駢儷文《べんれいぶん》(4)から抄出した対句(長句)、②同じく中国由来の詩(主に律詩《りっし》)からの一聯《れん》、③日本で作られた長句、④日本で作られた詩聯、そして最後に⑤和歌という構成である。この①〜⑤を、「和・漢」でどう分けるべきか。つまり「漢詩文と和歌」(漢四・和一構成)と考えるべきか、それとも「漢土(で作られたもの)・倭国(で作

(4) 漢文の文体の一つ。ほぼ全編が対句で構成され、四字句・六字句を用いることが多いため、四六駢儷体とも言う。

られたもの)」(漢二・和三構成)と考えるべきか。

つとに大正時代の漢文学者・柿村重松がこの問題を取り上げている。柿村は、この頃の詩会の記録に「和漢任意」というのがしばしば見え、その場合は同じ題目に対して漢詩を作っても和歌を作っても構わないという意味であるから、「和漢」は「和歌と漢詩文」の意味とした[柿村、一九七三]。傾聴すべき見解であるが、まだ疑問が残る。まず和歌の数の割合(全体の二七%)からいって、和歌と漢詩文は二項対立になっているとは言い難い。そもそも当時の文献で用いられている表現から考えるのであれば、「朗詠」は記録類などで見る限り、専ら漢詩文の詠唱について使われており、和歌を口頭で唱えることが「朗詠」に含まれなかったのは、青柳隆志が考証した通りである[青柳、一九九九]。

これに対して三木雅博は、『和漢朗詠集』の平安期の古写本巻末に記された『和漢抄』という題名に着目して、それが『後拾遺和歌集《ごしゅうい》』(5)序の記述「大納言公任卿(中略)やまともろこしのをかしきこと二まきをえらびて」と対応するのであれば、むしろ「日本と唐土の秀作」という理解になる、と提起した[三木、二〇一三]。当時、日本漢詩文に対して、その国産性を強調して扱う傾向が強かったことは、『日観集』(九四五年頃)を始め、『扶桑集《ふそうしゅう》』(九九七年頃)、『本朝麗藻《れいそう》』(一〇〇八年頃)、『本朝文粋』(一〇六六年以前の成立)など、「日本」を意味する表現をタイトルに付ける一連

(5) 一〇七五年に白河天皇の勅命により、一〇八六年に藤原通俊《みちとし》によって完成された勅撰和歌集。

の詞華集の編纂によって裏付けられる。[6] 小原仁は川口久雄の論述〔川口、一九五一―一九六二〕を受けて、この現象を「本朝意識」と称して、摂関期における価値観変容の下に生じた、文人貴族の自己確認として捉える〔小原、二〇〇七〕。『和漢朗詠集』のタイトルにおける「和漢」をどう捉えるかということは、些細な解釈の問題に過ぎないかもしれないが、同時に平安文化における漢詩文の奇妙なあり方をよく示してもいる。すなわち日本で読まれたり作られたりしたという地域性から見れば「和」であり、漢詩文であるという様相から見れば「漢」である。以下はこの二重性に着目しつつ、平安漢詩文の制作・受容の現場復元を試みることにより、この自他意識の問題をもう少し詰めたいと思う。

(6) また、今に伝わらないが、『本朝詞林』『本朝秀句』などという詩文集の名前が院政期の文献に見える。

2 観念的あや・体感的あや

漢代以来形成された中国古典思想は、「天文」などと言うように星の動きや四季の進行に宇宙的・普遍的・倫理的なパターンを認めて、この整然とした秩序を「文」、つまり「あや」と呼んだ。このようなパターンはまた、『文心雕龍《ぶんしんちょうりょう》』(五世紀末成立)に「言《げん》立ちて文《ぶん》明らかなる」と記された通り、人間の言語行為にも認められ、このような文《あや》を追求し練磨した言語による作品が「文章」として重視されるようになる。このようにテキストにおける文彩《ぶんさい》は付属的な飾りでなく、天地万物のパターンにも繋がるから、「天文を観て、以て時変を察し、人文を観て、以て天下を化成す」(『周易《しゅうえき》』賁卦彖伝《ひかたんでん》)べきとされる。飛鳥時代以降、日本はこの思想を大陸から吸収して、例えば勅撰三集は詩文の制作を、君主が自らの治める社会を把握し、倫理的風化を行ったり、その徳を知らしめたりするために必要不可欠なことと主張したのである。(7)

当然、このような考え方は、逆に詩文に大自然の原理を思わせる韻律・文彩を要求する力として働くようになる。そうして、その要求に応えうるような詩文を実際にどのように作り、また評価するべきかということについては、平安時代の貴族や官人たちの間で激しい議論や試行錯誤が絶えず行われていた。例えば『本朝文粋』(8)に収録された一連の「省試詩論」(9)では、このときすでに制度化されていたはずの作文試験の評価に関連して、中国では六朝《りくちょう》から唐にかけて変わってきた声律《せいりつ》(平仄《ひょうそく》)の規則や、中国の文献と日本の先例との矛盾について討論が交わされている。またこのような白熱した議論が、博士家出身の大江匡衡《おおえのまさひら》と、それとは無縁の「成り上がり」の学者紀斉名《きのただな》の対立から引き起こされたものだったということも、一見修辞の問題に過ぎないものが、当時の社会における権威の問題とも密接な関係にあったことを物語る。

(7) このような「文章《もんじょう》経国《けいこく》思想」についてかつてから議論があるが、[滝川、二〇一五]がよく整理している。

(8) 藤原明衡《あきひら》編纂の漢詩文集。全一四巻とみられる。辞表や願文など、四六駢儷体による公式の文章を種々収録する。

(9) 九九七年に起こった、式部省が行った作詩の試験の評価をめぐる論争である。詳細は[濱田、二〇〇六]を参照。

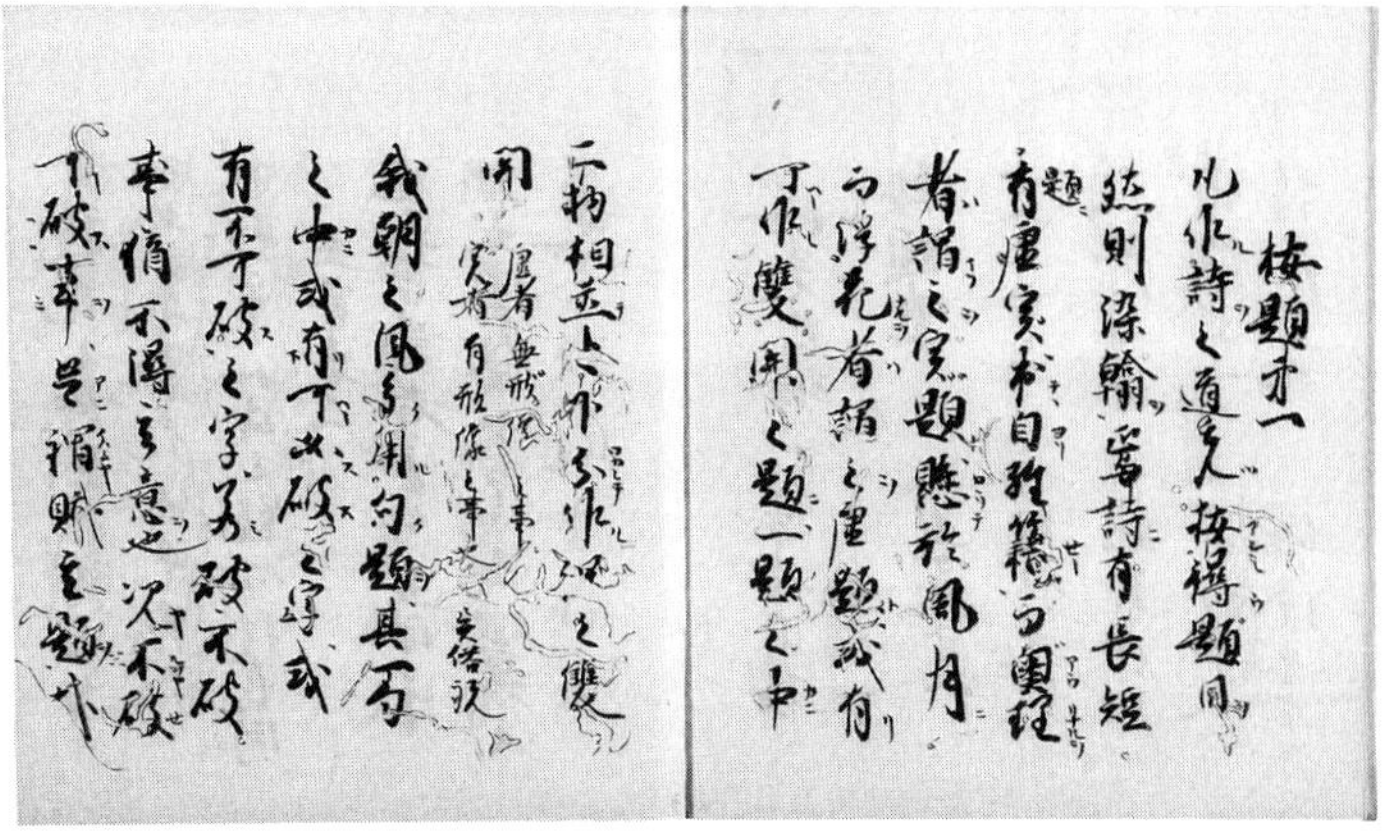

図2　『作文大体』(宮内庁書陵部所蔵)

こうした文章制作のあり方をうかがうことのできる貴重な資料として、ここでは平安時代の漢詩文制作指南書『作文大体《さくもんだいたい》』を取り上げたい（**図2**）。平安時代の伝本がなく、加筆と再編纂を経た状態で残るが、そのうちの一つである観智院《かんちいん》本の中の「十則《じっそく》」部は漢詩を制作する際の基礎を説明したもので、一〇世紀にまとめられた原初形態に近いらしい［山崎、二〇〇二］。以下、題目を上げて内容を要約する。

案題第一　（予め決まった）題をよく吟味してから作詩に取り掛かること

五言第二　五言詩の例

七言第三　七言詩の例

句名第四　律詩（八句）の四聯のそれぞれの呼称
詩病第五　声律の避けるべき表現
字対第六　対句の種類
調声第七　律詩における平仄の基本構造
翻音第八　反切《はんせつ》という、漢字の清濁・声調などの示し方
用韻第九　押韻《おういん》の説明
俗説第十　（以下で説明する）

これは初心者向けのしおりとして、時系列的に作詩の手順を説明したものと思われる。多くの場合、詩会ではだれかがその場に相応しい題を決めておき、参加者が皆同じ題に対して詩を賦すが、第一則はその題の重要性を説明する。そして、第二則から第九則までは韻律・句数・平仄・対句・押韻という、漢詩の形式的な決まりを一々たどる。これらは『文鏡秘府論《ぶんきょうひふろん》』(10)が収める唐の詩論とほとんど一致しており、先に説明した古代中国の宇宙的文彩の理解をそのまま受け継いでいる。

しかし、こうして第九則までに示された方法により作り上げた詩が実際に披露される場——紙の上に築かれた内容を詩会で声に出してよみあげる段階——を扱う第十則「俗説」に入ると、それまでの詩論とまったく無縁の説が出てくる。以下引用してみよう［小沢、一九六三］。

（10）空海《くうかい》が六朝・隋《ずい》・唐の詩論書を引用したり、要約したりして編纂した体系的な詩学書。八二〇年以前成立。

凡《およ》そ俗説は、世俗所伝の説なり。その説に言ふ、作詩の時、ただ題を按じ病を避くるのみにあらず、兼ねてその破文・調声を労すべし、と。何となれば破文《はもん》読み難きは、詞迂《ことぼう》にして義疑はし。調声《ちょうせい》を労せざれば、吟詠に妨げ有り。或いは忌諱《きい》を犯して、人の咲《わら》ふ所となる。「朱門」「赤雁」「発枝柯」「感無端」の類これなり。或る人、花を賦するの詩に「発枝柯」三字を用ゐて、同音の朗詠に至りては験僧《げんそう》の放咒《ほうじゅ》に似る。又或る人の詩、「感無端」三字を用ゐて、その破文を読むに至りては貧家の「紙の端も無い」と称するに似ると云々。かくの如きの類、宜しく忌を避くべし。

（原文は漢文）

少し簡略化した表現のため今一つわかりづらいので、丁寧に見てみよう。まず「世俗」（普通は明文化されない、習慣的な、という意味合いか）の習いでは、「按題避病」（これまでの九則で示された作詩法）に加えて「破文」と「調声」に気を付けないといけない、と言う。これは、続くくだりや当時の他の文献から判断できるように、それぞれ「訓読(11)」と「音読(12)」という、詩に対する二つの演出法のことを言っている(13)。紙の上で諸規則に適《かな》っても、この詩が「吟詠」され（よみあげられ）たらどう聞こえるかが肝要であるという。この時代、貴族官人にとって漢詩を作ることは、何よりもまず、饗宴など公式の場で、他の参加者を前にしてやりこなすべき課題であった（**図3**）。それが口頭でよみあげる際の演出方法によって、例えば花鳥風月を

(11) 元の漢文を、日本語の文法に従って読み下していく唱え方。

(12) 漢文をそのまま字音で返り点に従わずに読む唱え方。

(13) 「破文」の用例は正倉院文書の優婆塞貢進解《うばそくこうしんげ》（『大日本古文書（編年文書）』巻八）。「調声」については『文鏡秘府論』天巻「調声」にあり、文章の字音（平仄、清濁など）を調える意味で使われる。

詠んだつもりで作った詩を音読で唱えた声が僧侶の呪文に聞こえたり、感激無窮の表現が訓読のよみあげのせいで貧乏人の愚痴に聞こえたりするような失敗は、周りの同僚・競争相手に笑い飛ばされかねない最悪の展開であるから、このような「忌諱」にはくれぐれも注意しろ、というのである。

図3 内宴の様子．公卿たちが天皇の前で漢詩を披露している（『年中行事絵巻』国立国会図書館所蔵）

ここで注目したいのは、『作文大体』が描く平安中期の常識では、漢詩が訓読を通して受容されることが前提となっていることである。訓読（あるいは訓読的な読解方法）を匂わす木簡・金石文はすでに七世紀から少数ながら例が見られるが、時代を追うにつれてその用例がひろがっていく。日本における文字の普及と不可分の事象と言うべきだが、平安時代初期には、いまだ公の場では多分に神秘的でエキゾチックな響きを持つ「音読」が重視された。例えば今でも仏教の儀式で行われる経典の読み方がその趣旨を踏まえる。そのため、平安初期では漢字音の研究が公式に奨励されたが、平安後期になると公家の間では字音の研究がおろそかにされはじめたようである。(14) その代わり訓読の利用が目立つようになったことは特に一条朝(九八六—一〇一一年)以降は明白であり、例えば天皇家の「御読書始(15)」儀式における点図(訓点の見本)(**図4**)の利用や、儒者に唐詩集を加点(16)させる勅令などがそれを物語る。(17)「俗説」を見る限り、漢詩において音読と訓読の併用が想定されているようであるが、教科書はいつの

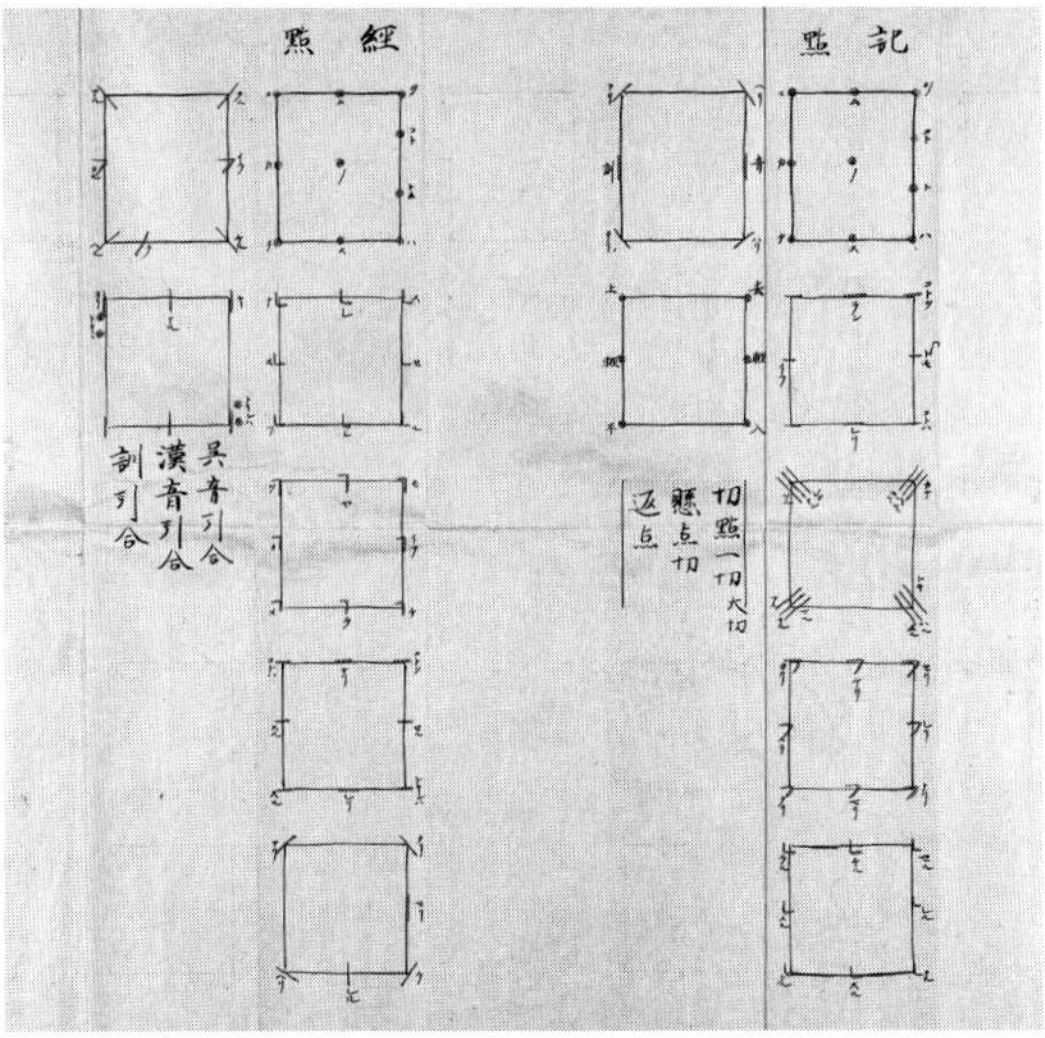

図4 「点図」の例(佐藤道生氏所蔵『点図集』より)

(14) いわゆる「漢音奨励」については、[湯沢、一九九六]の考察が詳しい。平安後期になると、儒者の第一の晴れの場であった釈奠《せきてん》(孔子やその弟子を祀る儀式)においてさえ、漢字音の研究を担った音博士は日常会話的な音読み(いわゆる「和音」)を使ったという(『江《ごう》家《け》次《し》第《だい》』巻五「釈奠」)。

(15) 少年が正式に学問に取り掛かる時に行われる、いわば入学式である。通常『孝経《こうきょう》』が教科書として使われた。

(16) 訓読の読み方を示すために訓点をつけること。

(17) 『江家次第』巻一七「御読書始事」、『江《ごう》談《だん》抄《しょう》』巻五「斉名不点元稹集事」。

時代にも保守的なものなので、実際には当時すでに訓読による読誦が主流であった可能性が高い。

そして、「非唯按題避病」と、形式(従来の作詩法)とパフォーマンス(よみあげ方)両方への配慮を主張していることに、かつて松浦友久が指摘した「訓読漢詩」の「二重性」が現れている。つまり詩(漢詩文)は、ほとんど「観念的」なものになってしまっていた従来の規則の遵守と、新たにひろまり定着しつつあった、訓読における音声的なリズム・美意識の追求という、二通りの異質な要求に応えようとする存在となった[松浦、二〇〇二]。『作文大体』が教えるのは、「忌諱」という乱れを避けることによって、完全に異質な二側面があたかも対応しているかのように整えるための作詩法なのである。平安中期に始まる漢詩文の変容は、この内的矛盾が最大の原動力となって進んでいく。

3 文章の「和名」

『作文大体』「俗説」からわかるように、主として訓読を通じて文章が受容されるということは、平安中期以降、文章作者にとって平仄や押韻と並ぶ重要な留意点として意識されるようになった。例えば『江談抄《ごうだんしょう》』(大江匡房《まさふさ》の談話に基づいた、一一一

○年頃の説話集）に以下の大江朝綱《あさつな》（江相公《ごうしょうこう》）による漢詩句が載せられている。

誰知秋昔為情盛、三五晴天徹夜遊〈月影泛秋池。江相公。亭〉

この摘句に対して、下記のように、朝綱とその従弟に当たる大江維時《これとき》（江納言《ごうなごん》）にまつわる故事が見える。

古人相伝ふ。昔凶人《きょうじん》有りて相公に告げて曰はく、「江納言常に曰はく、「相公は詩は巧みなるも、才に於いては浅きなり」と」。相公これを聞く。亭子院《ていじのいん》の詩席に江納言必ず講師《こうじ》たらんに、相公この句を作りて、誤りて読ましめんとす。而《しか》るに作者の心の如くこれを講ず。相公大いに感ず。昔は猶《な》ほ夜のごとく、為は猶ほ教のごときなり。(18)

（原文は漢文）

匡房によると、この句は、大江朝綱が宇多《うだ》法皇の亭子院で開かれた詩宴において、「月の影　秋の池に泛《うか》ぶ」という題で賦した詩から抜き出したものである。その背景に、朝綱のライバルであった維時が朝綱の「才」（学問、つまり古典に通じていること）を小馬鹿にしている、という陰口が流れたことがあった。それを受けて朝綱が維時を罠に嵌めようとする。維時が詩宴の講師（参加者が作った詩を皆の前でよみあげる役）を務めることが決まっていたので、朝綱はわざわざ変則的な用法を盛り込んだ——つまり、慣用の訓読みで読んだら出鱈目になる——詩を提出したのである。

匡房の説明によると、この上の句は「昔」を「夜」の意味と、「為」を使役の意味

(18)『江談抄』巻四「誰知秋昔為情盛」。

と解して、「誰か知らむ、秋の昔［よる］の情をして盛りならしむることを」（思いもしなかった、秋の夜がこんなに人を感動させるとは）と読まなければならないものであった。(19) この罠を結局維時が見事に見破るというのが故事の眼目で、恐らく誇張や時代錯誤が多分に入ってはいるけれど、『作文大体』に見えるような、作詩側の読誦に対する不安を朝綱が逆手に取っていることに、平安中期の状況がよく示されていよう。

　詩の作者は訓読を通してのよみあげを予想しながら慎重に表現を選ばなければならず、実際に一〇世紀半ばから日本漢詩文に「訓読的」な修辞法が目立つようになる［工藤、一九八六］。同じように、詩会の講師もその場で訓点のついていない原文を訓読することで学識が厳しく問われる。集団で制作し、受容するという社会的な条件から生まれた、テキストと場との相互規定的な関係がここで見られる。詩は、その時と場を風流に詠み込んだ内容と、洗練された言葉遣いでよみあげることとで行事を成り立たせる仕組みであると同時に、半ば儀式的な饗宴において特定の調子でよみあげられて初めて、その文章たること――すなわち「あや」――が伝えられ、受容されるのである。

　この文章と音声言語の緊張した結合を、早い段階から体系的に捉えようとしたのが、大学寮出身の官人源順《みなもとのしたごう》（九一一―九八三年）である。まだ青年の頃に編纂したらしい『和名類聚抄《わみょうるいじゅうしょう》』は、意義で分類した漢語に対して、（主に中国で編纂された

（19）『文選』巻二七「飲馬長城窟行」の一句「夙昔夢見之」（昨夜、夢に彼を見た）に対して、唐・李善《りぜん》は「広雅に曰はく、昔は夜なり」と注す。「為」の使役助字としての利用は、例えば『周易《しゅうえき》』井卦《せいか》九三爻辞《こうじ》の「為我心惻」に対して、魏《ぎ》・王弼《おうひつ》注に「為は猶ほ使のごときなり」とある。

辞書から転載した）音注と義釈、さらにその字にあてはまる「和名」（大和言葉による訓《よ》み）を付け加える形態を取ることによって、一種の漢和辞典となった（**図5**）。例えば唐・孫愐《そんめん》編『唐韻』(20)の「泊湘」の項目——発音はハクハク、意味は水が浅いさま——に、その語が「ささらなみ」と訓まれるという情報を足して、以下のように記されている。

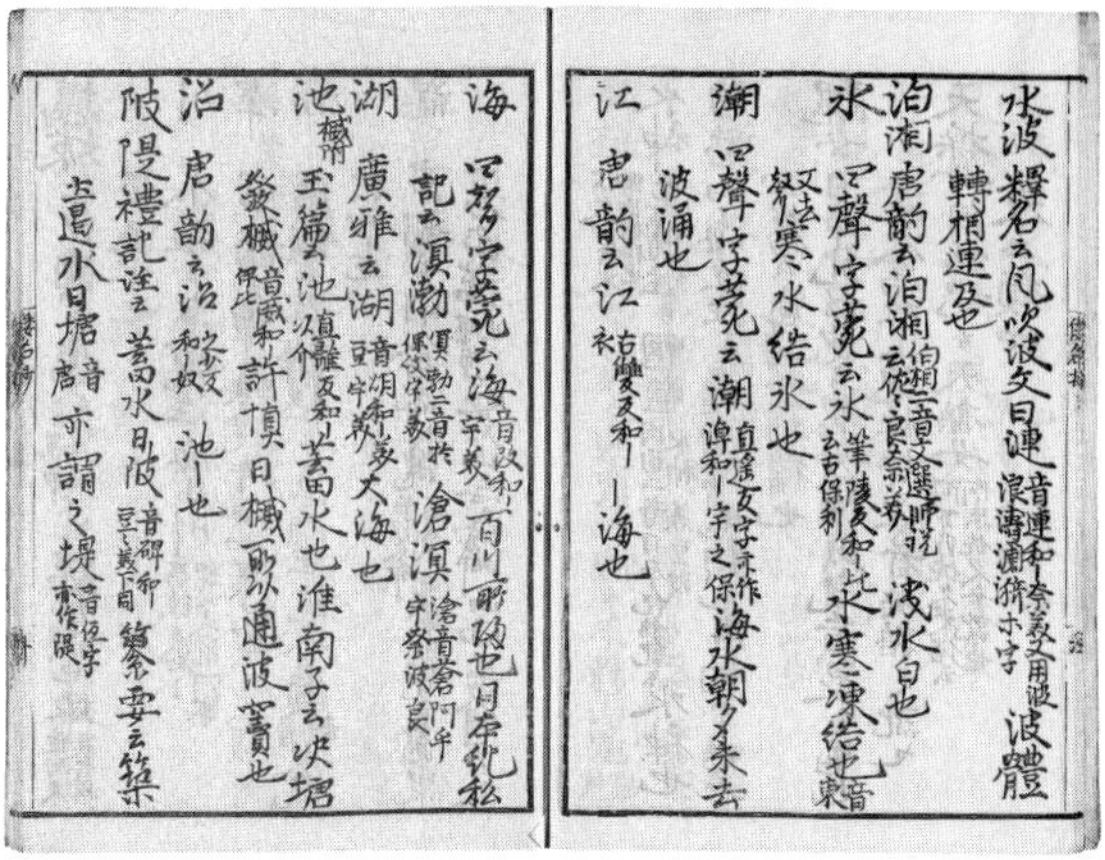

図5　『和名類聚抄』（尾州大須宝生院蔵倭名抄残篇，国立国会図書館所蔵）

泊湘。唐韻云、泊湘〈白柏二音。文選師説云、佐々良奈美［ささらなみ］〉浅水貌也。

同音字で中国語音「ハクハク」を示した後で、順はこの語が見える、『文選《もんぜん》』所収「海賦」(21)にまつわる「師説」（学問的な言い伝え）を参考に「ささらなみ」という和語を付ける。このような例でわかるように、順が扱う

(20) 隋時代に成立した中国の韻書（字音によって分類された辞書）である『切韻《せついん》』を、唐朝八世紀にさらに修訂した書。

(21) 『文選』は中国南朝の梁《りょう》（五〇二—五五七年）の時代に編纂された詩文のアンソロジーで、日本でも学問の対象として非常に重んじられた。三〇巻のうち最初の一〇巻には「賦」が収められ、その中に木華の「海賦」がある。

「和名」の源流は古典に対する訓読の伝統の蓄積にあった。経伝《けいでん》・諸子の書・歴史書の研究は大学寮を中心に行われ続けてきたが、訓点によって一定の読み方が示された写本〈点本〉の作成と伝承も、平安中期から儒家の間に確認される。この教育法が次第に権威付けられ、中世期の博士家の「伝授」は移点〈訓点を他の本に転写すること〉が中心を占めることになる〔小林、一九六七など〕。大学寮などで学問を目指す者は訓点などを利用して、師〈儒家では家督〉に教わった訓み方をきちんと継承することに努めた。饗宴の読誦と同様に、古典の講読も正しい訓み方を守らなければならないという意識は、順の「和名」の背景に強く影響したことだろう。(22)

しかし『和名類聚抄』の序文を見ると、この書の注文主である勤子《きんし》内親王〈九〇四―九三八年、醍醐《だいご》天皇の皇女〉は、「徒《いたずら》に風月の興」〈漢詩文の制作〉だけに役立つ従来の類書に対して、「世俗の疑」の判断を助ける辞書を必要としていたのであって、必ずしも『文選』のような古典作品の訓読語を期待してはいなかったようである。このパトロンの希望と、注文を受けた学者の葛藤をよく示しているのが下記のような項目である。

　煙。四声字苑云、煙〈於賢反。字亦作烟。介不利〔けぶり〕〉火焼草木黒気也。唐韻云、爩〈音鬱。俗語云介布太之〔けぶたし〕〉煙気也。*

「けぶたし」は『源氏物語』を始めとして〈多く女性皇族の周辺で編纂された〉物語・

(22) もちろん、改まった儀式の場の訓読でさえ、実際にはかなり恣意的で複層的なものであったと思われるが、順がそれを「和名」として一括りにしようとしていることに、世界史に繰り返される「自国語」の創出の形が見られる。[Pollock, 2006] 参照。

*（大意）煙。『四声字苑《しせいじえん》』という辞書によると、「煙（字音はエン。字形はまた烟にも作る。（和名は）けぶり）とは、火が草木を燃やす時に出る黒い空気である」と。また、『唐韻』という辞書は、「爩（字音はウツ。通俗な詞ではけぶたしと言う）とは煙った空気である」という。

和歌によく使われている立派な和語であるにもかかわらず、「けぶり」のように饗宴・講読などの正式な訓読の場で使われ得る語、つまり順が思う「和名」の範囲をはみ出すものであった。(23)それを載せながらも「俗語」とことわっておくことが順の折衷案である。ここに、公的な場でよみあげられる文章の演出においては、訓読を用いたとしても世俗の言語世界を超越したものでなければならないという考えが垣間見える[築島、一九六三]。つまり、文章における和語の問題(漢詩文の儀礼的な訓読)は、同時に和語の中での規範の問題にもつながっているのである。

このように、『和名類聚抄』が言葉に対して施す正・俗の区別から、訓読においてさえ、文章の非日常性・装飾性を明確に特徴づけようとする志向が見えてくる。元来ならそれは、漢音による読誦(音読)を通じて聴覚的に認知される文章のあや(平仄・押韻)であったところが、訓読が導入されることによってそれらは単なる字面の規則になってしまった。ならば今度は訓読が、日常的・世俗的なものとは異質な音声として文章を体感させる役割を担わなければならない[小松、一九九五など]。そのためにさまざまな試みがなされた。

例えば饗宴の場で漢詩が優雅に唱えられるように、儒者から選ばれた講師とは別に、美声の評判がある貴族を「読師《どくし》」として、すでに一度訓読された内容に節を付けて復唱する役がもうけられるようになった[佐藤、二〇一六／青柳、二〇〇三]。こ

(23) 実際に「けぶり」が明記されている平安時代訓点資料は多数存在するのに、「けぶたし」の用例が見つからない[築島編、二〇〇七—二〇〇九]。

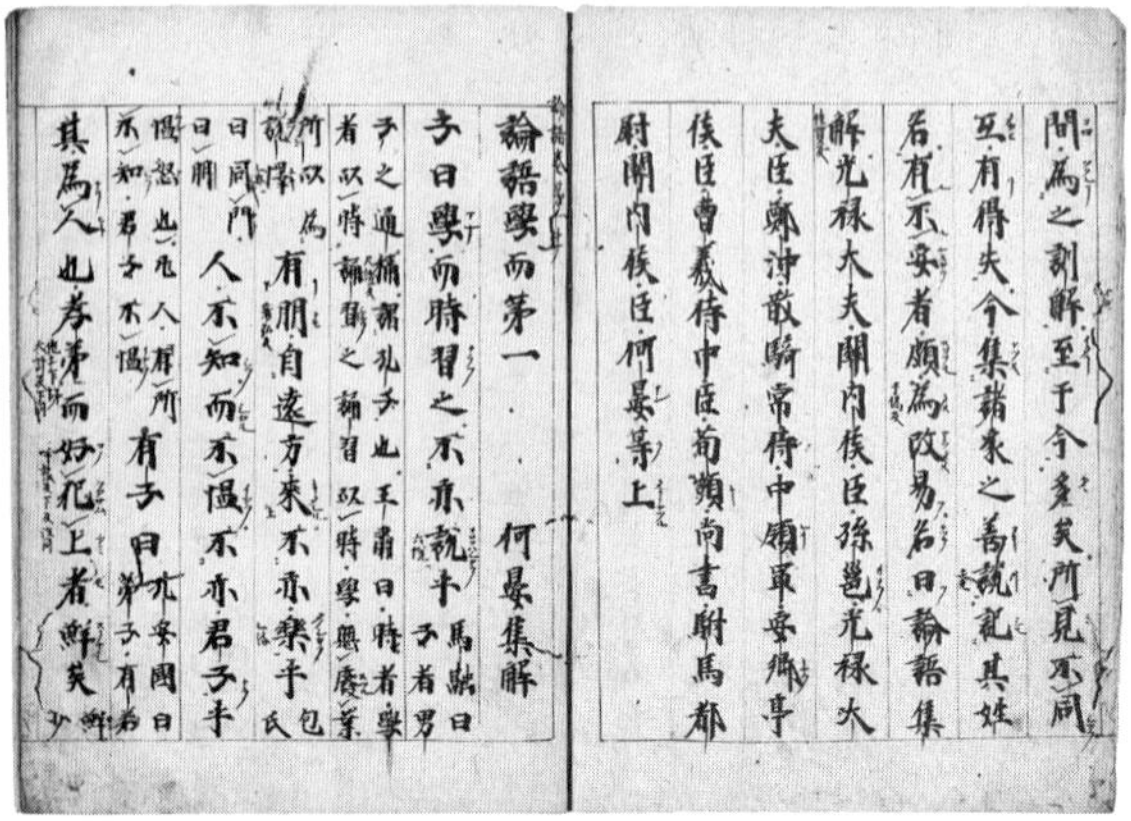

図6　清原家旧蔵の点本（『論語』京都大学附属図書館所蔵）

こで求められているのは、原文を正しく読み下す知識ではなく、まさしく非日常性を演出するパフォーマンスである。同じように、博士家の点本（図6）には、長音化などの読み癖を書き留めようとするものもあるところを見ると、講読そのものも、必ずしも解釈の正確さだけの問題ではなくなってきていたことがわかる［小林、一九八二］。文章が「俗の言」と異なる（『文鏡秘府論』北巻）ことは、パフォーマンスによって身体的に実感されるものであった。前述の「文章の二重性」で考えるとしたら、ここで見られるのは両側面の相補的関係、つまり、訓読で作り上げる音声の美がそのまま観念的な文《あや》の化身として機能して、文章の普遍的価値を表現するという仕組みである。それを可能にしたのが、『作文大体』が主張する「忌諱」の排除、順が行った「和名」と「俗語」の取捨のような、特定の表現を禁じることによって、よみ・声の非日常性を保持しようとする試みであった。

4 「本朝意識」が支える「和漢」

平安中期に至り、それまでおろそかにされてきた和歌や催馬楽《さいばら》のような国産の文化が再発見され、また唐朝を規範とする価値観が薄れるにつれて、日本における漢文学は当時の中国からかけ離れた、中国文学から見ればやや時代遅れな、時には和歌と融合してヤマト化したものとなってくる。かつて千野香織は、平安時代の文化構造を論じる際にそれを「和の中の「唐」」とした［千野、一九九四］。しかし、上述の資料で確認したいことは、日本固有の漢文学への視線は、むしろ従来の正統な価値観の再確保の中で生まれてくるという、逆説的な要素である。例えば小原仁が論じた「本朝意識」、つまり日本で作られた漢詩文のみをとくに集めて選集を編み、その成果を賞讃しようとする諸活動には、少しずつ変わってきた唐朝の文芸を改めて整理して、「本朝」的な部分、つまり、地域性や同時代性を認めながらも、それが「文《あや》」つまり中国と同質的な文明の投影であることを再確認しようとする、やや弁証法的な動きが見られる。先述のように、小原はこの現象を、平安中期に地位低下を余儀なくされてきた文人貴族による自己の存在意義の再確認の手段として捉えるが、『作文大体』から考えれば、漢詩文の儀礼的機能における二重性が必然的にもたらした結果とも認められよう。「俗説」が示すのはあくまで具体的な作詩の場における「二重性」であるが、それは平安時代の漢詩文が一般的に備えた性格でもあり、さらにそれは「本朝意識」において地域性や同時代性、つまり「国」にまつわる自意識のあり方と結びつくということである。

　そして「俗説」や「和名」と同じように「本朝意識」もまた極めて強い排除の原理で成り立っていることは確かである。単純に日本化された漢詩文ということで言えば、平安中後期には山ほどある。なかでも文学的要素が強いものを挙げれば、承《じょう》平《へい》・天慶《てんぎょう》の乱を描いた軍記『将門記《しょうもんき》』は、

　国吏万姓視之哀慟、遠近親疎聞之歎息。中箭死者不意別父子之中、棄楯遁者不図離夫婦之間（国吏万姓《こくりばんせい》これを視て哀慟《あいどう》し、遠近親疎これを聞きて歎息す。箭《や》に中《あ》たりて死せる者は不意に父子の中を別《わか》ち、楯を棄てて遁《のが》るる者は図らざるに夫婦の間を離れぬ）。

のような対句仕立てを大量に利用した漢文体で書かれているのに、よく見ると、その対句は平仄も漢語文法も、時には字数すら守っていない。[24] つまり、『平家物語』の「祇園精舎の鐘の声」のような、訓読調の和語言説を演出するための台本となっ

（24）『将門記』の内容は約三分の一が対句表現からなっているが、平仄を守っているのはそのうちの三分の一に過ぎない［村上、一九九三］。

ている。こういった、いわば「疑似文章」の体裁は、「尾張国解文《おわりのくにのげぶみ》」(25)など様々な文献で用いられており、可能性に富んだ表記位相の一つであったことがわかる。さらに、古記録類などを含めて考えれば、いわゆる変体漢文は当時の日本で使用されたもっとも主要な文体であったと言っても過言ではない。

しかし、平安中期を通じて編纂された漢詩文集は原則として正統的な「准漢文」を収集しており、整った漢文になっていない漢詩文、つまり典型的な文体になっていないもの、訓読的表現を多く使ったもの、韻律や平仄を無視したものは弾かれていく。例えば『本朝文粋』の収録作品は、詩序を始めとして、厳格な規範性を保つ文体のものが中心であり、例外的に「和習」が目立つ伝記類が数編収まっている程度である。これはちょうど『作文大体』で見た、「俗説」にまつわる不安感の延長線上にあると思われる。儀礼的存在としての漢詩文の二重性を乱すような、どっちつかずの文章は、『作文大体』の「忌諱」と同じように隠蔽され、あるいは『和名類聚抄』の「俗語」のように明確にそれと判別されなければならない。

そうなると、話は戻るが、『和漢朗詠集』の「和漢」はやはり、百年近く前に柿村重松が論じたように「和歌と漢詩文」の意味となるだろう。「漢詩」ならぬ「和詩」とでも言うべき(つまり日本漢詩文を文《あや》において中国漢詩文とは異質のものとする)概念は、大学寮を中心とする平安時代の学問体系では成り立たなかった(26)。平安朝の儀

(25) 九八八年(永延二)に、尾張国の国守の悪政を訴えるために朝廷に奉った「尾張国郡司百姓等解」。『日本思想大系8 古代政治社会思想』(岩波書店、一九七九年)に本文収録。

(26) むしろ「日本的な漢詩」は、近世期の「仮名詩」や江湖《こうこ》詩社に通じる、遥かに近代的な考え方である。

礼・饗宴において、年中行事のたびに和語(訓読)で発表されるようになった漢詩文は、様々な面で大陸作家の規範から少しずつ外れて行き、『和漢朗詠集』で和歌と同等に並べられていることからも、当時の人々にとって実に身近なものとなったようにみえる。しかし、宮廷儀礼における文章の内在的要求が、新しく異質な文《あや》の工夫と創出をも促したことは以上に見てきた通りである。(27) 漢詩文の「土着化」は同時に、形を変えたあやによる崇高化の反作用を呼び起こしたのである。この二律背反が、作品の地域性・同時代性を積極的に認めることによって、かえってその根本的な普遍性・超越性を維持し再確認しようとする「本朝意識」として現れる。

このような平安時代中期の転換を経た漢詩文は、観念的なあやを体感的に(和語の中に)表現する仕組みを獲得し、また和歌を始めとする王朝の風俗との和合も可能となった。いっぽうで、和歌に接近する過程で顧みられなくなった古代の漢詩文や、「本朝意識」のために排除された和習漢文が生み出し得たであろう混成的な文芸の可能性を考えると、王朝漢詩文の伝統はやや閉ざされた感もなくはない。(28) 周知の通り、平安時代に形成された和文の遺産は中世を通じて古典として規範性を保っていたのに対して、一四世紀以降、臨済宗の僧侶によって宋・元の新文芸が紹介されると、平安時代の漢詩文はあっけなく顧みられなくなった。

しかし、奇妙なことに、これだけ時代によって内容的に変質した日本の漢詩文で

(27) 逆に「和の中の「和」」もしばしば擬製されなければならなかったことは、例えば『日本書紀』を朝廷で講義する際に行われた読み方についての議論から垣間見える[神野志、二〇〇九]。

(28) 堀川貴司が中世前期の詩歌合《しいかあわせ》(漢詩と和歌を組み合わせて優劣を競う催し)を考察して「詩にとっては必ずしも有益でなかった」と指摘したのは重要な視点であろう[堀川、二〇〇六]。

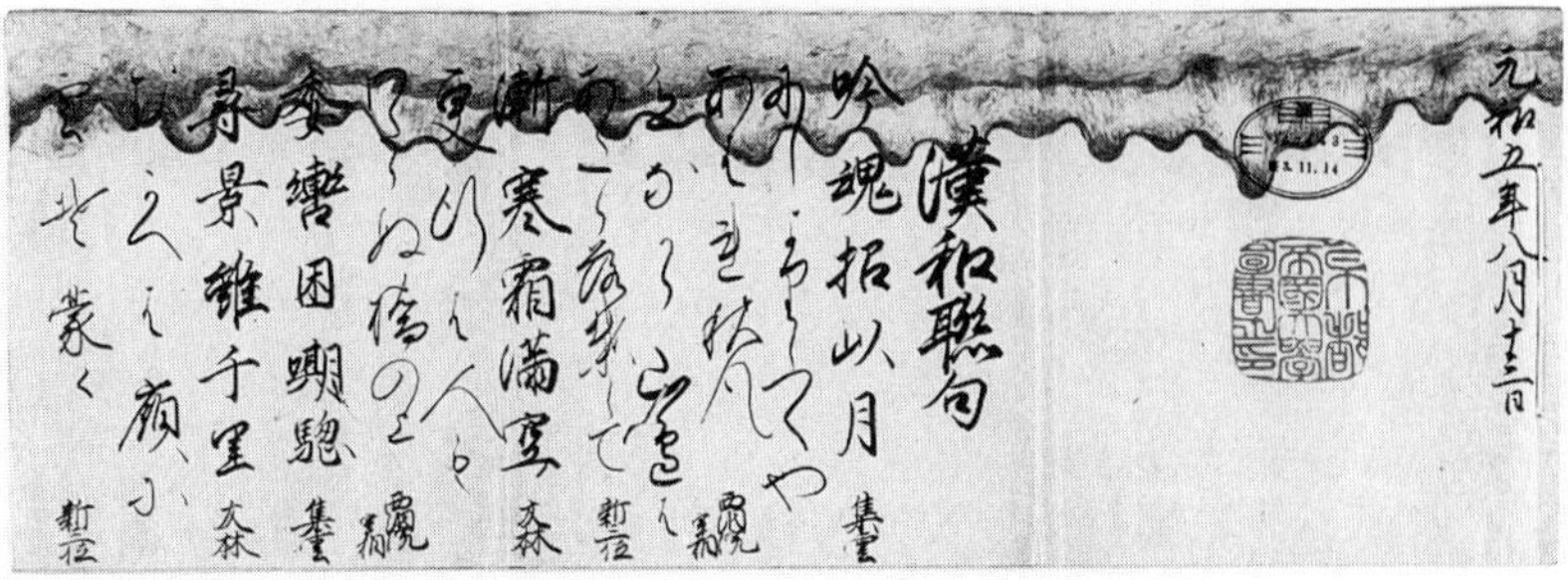

図7　和漢聯句の例(京都大学附属図書館所蔵)

あるが、正統的な韻律を用いつつ朗読は訓読によるという、平安時代に完成された二重性にはその後も基本的に変化が見られない。例えば一六―一七世紀に流行した「和漢聯句《れんく》」(図7)は漢字五字の漢句と一七字や一四字の和句を交互に配列する形で成り立っているが、漢文典拠を盛り込んだ漢句が、脚韻や平仄の面で正統な形式を守りながら、訓読を通して和歌の世界とやり取りを繰り広げる不思議な存在である。平安中期の「国風文化」期に生み出された漢詩文がその後の時代に残したものは、キャノンとなる作品よりはむしろ、こうした「二重性」を通じて、地域性・同時代性と「文章」としての普遍性を同時に実現しようとする構造そのものであったと言うべきかもしれない。

引用・参考文献

青柳隆志、一九九九年「「朗詠」という語について」『日本朗詠史　研究篇』笠間書院
青柳隆志、二〇〇三年「詩披講考」『東京成徳国文』26
大木美乃、二〇一三年「近衛家実詩壇の考察」『中世文学』58
大曽根章介、一九九八年(初出一九六三年)「王朝漢文学の諸問題——時期区分に関する一考察」『大曽根章介日本漢文学論集一』汲古書院
小沢正夫、一九六三年「作文大体の基礎的研究」『説林』11
小原　仁、二〇〇七年(初出一九八七年)「摂関・院政期における本朝意識の構造」『中世貴族社会と仏教』吉川弘文館
柿村重松、一九七三年(初出一九二六年)『和漢朗詠集考證』藝林舎
川口久雄、一九五一—一九六一年『平安朝日本漢文学史の研究』全三巻、明治書院
工藤重矩、一九八六年「平安朝漢詩文における縁語掛詞的表現」『和漢比較文学叢書3　中古文学と漢文学Ⅰ』汲古書院
神野志隆光、二〇〇九年『変奏される日本書紀』東京大学出版会
小林芳規、一九六七年『平安鎌倉時代に於ける漢籍訓読の国語史的研究』東京大学出版会
小林芳規、一九八一年「漢書楊雄伝天暦二年点における一音節字音の長音化について」土井先生頌寿記念論文集刊行会編『国語史への道　上』三省堂
小松英雄、一九九五年「日本字音の諸体系——読誦音整備の目的を中心に」築島裕編『日本漢字音史論輯』汲古書院
佐藤道生、二〇一六年『句題詩論考——王朝漢詩とは何ぞや』勉誠出版
滝川幸司、二〇一五年「経国の「文」②——『典論』「論文」の受容と勅撰集の成立」河野貴美子、Wiebke Denecke、新川登亀男、陣野英則編『日本「文」学史1　「文」の環境——「文学」以前』勉誠出版
千野香織、一九九四年「日本美術のジェンダー」『美術史』136

築島　裕、一九六三年「和名類聚抄の和訓について」『訓点語と訓点資料』25
築島裕編、二〇〇七―二〇〇九年『訓点語彙集成』汲古書院
濱田　寛、二〇〇六年(初出一九九八年)「長徳三年省試に就いて」『平安朝日本漢文学の基底』武蔵野書院
堀川貴司、二〇〇六年(初出一九九四年)「『元久詩歌合』について――「詩」の側から」『詩のかたち・詩のこころ――中世日本漢文学研究』若草書房
松浦友久、二〇〇二年「「文語自由詩」としての訓読漢詩――定型詩(和歌・俳句)との相補性」『漢詩――美の在りか』岩波新書
三木雅博、二〇一三年「解説」『和漢朗詠集　現代語訳付き』角川学芸出版
村上春樹、一九九三年「『将門記』の文章」『和漢比較文学叢書15　軍記と漢文学』汲古書院
山崎　誠、二〇〇二年「作文大体の原初形態について――附録東山文庫本『文筆大躰』翻刻」国文学研究資料館『調査研究報告』23
山崎　誠、二〇一〇年「古代末期漢文表現の仿古と創造」『日本文学』59―7
山田尚子、二〇〇九年(初出二〇〇七年)「『詩序集』の破題表現と『和漢朗詠集』」『中国故事受容論考』勉誠出版
湯沢質幸、一九九六年『日本漢字音史論考』勉誠出版
Sheldon Pollock, *The Language of the Gods in the World of Men: Sanskrit, Culture, and Power in Premodern India*, University of California Press, 2006.

座談会

〈国風文化〉とは何か

吉川真司
佐藤全敏
河上麻由子
皿井 舞
金光桂子
川尻秋生

吉川　本書のテーマである「国風文化」とは何か。いつどのように始まり、終わったのか。またそもそも「国風文化」という語を用いるのがよいのか。本日はざっくばらんにお話しできればと思っています。まずはそれぞれ自己紹介をお願いします。

金光　私は日本文学の古典、なかでも物語を専門にしています。鎌倉時代の物語を中心に、少し時代をさかのぼって『源氏物語』や平安後期の物語、逆にくだって室町あたりの物語を対象とし、貴族を主人公とするいわゆる「王朝物語」の系譜がどのように展開していくのか、個別の作品の分析を通じてその流れを見出したいと思っています。本書で与えられたテーマは「物語の創始と継承」ということですので、「最初の物語」と言われる『竹取物語』から書き始めました。なかでも物語というものが、中国文学・漢文学との関係でどのような独自の世界を描いてきたかということに着目しています。一般に、『源氏物語』以降、日本の物語文学は漢文学との関係がだんだん薄くなっていくのですが、やはり何らかの形で影響は受けつづけている。とくに、国文学の区分で言う中古から中世に変わる転換期にある二つの物語、『浜松中納言物語』と『とりかへばや物語』を中心に、そのあたりを考えてみました。

吉川　「国風文化」と言う時に、物語、とくに『源氏物語』の存在は大きい。金光さんには、『源氏物語』がどういうふうに後代に受け継がれていったのか、あるいは物語の中での外国描写はどうなっているのか、非常に面白いものをお書きいただきました。では河上さん、お願いします。

河上　私が今まで勉強してきたのは日本古代の対外関係史で、とくに倭《わ》の五王の時代から遣唐使のあたりまでを対象としてきました。対外関係史は関係を分析していくものですが、本書で担当したのは比較史で、あくまで対外関係史とは別物だと認識しています。比較史というのは同時代的にどういった現象が起こったのかを並べて比較するもので、多くの場合、複数の人が集まりそれぞれの分析を出し合って比較することになりますが、それでは異なる物差しで測ったものを並べることになってしまう。やるからには一人の物差しで分析したものを並べて比較するべきだろうと思ってきましたので、今回は、何とかできる範囲で日本以外の地域についても自分で考えてみました。「国風」と言うからには、他の国とどう違うのかがもっと具体的に明らかにされてこなくてはいけなかったところ、その作業はあまり進められてきたようには見えなかったので、何とかしてみたいと思ったのです。

吉川　ベトナムと高麗を取りあげ、具体的な政治過程のなかで、どういう条件のもとにどういう文化が取り入れられたり形作られたりしたかを書いてくださったと思います。では佐藤さん、お願いします。

佐藤　私は平安時代を中心に、天皇を頂点とする国家の支配組織などについて勉強してきました。文献史料を使って国家や社会の変化を扱うわけですが、二〇年ほど前から、本当にその分析結果が正しいのだろうか、もっと感覚的・視覚的に確かめられないだろうかと思うようになって、それで仏像など文化の世界を覗くようになりました。その中で、九〇年代から流行していた国風文化論になんだか違和感を感じるようになって、それで三年ほど前、「国風」とは何なのかを改めて整理してみました。今回はその内容をもう一度確認してみたかったのと、国風文化が起こる前の九世紀の状況、それから一二世紀以降の状況をも視野に入れ、平安時代全体を通して見たらどうなるだろうかと考えてみました。

吉川　国風文化期の前と後ろとをしっかり見てみて、位置付けをし直してくださったということですね。ありがとうございます。では皿井さん、お願いします。

皿井　私は日本彫刻史を勉強してまいりました。勉強を始めた二十数年前は、ちょうど「日本の美術史を振り返る」ことがテーマになっていた時期です。現在の日本美術史の枠組みの成立段階を振り返り、現在の作品理解は明治時代に作られた枠組みにしばられたものではないかという厳しい反省が行なわれていました。これからどうやって日本美術史を語っていけばいいのかという課題が学生にも突き付けられました。とくに私が取り組んでいた平安彫刻史では、グローバリゼーションの進展とも関わって、これまで日本国内のみで展開が考えられてきたものを、ひろく東アジアの中でどう位置付け直していくかという論点が浮上し、その中で国風文化と言われていたものを捉え直してみるという動きが出てきました。そうしたなか、私は和様彫刻の代表である平等院の阿弥陀如来像を対象に、同時代中国の影響や関係性を見てまいりました。ただ一方で、一対一対応の影響関係を語るだけでは、国風文化の中身を語ったことにはならない。そこで改めて今回は、造形的な側面をもう少し掘り下げて、この阿弥陀像が作られる時に過去のものの中から何を要素として取り入れてきたか、その枠組み、プロセスがどういうものであったかを具体的に考えてみようと思った次第です。おそらくジャンルによって国風化の進み方が少しずつ違うと思うんです。それを全般的に扱うためにも、総合芸術である平等院という場は非常に有効だと思っています。

吉川　仏像から一歩踏み出して、全体を見てみようということですね。川尻さんも一言。

川尻　私はこのシリーズの『文字とことば』巻の編集を担当しておりまして、仮名《かな》の問題などは今日のお話にも出ると思うので、その辺りご一緒に話し合えればと思っています。今日のテーマとしては、「国風文化」という言い方がいいのかどうか、現代の目で見たらどうなのかというのが重要なところかと思います。

吉川　そうなんですよね。最後まで結論は出ないかもしれませんが、そこを考えてみるのは必要なことでしょう。私自身は、最近はお寺のことばかりやっているのですが、寺院史の中でも国風文化的要素がいろいろ見えてきています。国風文化にはいろいろ研究の課題があるのですが、この本でそれが少しでも前に進めばと思っているところです。

■各分野における「国風」

吉川　まずは簡単に、これまで主に日本古代史の中で「国風文化」がどう論じられてきたかを振り返っておきたいと思います。かつて我々が高校生の頃に教科書で習ったのは、「日本の古代文化は唐＝中国文化の圧倒的な影響を受けていた。ところが唐が弱体化してきて、遣唐使も廃止したところ、中国の影響を脱して、日本独自のものが作られるようになった。それが国風文化である」ということだったと思います。この考え方がいつできてきたのか。これまでの研究では、「国風」の文化という用語・考え方は二〇世紀初頭からあり、一九三〇年代、昭和の初め頃までには美術史・国文学・歴史学の各分野で用いられるようになったとされてきました。

吉川真司

ここで問題になってくるのは、この考え方が戦前、どこまで自国中心主義に結び付いていたのかということだと思います。また戦後になって、民族や民族文化が論じられるなかで、国風文化に光が当てられるようになる。そういう議論の盛り上がりのなかで、先に申し上げたような教科書的な記述も定着していくというふうに捉えられています。こうした考え方への疑問が出てくるのが、七〇年代から八〇年代、九〇年代に掛けてのことで、とくに重要なのが村井康彦さんの論文だったと思います(「国風文化の創造と普及」『岩波講座日本歴史4』一九七六年)。唐風文化の影響が薄れて日本的要素が現れたという理解は、「抜本的再検討を要する」と言った。遣唐使が中止になっても、中国の海商はたくさんやってきていて、中国文化をもたらしているのだからそんなに変わらない、むしろ中国文化をたくさん取り入れて和風文化ができているのだという話にひっくり返した。他にも重要な論文がいくつかありますが、ともあれこの時期に、戦前にできて戦後に固まった定型的な国風文化論に対する批判が出てくる。これがさらに加速するのが九〇年代、とくに榎本淳一さんの提言が大きかった。

佐藤　そうですね。

吉川　榎本さんは村井さんが言われたことを一層先鋭化させたというか、貿易の問題から一点突破しようとした。中国からの輸入品、いわゆる「唐物《からもの》」がどんどん増えて、それによって中国文化が普及する、それこそが国風文化の内実なのであり、中国文化が表面だけ日本的な姿になったのが国風文化だというのが榎本さんの論、とまとめていいでしょうか。この説はかなり流行して、日本文学では河添房江さんなどが「唐物」抜きに国風文化は考えられないとおっしゃった。美術史でも流行したのでしょうか。

皿井　美術史では必ずしも、日本文学ほど影響力のある議論は巻き起こっていない気がします。

佐藤　うかがうところでは日本文学の分野でも、実際は、この時代を専門とされる研究者から多くの賛同を集めている状況とは必ずしも言えないようです。国風文化の見直し論は、とくに二〇〇〇年代に入る頃から関連する本がたくさん書かれて流行しますが、それはちょうど世の中がグローバリズムで盛り上がっていた時期にあたっています。そこに連動性があったことは否めません。

皿井　「遣唐使停止による国風文化の誕生」という言説の始まりは、美術史が最も早い気がします。岡倉天心による体系的な日本美術史では、すでに国風文化のいわゆる「定型」の枠組みが提示されています。遣唐使停止以後、唐文化を受容してそれを創造的に変容させた国風文化が花開くという、平安時代後期の文化に対する認識がかっちりできあがってしまっており、これが強固な枠組みとして戦中・戦後ずっと続くことになった。

吉川　国風文化という言葉より、そういう考え方の枠組みが先に、確固としてあったと。

皿井　そうですね。非常に強固な枠組みだったと思います。美術作品という実体を元に分析した結果であったことも大きかったのでしょうね。

佐藤　補足しますと、一九〇〇年のパリ万博で、明治政府は国際社会に「日本の美」を発信しようとして古美術を大規模に出展します。このとき国家が作った分厚い解説書で「国風」という言葉が出てきたのでした。岡倉天心の構想にもとづいていましたが、天心自身は「国風」という語は使っていないんですよね。

川尻　パリ万博の話に絡みますが、近代日本では、特定の語の言い換えが起こるんですね。例えば「和」を「国」に変える。「和書」は、明治の中頃に「国書」になる。「和漢」が「国漢」になる。明治初年には、国漢科というのが師範学校にできています。おそらく国民国家を意識するようになった時にこの言い換えが生じていて、国風文化の「国」もその流れの一つだと思います。中国文化とは異なる自国の文化を強調するために「国」という言葉を使ったのではないかと。パリ万博はその象徴的な話ですね。

吉川　美術史学において、そういう古くから固まった考え方の見直しが始まったのが九〇年代ですか？

皿井　それより少し早いかもしれません。日本美術史では、長らく日本美術の独自性を暗黙のうちに認める論調が多かったようですが、その論調に変化を促す意見が出てくるのは八〇年代後半以降かと思います。日本に伝世した中国作品を中心に形成された日本の中国美術史ですが、中国の国内外にある作品全体を見渡す悉皆《しっかい》調査が進展するなかで、枠組みに大きな偏りのあることが認識されるようになりました。日本にある中国美術を、新たに見出された中国美術作品の中に組み込んだ形で位置づけなければならない。そこから、日本の美術も中国美術の一環として扱うという姿勢が生まれます。さらに日本の美術を中国を中心とした東アジアの中でどう捉えるか、という視点が生まれたのが八〇年代後半頃かと思います。

吉川　ということは、歴史学における榎本さん的な流れより前に始まっているわけですね。しかし皿井さんは必ずしもそうした見方に同意はされない、と。

皿井　榎本さんたちは、民間の交易が増え、輸入量も増えたことから、中国の影響が強いとおっしゃるのですが、実際に造形表現のうえで同時代の中国と日本のものが類似することは少ないのです。ある部分は取り入れることはあっても、大部分は取り入れない。その摂取の様相を具体的に見ることによって、この時期の国風文化のあり方が分かるのではないかと思っています。一国史の枠組みを取り払った時に改めて日本美術が具体的にどう見えるのかという視点が必要で、それが昔の国風文化論とは違うところかと思います。

吉川　日本文学の方はどうですか。「国風暗黒時代」という言葉もありますが。

金光　「国風暗黒時代」という言葉は、一九六八年から刊行された小島憲之《のりゆき》『国風暗黒時代の文学』という大著がよく知られていますが、さらに遡って戦前の吉沢義則のあたりから来ていると言われています。平安前期の漢詩文全盛の時代をそう呼んでいるわけですね。戦前、とくに戦争中は『万葉集』が国粋主義的な観点から尊重されるような風潮があったのですが、『国風暗黒時代の文学』が出されて、それまであまり顧みられなかった勅撰漢詩集がしっかり読み込まれることになった。小島氏には『古今集以前』（一九七六年）という著作もあって、『古今和歌集』以前の和歌がどれだけ漢詩文的な発想を取り入れているかということが論じられている。それが出たのが昭和五〇年代です。

日本文学の場合、作品ごとの研究が主となることが多くて、それぞれ中国文学からどのような影響を受けてきたかということが様々なレベルで論じられています。例えば『源氏物語』の場合、紫式部が多くの漢詩文を取り入れていること、とくに『白氏文集』の影響は相当古くから指摘されている。そして、最初のうちは漢詩文の影響やその典拠を指摘するものだったのが、どのように日本的に変容しているか、あるいは漢詩文の中でも何を選んで取り入れているのかという部分に注目し、日本文学の特徴を明らかにするということが最近の流れではないかと思います。典拠となる中国文学をいかに換骨奪胎しているかというところに議論の中心がある。

吉川　中国文化の流入量といった議論の影響は大きくないわけですか？　歴史学の方で思っているほど、日本文学の方では、全体として国風文化をどう捉えるかという議論はないということですね。

金光　そうですね。何を専門にしているかにもよりますが、国風文化なのは当然、という前提でやっているところがあるかもしれません。

吉川　やはり分野によって違うし、一口で語ることはできないのが分かりますね。しかも研究の細分化という問題がある。漢詩の専門家と和歌の専門家のあいだで対話はどのくらいあるのですか。

金光　和漢比較文学会のような学会もありますし、もちろん対話はありますが、漢詩と和歌の両方に詳しい人となると決して多いわけではない。最近は中国語を母語とする日本文学の研究者の方も増えてきました。それに電子検索が非常にやりやすくなったので、典拠の指摘などはかなり発展していますが、逆に全体を見渡して論じることは難しくなっているように思います。

吉川　なるほど。ただいろいろな分野、例えば日本文学・美術史・歴史学それぞれの研究が、対話のベースになり得る、ということでもあるんですよね。

佐藤　本当に対話が大切になってきますね。九〇年代・二〇〇〇年代に流行した国風文化論のイメージは、対外関係史の研究成果の、その一部をもとに作り出されたものでした。逆に、実際の文化のあり方そのものにはあまり注意が払われていなかったのが実情です。数年前、私が文学や美術史をはじめとする諸分野の成果をともかくも学んでみるとどうなるだろうかと整理してみたのも、そうした研究状況に危惧を感じてのことでした。幸いにもその後、科学研究費を得て、文学・美術・建築・対外関係史をはじめ、中国美術・朝鮮史など様々なジャンルの方々にお集まりいただき、それぞれ厳密な実証にもとづく知見をご提示いただいて、分野によってどう違うのか、同じなのかと、ぶつけあい、すりあわせるような共同研究を始めたところです。そういうわけで、今日の議論も大変楽しみにしてまいりました。

■国風文化はいつ始まったか

吉川　さて、それでは「国風文化」とは何か。いくつか問題が立てられるのですが、まず、国風文化がいつ始まりいつ終わったとみるのか。これがまた全然分野によって違うんですね。

皿井　例えば仏教美術では、渡航した僧侶たちが日本に持ち帰ったものが作品にどれだけ影響を与えているかという視点から判断しますが、九世紀末までは唐のものを積極的に受容しています。その後、一〇世紀初頭頃から徐々に変化し、絵画はとくに一〇世紀、一一世紀の作品が残っていないのですが、一〇世紀半ばの醍醐《だいご》寺五重塔の壁画では、尊像の輪郭線が朱から朱と白の中間色に変化し、過渡期の様相が見て取れます。仏像に関しても、唐の直接的受容から少し態度が変化し、古い時代を振り返ってその時代の様式を取り入れ始めるのが一〇世紀以降のことで。

吉川　それは一〇世紀初めじゃなくて、半ばじゃないですか。

皿井　一〇世紀初めの頃にはあると私はみています。少なくとも半ばぐらいには確実で。ただ、そこが問題なんですよね(笑)。

佐藤全敏

吉川　これはかなり難しい問題で、一〇世紀の初めと半ばでは、だいぶ社会や国家のあり方が違うと思うんですよ。そのどの辺なのか、ということが問題になる。国風文化の終わりについてはどうですか。

皿井　終わりは、改めて海外に目を向け始めて積極的に交流を始めようとする時代ということになりますが、彫刻と絵画で違ってくるかもしれないですね。彫刻でいえば、少なくとも平安時代後期を席捲した定朝様《じょうちょうよう》が入れ替わってくる時代となると、一二世紀の終わりぐらいです。

吉川　いま言われた始まり・終わりは、定朝様のような何らかの様式の入れ替わりで判断されているということですね。でもいわゆる国風文化期の様式でつくられた仏像というのは、その後も残りますよね。

皿井　ずっと残ると思います。それをよしとする人によって、古典として残っていくものとなりました。

吉川　日本文学では、「国風文化」というのは当然の前提であって、改めて問われることはほとんどないということでしたが、例えば仮名で書かれた和歌や物語が出てきて、一つのまとまった古典的なものとして形をなして、それからまた新しいものが出てくると考えた場合に、一番前がどこで一番後がどことなりますか。

金光　やはり始まりは、歌合《うたあわせ》の記録が増える寛平《かんぴょう》(八八九―八九八年)の頃ではないでしょうか。資料が残るということは、和歌が重要視されたということなので。終わりについて言えば、仏像と同じで、それこそ和歌が現在まで続いていますから、国風文化が終わることはない。ただ、国風文化を一番特徴付けている『古今和歌集』や『伊勢物語』、『源氏物語』などが古典となる時期という意味では、やはり一二世紀ぐらいから、それが依るべき古典だという意識がはっきり芽生えてくると思います。和歌の世界で、藤原俊成とか定家が出るあたりですね。

吉川　皿井さんと話が合いすぎて、面白くないですね(笑)。

佐藤　合っていいんですよ(笑)。

吉川　私は承和《じょうわ》(八三四―八四八年)が国風文化の画期だと思っていたのですが、もっと後なんですね。

佐藤　それは、平安時代のどこに画期を認めるかという議論と連動していますよね。現在、歴史学では、官僚制の研究でも財政史でも、平安時代をどこで区切るかという点で、だいたい三つの候補で意見が分かれる。一つ目が承和年間の八四〇年代ぐらいでしょうか。二つ目が、寛平・延喜《えんぎ》年間の八八〇年代から九〇〇年代に入ったあたり。そして三つ目が天暦《てんりやく》期（九四七—九五七年）の九五〇年代あたりからその後くらいの一〇世紀後半説。この三つの画期のどこに重きを置くかということですよね。かつては一〇世紀初頭が画期とされていました。しかし一九九〇年になって、一〇世紀後半を画期とする有力な説が登場し、さらに吉川さんが二〇〇〇年代になって、承和が「終わりの始まり」で、最終的に終わるのが一〇世紀後半であるという考え方を出されました。私自身は一周まわって、やっぱり九世紀末、一〇世紀初頭が画期ではないかと考える立場です。事実認識では吉川さんとほぼ一致するのに、どこに重きを置くかが違ってしまっております。川尻さんはいかがでしょうか。

川尻　佐藤さんと同じです。九世紀末から一〇世紀初頭。

吉川　劣勢やな（笑）。承和というか、九世紀の半ば頃から起こる文化的な変容、例えば和歌の復興のようなことは、佐藤さんは否定されるわけですか。

佐藤　吉川さんが九世紀半ばに文化変容を認められる根拠の一つは、漢文学者の後藤昭雄さんの論かと思います。そこでは承和期に『白氏文集』が唐から入ってくるということと、六国史《りっこくし》を中心に和歌に関する記述が出てくるということをセットにして、ここが文化の転換点だという論法になっていたりする。ただ前者は中唐の詩が入ってきたということで、さらなる中国化、いわばアップデートであり、後者は倭《やまと》文化重視への流れです。この二つをセットにしてここが転換点だというのは、違うものをまぜあわせて言っていることになるように思うんです。ただ、承和九年（八四二）に嵯峨《さが》上皇が亡くなった後、和歌にかかわる記事が六国史に出てくるようになることは間違いありません。それをどこまで重く見るか。その後の状況まで視野に入れると、この時期の現象は、急進的に唐風化を進めた嵯峨亡き後の反動であって、大勢には影響を与えていないとみるべきではないかと。

吉川　私が依拠しているのは確かに古い学説で、むしろいつ頃から「和」的なものが出てくるのかという話で言えば、佐藤さんの言われる寛平・延喜くらい、九世紀の終わりから一〇世紀の初めぐらいを重視する方がよいのかもしれません。ただ、先ほど言われたように、例えば『続日本後紀《しょくにほんこうき》』に和歌を褒め称える記述がある。ああいうのは本当に意味がないのかとやっぱり思ってしまう。嘉祥《かしょう》二年(八四九)の仁明《にんみょう》天皇の四〇歳のお祝いでは、興福寺の坊さんが長歌を献じています。その時に、「この国の元つ詞」で歌うことが大事だという意識があるんですよね。

川尻　あれは大きいと思いますよ(本シリーズ『文字とことば』一二五頁参照)。

佐藤　うーん。そもそも、「和歌は九世紀前半にはほとんど詠まれていなかったけど、九世紀半ばになって復興する」ということ自体が実態に即していないと思うんです。九世紀前半も確かに和歌は詠まれていた。それが九世紀半ば以降になると、突如、興福寺の僧が、和歌を仁明天皇四〇歳祝賀会に持ち込んだとか、その仁明が亡くなった時の法要で藤原良房が和歌を詠ませたとか、六国史に記されるようになる。もちろんそれらが特別な出来事だったというのもありますが、なにより従来から指摘があるように、その時の国史の編者に、とりわけ和歌を重視した良房その人が入っていたから、というのがやはり大きな理由だったりするのではないでしょうか。このほか九世紀後半には、『日本書紀』をみんなで勉強しおわった後に宴会を開き、そこで和歌を詠んだりしますが、その時の和歌をみると、当時使っていなかったような古語をあえて用いていて、テーマも神事に限るなど、極端に保守的なものです。これが当時の和歌の世界一般に影響を与えた気配はありません。そうした趣向が天皇の周囲で広く受け入れられ、他の公卿たちも規範としていくということにはなっていないように思うのです。

吉川　「和」的なものへの関心というのは和歌だけではありません。九世紀に、『日本書紀』の講義を通じて、日本の古い時代に興味を持つ場ができてくるのも事実ですしね。

川尻　九世紀には、『仮名日本紀《かなにほんぎ》』があったんですよね。中世のものとは別にあった。そういうものをどう読むか、非常に大きな問題になると思います。

佐藤　少なくとも嵯峨上皇が亡くなった承和年間以降、それまで押さえ込まれていた倭文化への注目みたいなものが出てくることは確かだと思うんです。中国文化を追い求める潮流とは別に、倭的なものを求める潮流が浮上してきて、二つが葛藤している状態が九世紀後半、ただまだ中国文化の方がずっと勝っていたと思うんです。

吉川　私もそう思ってます。並立はするわけだから。美術史の千野香織さん以来の議論で「唐」と「和」の並存という話がありますね。それが形として整うのは、一〇世紀の初めだとおっしゃりたいわけですね。私が見ているのはこの「和」がいつから出てくるかということだから、そこでずれちゃうんですね。

佐藤　そこですね(笑)。私は、「唐」が「和」を押さえつけていた状態から、その両者の対立というか葛藤が解消されてしまい、両方並存でいいじゃないかという、開きなおった状態になったのが国風文化ではないかと思っています。そこから「和」が一気に表面に現れてくる。

吉川　それはいつから?

佐藤　やっぱり九世紀末、あるいは一〇世紀初頭かと。

吉川　先ほど『仮名日本紀』のことが出ましたが、国風文化と言った時に、文字の問題は大きい。仮名文字がいつ出てくるのか。やはり九世紀の後半から育っているのではないでしょうか。

佐藤　九世紀前半という可能性はないですか？

川尻　西三条第《てい》（藤原良相《よしみ》邸）から仮名文字の書かれた墨書土器が出土していますが、これがちょうど九世紀半ばから後半ぐらい。東寺の檜扇《ひおうぎ》に書かれた仮名と同じか、少し早いくらいですね。

佐藤　八二〇年代に、日本語の音を表記しようとして、漢字を現在の平仮名に近い形にまで草体化して使っている例があって、そうした姿勢は八世紀の新羅と共通していると近年指摘されていますね。

川尻　字体の問題とも関係してきますね。当時の草書体や行書体によく似たものが、良相邸から出ている史料にもあるらしい。同じようなことが新羅でも起こり、王羲之《おうぎし》などの草書体が入っていてもおかしくはない。仮名の発生の問題も、アジアの中で考えていくということになるかもしれませんね。

■国風文化はなぜ始まったのか

吉川　国風文化がいつ始まったか、という話をしてきましたが、なぜ、という点はどうですか。やっぱりどう見ても国際関係の変動としか捉えられないと思うんだけれども。

佐藤　そうですね。律令国家が変容し崩壊していくなかで、私的な世界というか、新しい社会関係が前面化してくるという国内的な要因もありますけれど、やはりそれ以上に、国際的な変化の方が決定的だったと思います。

河上　その場合の国際的な変化って何ですか。

佐藤　九世紀末期、本当に唐が衰退していっているという情報が入ってきたのが大きいかと。

吉川　安史《あんし》の乱(七五五―七六三年)でいったんボロボロになって、唐文化ってあそこでガラッと変わるでしょう。それはあまり考えなくていいのですか。

佐藤　日本の文化状況をみるかぎり、そこにはタイムラグがあるようです。ただ承和年間過ぎから影響が現れ、九世紀末になって、いよいよ唐が駄目だという情報が入ってくる。そこで宇多《うだ》天皇みたいな人が現れ、人一倍、中国文化を追求する一方で、私的な世界、和の世界も堂々と楽しむようになる。もし宇多がそれまで通り中国文化だけを重視する天皇だったら、和の急激な浮上はもう少し後になったかもしれない。

河上　その段階で唐が駄目になるという予測はできたのでしょうか。現在乱れた状況にあり、崩壊の予兆があることは分かっていたとしても、唐が滅ぶとは誰も予測していないんじゃないですか。唐は一度安史の乱を乗り越えているわけで、この時も「復活しない」という予測はできないと思います。

河上麻由子

吉川　これは面白いな。そうかもしれない。

佐藤　日本の貴族層の目には、自分たちのよく知っている盛唐的な「物差し」からして、この時期の中国の文物《ぶんぶつ》はレベルダウンしているように見えたのではないでしょうか。なぜそんなふうに変化してしまったのかうまく理解できないというか。仏教の方では、この時期の中国仏教は会昌《かいしょう》の廃仏や戦乱でガタガタになっていたでしょう。

河上　それは認識していないと思いますよ。後唐《こうとう》ができた時にも日本は使者を派遣していますし。それは中国の仏教政治が現にそこにあって、崩壊していなかったということでしょう。

佐藤　仏教史の曾根正人さんや横内裕人さんの議論では、九世紀後半には、すでに中国の仏教には見るべきものがなく、日本の方にすべてが揃っているという一方的な認識も日本の中では生まれてきていたとされています。だからもう入唐する必要はない、と。例えば九世紀後半、天台僧の安然《あんねん》が書いていますね。

川尻　確かに書いているけれど、その考え方が一般化したかどうかは分からない。

河上　それを言えば源信《げんしん》だって、自分たちの仏教がどれだけ中国に通用するかを必死で試そうとしています。源信はとにかく中国に認められようと頑張ってやって、中国の方でも源信の言説を一部取り入れる。だからこの頃に日本仏教が違う段階に行こうとしているのは確かにそうなのですが、中国仏教へのコンプレックスはまだまだ強いし、源信にしても、国内宗派どうしの覇権争いの中でやったという面もある。それほど急に中国仏教の価値が下がることはあり得ないと思います。

吉川　安然は円仁《えんにん》の弟子で、後に大きな影響を残しますね。中国のことは聞いているはずなのに、とにかく今は日本の方がいいのだと書いてしまう。安然個人の特殊な認識なのかな。

河上　安然の言説が日本の中でどう位置付けられたかということでしょう。やっぱり中国仏教に対するコンプレックスはずっとあります、絶対に。

佐藤　当時の仏教教団の大勢をみるかぎり、そうした認識は必ずしも安然だけではなかったように思います。もう一つ注意しなければならないのは、中国へのコンプレックスの質の変化です。それまでの、一方的に憧れて求法《ぐほう》しなければならない対象なのか、あるいは競い得る対象となったのか。

河上　認められるべき対象になったという点で、変質はしていると思います。

皿井　少なくとも一〇世紀の段階では、もう中国の中には経典が残っていないから、日本に求めるということになる。そこに日本がある種の優位性のようなものを感じていたのは事実ですね。

河上　日本はそう感じたかもしれませんけれど、日本が持っていた経典は質が悪いから、呉越《ごえつ》では採用しなかったという史料もあります。もっと言えば、呉越がそういう収集をすること自体が、中華たるもの文物を収集するべきだ、書物の中枢はここになくてはいけないという認識から出ている。日本がそれをどう理解したかは別として。経典のことは、日本だけでなく高麗にも依頼していますからね。

■「規範」とされた文化

吉川　中国文化の規範性という方向に話を向けると、唐の文化は規範として残るけれど、北宋は駄目。五代も駄目。これはなぜなのですか。

佐藤　あくまで現時点での仮説ですが、少なくとも三つの条件が揃ってしまったことがあるのではないでしょうか。第一に、王朝交替の経験のない日本には王朝交替が理解できなくて、北宋や遼《りょう》が本物の中国に見えなかったのではないかということ。第二に、絵画でも彫刻でも、唐後半の戦乱期は、盛唐的な基準からすると技術的な面などで文化の質が下がるところがあると言われています。その中で新たに伸びてくる文化は士大夫《したいふ》による文化なので、貴族趣味の整美な唐文化になじんでいる日本の貴族たちには理解できず、野暮ったいものに見えたのではないか。そして第三に、それでも北宋がかつての唐のように帝国主義的に膨張をして、日本にも侵略してくる可能性があったとしたら、日本ももう少し北宋や遼に向き合ったかもしれませんが、幸いそうはならなかったので、正面から向き合わなくてすんだ。

河上　唐の後半で文化の質が下がっている、王朝の分裂で力が弱まったと言うと、節度使《せつどし》研究者に怒られるような気がしますが(笑)。ともかく、北宋が士大夫文化だというのは大きいですよね。

吉川　士大夫文化というのはどういうものですか。要するに貴族的じゃないということ?

皿井　北宋の士大夫は科挙に通った高級官僚ですが、いっぽうで隠逸《いんいつ》に憧れ、心は自由でありたいという精神的な部分を重んじる面を持つ。その精神を前提にした文化のことで、美術で言えば水墨画や、書などに名品が認められます。書跡で言えば、唐代の書風とはまったく違った自由な書風が尊ばれました。

吉川　なじんだ唐代の文化とは全然違うものになって、日本の貴族は嫌だと思っちゃったということか。

皿井　ただ単純に趣味の問題にしてしまうと、また昔の国風文化論に戻ってしまいかねません。ある程度は趣味的な側面も考慮しなければならないかもしれませんが。河上さんも本論で紹介されていますが、中国美術史の塚本麿充さんによれば、中国の皇帝は、中国周辺の文化をすべて自分の下に集めて臣下に見せることによって文化的なヒエラルキーを作ったそうです。三館秘閣《さんかんひかく》という施設に、自分たちが睥睨《へいげい》した地域の文化を集めました。こうしたシステムの中に組み入れられた高麗などは、北宋の最も素晴らしいお墨付きの水墨画を下賜されている。日本は、そのシステムの中に入っていないから、皇帝に関わるような最も良いものが入ってきようがないと論じておられます。

河上　高麗のように冊封《さくほう》されてはいないので、最高級のものは来ないんでしょうね。

皿井　いくら民間の商人レベルで遣唐使の時代より往来が増えたといっても、北宋も、その後の南宋も含めて、最高級と言われているものは入ってきようがないですよね。

佐藤　まさにそうですね。ただ、まだ話の平仄《ひょうそく》が少し合わないところがある。最高級レベルでないにせよ、三館秘閣に収められたのと同じ様式の文物が民間にも流れていたはずで、なぜ、それすら日本に入ってこなかったのか、あるいは受容されなかったのか、という点を詰めないと。

吉川　南宋になると、民間のいいものが入ってくるんですか？　確かに人はたくさん来ているけれど、王朝間のやりとりに比べたら貧相な気がするのですが。

佐藤　私も以前、北宋から南宋に変わったことで中国の貿易政策が変化し、海商の往来が増えて僧も行き来がしやすくなったのではないかと考えたことがあります。ただ最近の研究ではどうもそうでないらしい。むしろ日本側の大宰府の貿易管理制度の変化によって、海商の往来が急増し、お坊さんの往復が急増すると言われています。北宋から南宋への変化が、日中間の物流や文化の動向に影響を与えたのか与えなかったのか、まだちょっとはっきりしない研究段階ではないでしょうか。

吉川　日本はこの時期、アジア東部で唯一、王朝交替をしなかった。朝鮮半島では新羅から高麗に移っているし、ベトナムも王朝が変わっていますね。国風文化的な現象というのは、王朝交替しなかったから起こったということはないのですかね。王朝交替した国は、より中国的になったと考えられないか。こういう国風文化的現象はどこにでもあることなのかどうか。

川尻　このあいだ韓国の研究者に聞いたら、「国風文化」に当たる言葉が無いと言うんですね。中国の圧倒的な影響を受けていたから無いのか、それとも日本の国風文化に当たるような要素が少ないのか。

河上　「国風文化的」というのがよく分からないのですが。そもそも自分たちが持っていた文化を基調として、それを変容させながら、自分たちなりの文化を作り上げていって、そこに時々中国のものがポツポッと入ってきはするという状況のことですか。

吉川　要するに国風文化の定義ですよね。今言われたようなものはどこの国でもあります。でも、例えばこの時期の日本では、すぐ隣の同時代の中国を規範化していない。これが第一。それから、前の時代の日本を少し規範化している。これが第二。第三に、この時期の日本列島にできた文化が、後の時代に古典的なものとして影響を与え続ける。そういう状況が高麗やベトナムにありますか。

河上　第三点ですよね。問題は。第一点、第二点までは高麗でもベトナムでもありますから。

皿井　あと、国風文化期に作り上げられた日本の造形表現は、他の国にはほぼ見られないのではないでしょうか。先にも話題にのぼったような北宋の士大夫文化は日本には取り入れられませんでした。この時期の中国と日本では文化の潮流が異なっていることを改めて認識する必要があるように思います。

河上　契丹《きったん》と高麗、高麗と宋などは、お互いに似ているんですか。

皿井　高麗も長い王朝なので時期によって異なると思いますが、初期には北宋に倣いましたから、仏教美術に関して言えば、少なくとも高麗と宋は共通性が認められます。

吉川　有名な遼の慶陵《けいりょう》の壁画などは、大和絵に近いという議論があるんじゃないですか?

皿井　壁画の中に四季を描き込んでおり、四季絵の要素があるという点で大和絵に通じているという議論ですね。中国にも絵画の中に四季折々の景物を描き込むという伝統があり、それが周辺諸国に波及したと考えると、単に中国の周辺国に古い伝統が残存しているということではないでしょうか。

佐藤　王朝交替という点で言えば、王朝交替が起こらなかったからこそ、九世紀までに唐から学んだ文化をそのままスムーズに維持できたんでしょうね。

川尻　それはものが残ったということでもあるんじゃないですか。中国だと文化自体がなくなるでしょう、王朝が変わると。日本も応仁の乱と廃仏毀釈《はいぶつきしゃく》がなければもっとよかったかもしれないけれど(笑)。

河上　それを言うと高麗だって、新羅を併合した時に、新羅の文物を持ってくることができた。新羅文化のよいものを継承することによって新羅の正統性を継承することは、後百済《ごくだら》もやろうとして、工人まで連れていきます。つまり文物の継承はできる。ただ、その意識を継承するのかどうかですよね。

■国風文化と「女性」

河上　もう一つ他の国と日本の国風文化が違うのは、女性の存在ですね。

吉川　そう。千野香織さんが言うように、「優美」「女性的」「フェミニン」、それは国風文化の特色だと言っていいのですか。

金光　それはやっぱり欠かせないところではないでしょうか。

皿井　舞

佐藤　その時に「優美」という言葉はいろいろ危険だと思うんですよ。どの地域の文化でも、優れていて美しいということは必ずある。日本の国風文化にその言葉をあえて当てはめるのなら、その中身を分析的な言葉で定義してから使った方がよいかと。

皿井　京都という場にも同様のことが言えますよね。国風文化の枠組みができあがっていく一八九〇年代に、「優美な都」にされていく。規範をまとった文化的な国家として日本を組み替えていくなかで、レッテル貼りみたいなことが行なわれるんですね。「国風」という言葉と同じくらい、「優美」という言葉は危険だと思います。

河上 千野さんの言う「優美」とか「女性らしい」とかは、どう定義すればいいんですか。

佐藤 千野さんはしっかり定義しています。例えば「女性性」で言えば、「小さい、繊細、優しい、穏やか」などです。ただこれを、千野さんみたいに「男性的なもの」と対照的なものとするのも危ない。女性とはこういうもの、男性とはこういうものという、分析する側の前提が入り込んじゃいますから。一旦「女性性」とか「男性性」という言葉を外して議論した方がいいのではないでしょうか。

河上 ただそうは言っても、作り手としても享受者としても、文化の中に女性が実際に存在しているというところで、国風文化は他の文化とはちょっと違いますよね。

佐藤 ただ、男性も平仮名を書いたし、和歌も日常的に詠んでいますよ。

金光 文学で言えば、光源氏《ひかるげんじ》に顕著なように、男性が全体的に女性化しているところはあります。男性を評価する時にも女性的な基準で評価されている。そういう現象は、王朝文学の影響を受けているものを除けば、他の時代には珍しいんじゃないですか。

佐藤 吉川さんが以前からおっしゃっているように、和の文化は「私の世界」、とくに内裏《だいり》の後宮《こうきゅう》や貴族の家の女房たちのサロンが母体になっている。一方、中国的・律令制的な唐風の文化は男性の世界で温存され、そこからは女性が排除される。つまり、まずは唐風の文化と和の文化を分けて、唐風文化は男の世界、一方の和の文化の方は男女ともに享受するんだけれども、そこでは「小さい、繊細、優しい、穏やか」といった価値観が優位になっていて、それが他の国・地域ではあまり見られない特徴である、と。ただ、そこでどうしても気になるのは、九世紀までは女性も漢文を読んでいたんですよね。女性がそうした唐風の世界から排除され、「私」や「和」の世界に逼塞して生きていくしかなくなったのが、国風文化の時代でもあると思うんです。そうした現実を抜きにして、明るい部分だけを見て「国風文化は女性の文化だ」と言ってしまうことに、なんだか、ひっかかりを感じてしまうんです。

吉川 排除されたというか、基本的には和の方に女性を割り振るようになったんじゃないですか。だから、男性も和の方に関わるけれど、やっぱり基本としては女性。男性だって和文を書くし、和歌も詠むけれども、公のところではあまり言わないわけですね。

川尻 「女手《おんなで》」なんて言いますしね。

佐藤 そうか、「和の文化の世界では女性的な基準が優位」という価値形態を作ったということですね。

ちょうど国風文化が成立する頃から、女性の財産権は現実的に削られていくし、女房の呼び名も実名でなく、男性である父兄の官職名から決められたりするようになります。清少納言、紫式部がそうですね。あと、男性は平仮名も漢字も書けるけど、女性は漢字を人前であまり書いてはいけないとされるようにもなる。これらはやっぱり女性の生きる世界が狭められたということではあると思うんです。ただ少なくとも文化の面では、この時代の女性が「和」の世界に「逼塞した」とするのは少し違うということですね。男女ともに「和」の世界を生きることができる。ただその「和」の世界では、当時の女性目線の基準が優位とされていた、それが国風文化の一つの特徴であったと。すとんと理解できました。

■「唐」とは何か

皿井　千野さんが「唐」と「和」が並び立つとおっしゃいましたが、その「唐」は「漢」と同じで、観念的なものでした。しかし佐藤さんがはっきりさせたように、この時期の「唐」とは少なくとも同時代の中国ではなく、古い唐王朝そのもののことでした。そこで問題になるのは、いつの段階の唐文化なのか。

吉川　国風文化が、「唐」と「和」が並び立つ文化だということ。おそらくそこから後戻りはできないですね。それを前提として、唐的なものをどう見るか、どこにそれを求めるかということでしょう。

皿井　仏教美術を見る限り、段階的に入ってきた様々な唐文化を「唐」としているようです。

吉川　それは前代の唐、日本の中の唐ですね。いわゆる律令体制の下に蓄積された唐。

皿井　いろいろな段階の唐文化の影響があると思うんです。定朝でいえば、彼が見ていた唐は、初唐様式を取り入れた飛鳥時代後期。いわゆる白鳳《はくほう》時代のものから天平《てんぴょう》の初めの頃に掛けての唐の様式を取り入れている。何をもって古典として取り入れたのか、世俗と仏教では違うのかどうか。

金光　漢文学の取り入れ方で言うと、やはり日本人好みの傾向はあると思います。『白氏文集』が受けたのも情緒的で物語的なところですし、『和漢朗詠集《わかんろうえいしゅう》』をみても、華やかできれいでロマンチックでという傾向がある。

吉川　ずっと思っているのですが、中国的なものというのは単なる形式じゃないのか。これは後期摂関政治が律令政治の続きか、あるいは中世的な合従連衡《がっしょうれんこう》のスタイルなのかという問題と関わってくるのですが、律令体制的な政治のあり方は保たれているように見えるのだけれども、それは単なる形であって、実際には裏の「私」の世界で動いているのではないかと思うんですよ。文化も同じだとしたら、「和」と「唐」

が並んでいるように見えるけれど、実は「和」の方が出ているということじゃないんですかね。

川尻 「唐」と「和」と言うときの「唐」が、観念的なものであった部分は否めない。そこに「和」がどう重なっていくのか。ただ吉川さんがおっしゃることはよく分かるのだけれども、それだけで説明ができるかどうかは。

吉川 ついでに言っちゃうと、国風文化は古代文化なんですかね。中世文化なんですかね。これは国制史の問題でもあるのですが。

佐藤 厳しい問いが続きますね(笑)。私の場合、一〇、一一世紀は古い唐風文化と「和」の文化とが並存・融合する時代だと考えていますので、国制のほうもこれに対応するように、律令制が変質しながら部分的に残された世界と、蔵人《くろうど》や殿上人《てんじょうびと》をはじめとする「私」の世界とが並存し、そうした状況の中で、「私」の世界が「律令制の遺産」を維持・活用しつつ統治を行なっていた、と考えています。もちろん、それはもはや律令国家ではありません。

金光桂子

河上 それは古代ですか、中世ですか(笑)。

佐藤 やっぱり古代ではないかと。でも吉川さんは一〇世紀の後半、たしか天暦あたりから中世とお考えでしたよね。

吉川 天暦というよりは、冷泉朝《れいぜい》(九六七—九六九年)あたりから、でしょうか。難しい問題ですけど、国風文化が古典として重視され続けることは、それが古代文化か中世文化かという問題に関わっていると思うんです。

■比較史を試みる

吉川　まだ取り上げられていないテーマでいうと、まずは比較史ですね。国風文化期、ざっくり言って唐がなくなったあとの、日本、高麗、ベトナムの文化はどこが似ていてどこが違うのか。

河上　まず言えることは、榎本さんたちの国風文化の議論では、この時期の日本に唐物がたくさん入ってきて消費もされていることを重視していますが、江南《こうなん》の文物が大量に入ってくる状況は三国に共通しています。ですからそのことに意義を見出して、日本の国風文化を定義付けることはできません。異質性は、あくまでも文化の中での女性のプレゼンスにあると思います。ベトナムにも、政治に介入する女性はいるんです。次の皇帝を、女性たちが話し合って決めることもある。ところが彼女たちが残した物というのが、ほとんどない。公と私の「私」のところで、女性が主体となって文物を作り上げるというのがどうしても見えないんです。そこが違いますね。

吉川　何でそこで女性が、日本の場合は出てくるかというのは、やっぱり問題ですよね。

河上　男性性の否定ということで言えば、中国の南朝もそうなんですよ。馬にも乗れないような軟弱な貴族がよしとされる。『顔氏家訓《がんしかくん》』にはそう出てきます。そういう男性的な「武」を中心とした世界の否定はあるのですが、女性は出てこない。

川尻　それは宦官《かんがん》の話とは関係ないのですか。中国では重要な働きをしますよね。日本には宦官がいない、そこを担っていくのが女性という考え方はできないのですか。

河上　宦官が作った文化が、国風文化時のように文化の主要な部分を占めたという事例はないのではないでしょうか。

佐藤　女性が政治や文化の表に出にくい社会というのは、前近代社会では、軍事的緊張のあるケースが多い。古くは弥生時代末期から古墳時代の前期、古墳に眠る首長の四割近くは女性だったとうかがいます。ところが軍事的な緊張が恒常的になる時期に入ると女性首長が消えていく。国風文化期の日本でも、戦争のような軍事的緊張がなかったことが、女性の価値観を重視するようになった一因なのかもしれませんね。

河上　だと思いますね。対外緊張がある国家においては、男性性があくまでも優位に立ちつづけるので。

吉川　基本的にはそうだろうと思います。もう一つ、私の趣味で聞いておきたいのは、この時期には各国で文字が作られたという話が、かつては教科書にあったじゃないですか。女真《じょしん》には女真文字、契丹には契丹文字、西夏《せいか》は西夏文字ができて、同時期に日本にも仮名ができましたという話があって、民族文化の覚醒とかいう話になるわけですが、河上さん、これはどうですか。

河上　いきなり民族文化の覚醒と言われても困りますけれど(笑)、漢文やサンスクリットでは表現しきれなかったものを自分たちの言葉、文字で表現できるようになるという点では大変な画期だと思うんですね。それがあってこそ、美意識もまた抜け出せるからです。ですが、女真文字のような各国で生み出された文字は公の場でも使われていくので、そこは日本とは全然違っています。

吉川　契丹大字も小字も、女真文字も西夏文字も、すべては国家が決めたものですからね。しかも、明らかに漢字をイメージしている。その点で仮名とはだいぶ違う気がする。

川尻　仮名の成立は、例えば和歌と関係するのかどうか。これは難しいけれども、あり得なくはないかと。仮名が和歌の発生を鍛えたというか、仮名を鍛えて生まれてくる場が和歌ではなかったのか。

佐藤　やっぱりそうお考えでしたか。私も和歌のやりとりの中で仮名が使われていったイメージでいます。

川尻　仮名には二つの意義があると思うんです。一つは発音を限定できること。歌を記した木簡《もっかん》などがそうですね。もう一つは即興性が高いこと。その場でバーッと書ける。これは漢字に勝る点だと思います（本シリーズ『文字とことば』一三三―一三六頁参照）。

吉川　表音文字ができるってやはりすごいことだと思うんですね。契丹文字は大字が表意文字で、小字が表音文字なのですが、表音文字はどこから学んだかというと、ウイグルの使者から学んだ。しかも文字の形を見たら突厥《とっけつ》文字に近い。そこから漢字のような形に作っていくというのが契丹文字なんです。契丹でも西夏でも、漢字に一つの権威を認めて国家的に作っていく。そこは仮名と全然違いますから、かつての教科書みたいに並べて書いていいのかという問題がありますね。

河上　契丹や、金、西夏などは、中国的な王朝の姿を取ろうとしますよね。彼らにとって文字とは、その中で必要になったものだったんじゃないですか。つまり王朝に、中華になろうとして作った文字と、平仮名とでは、全然発生の仕方が違う。

吉川　契丹なんて二重官制ですからね。遊牧官制と律令的官制の両方を持っていた。そういう国と日本を一緒に考えるのは難しいし、比較は実証的にやらないとあまり意味がないですよね。

佐藤　そういう意味で、一〇世紀以降の日本は、国家であろうとする意識が相対的に希薄ですね。

皿井　その中でも律令制という枠は維持しようということなんですね。

佐藤　ほとんど内実を持たなくなっても、一部は「枠」として維持する。私はそう考えています。この点、私は吉川さんのお考えに二〇年くらい、たてついているのですが（笑）。

吉川　私は律令なんかどうでもいいと思っていたのではないかと思います（笑）。今までの先例通りやっていけば何とかなるし、外国から攻めてくるわけでもないから、のんべんだらり、非常にだらけた政治をやっていたのが摂関政治だと思っています。

■中世の国風文化

吉川　先ほど古代と中世の話が出ましたが、中世になると、古代の律令体制下での朝貢関係とはだいぶ違う形で、お坊さんを通じて入ってくる中国文化が受け入れられることが多くなります。往来するお坊さんの人数がすごく増えて、やりとりがダイレクトになる。支配層はまたちょっと違うかもしれませんけれど。その文化をどこまで評価するのか、平安時代と同じような国風文化と言えるのでしょうか。

佐藤　一二世紀後半に貿易管理体制が転換して、往来する僧が激増する。ただ、そこで入ってきた文化は、主に宋風仏教教団の中で再現され、再生産されるというものです。これに対し、例えば公家《くげ》の世界では、なおも変わらず国風文化的な状態が維持されていたと考えられます。そういう意味では、新しい海外文化と従来の文化とが混じりあわずに並存している状態であったと思うのですが、そういう時代の文化を国風文化と呼ぶのかどうか。

川尻秋生

川尻　禅の文化で、かなり漢文が変わる、といったこともありますよね。

佐藤　その禅が、まさに宋風仏教なわけですよね。新しく入ってきた南宋の文化は、寺院から武家社会へと広がっていく。そうやって南宋文化と並存するようになった時期をもって、もう「国風文化の時代」は終わったと見るべきなのか、あるいは並存しつつ国風文化も残っている状態と見るべきなのか。例えば室町時代になると、この二つの文化が将軍の下で並存し、統合される状態になります。これはある意味で、平安時代の国風文化期の状態に近いようにも思います。ただ、そうなる以前の、パトロンごとに好む文化が違っているという状態をどう評価すべきか、難しいところです。

皿井　鎌倉のように、あまり古い伝統がなかった地域には中国的なものがほぼそのままの形で輸入されますよね。それは並存に過ぎない。それが融合していくのは、やはり幕府が京都に来てからで、唐物と大和絵が組み合わされるようなことが行なわれます。

吉川　融合し合うんですか。つまり、その時にまた新たな「唐」と「和」が並立して、新たな国風文化となると言うことはできるんですか。

佐藤　橋本雄さんが進めている「第二の国風文化論」ですね。たしかに室町時代に起こることは、構図的に平安時代と似ているように見えます。ただ、そちらも研究が進められている最中。議論の展開を待って比較検討すべき、将来の楽しみな課題です。

吉川　楽しみですね。金光さん、日本文学ではどうですか。『源氏物語』のその後、ですね。

金光　物語が盛んに作られた時期は鎌倉時代ぐらいまででしょうか。中国文学の影響ということでは、宋詩や南宋の時代に編まれた『三体詩《さんたいし》』がもてはやされるようになるという変化があります。和歌はずっと続いていきますが、連歌《れんが》という新しい文化も始まってきますね。

吉川　連歌って中国文化と全然関係ないですよね。能や狂言もそうですね。我々が室町文化としてイメージするのはそういったものなのですが、いずれも中国と全然関係ないんじゃないですか。

金光　能にも中国素材のものはありますよ。連歌で言えば、正統な連歌は和歌の伝統を引いているので、漢詩文をそのまま詠みこむことは基本的にはしないのですが、連歌と似た形式の和漢聯句《れんく》では、公家や五山僧などが混じりあって、それぞれの知識に基づいて、和句と漢句を詠みあっていく。和句を作る人と漢句を作る人とは分業していることが多いのですが、前の句に付けるためには、和句を作る人も漢句の知識を持っていなければいけません。

河上　仏教で言えば、南宋禅が入ってきた時には、例えば泉涌寺《せんにゅうじ》のようにお寺を一つまるごと南宋禅にしてしまうといった行動はなかった。いわばそのまま「完全コピー」するということがなかった時代と、それができるようにするべきだと考えるようになった時代とでは、意識の違いは大きいのではないでしょうか。文化の享受者の裾野が広がったということかもしれませんが。

皿井　泉涌寺は、あそこだけ異質な空間なんですよね。法会などで用いる言葉も違います。

佐藤　まさに「完全コピー」で、経典も唐音(南宋の漢字音)で読むんですよね。

川尻　黄檗宗《おうばくしゅう》の万福寺《まんぷくじ》などもそうですね。

皿井　でも京都の中ではきわめて限定的なんです。ところが、日本全国に目を広げると、鎌倉は鎌倉で、禅の文化をそのままコピーしている。

河上　福岡でもたくさんそういう例がありますね。

吉川　全体としてどう評価したらいいんだろう。

佐藤　日本を統一的に考えない方がいいということではないでしょうか。日本列島上に、海外文化が直接入ってくるところとそうではないところがあちこちに点在している時代として、中世を捉えておく。

■「国風文化」という言葉

吉川　では最後に、「国風文化」という言葉について。ここは、それぞれどう思われるかと聞いてみた方がいいかもしれませんね。

皿井　「国風文化」という言葉は、どうしてもナショナリズムとセットとして捉えられてしまいます。そうした語感に対して拒否反応を示してしまいますよね。このことを十分に分かった上で、他の言葉で適当なものがあるかというと、なかなか思い浮かばないというのが実感かと思います。本書のねらいでもあると思いますが、今は、「国風文化」の中身を解きほどいていく段階にある。ナショナリズムと結びついた語感を解きほどき、新しい国風文化理解の内実が伴っていけば、一般的な観念もだいぶ変わってくるでしょうから、そのまま使っても問題ないのでは。

佐藤　私も同感です。国風文化という言葉の持つ政治性が九〇年代以降明らかにされて、この言葉を忌み嫌う研究者が多いというのはよく理解できます。私自身、これに代わる言葉がないかと試行錯誤してきましたが、結局これ以上のものが見つからない。ひとまずこの本で議論されているようなことを踏まえ、こういう実態を持つものが国風文化なのだと共通理解が得られれば、その後はそういうものとしてこの言葉を利用していけばよいのではないでしょうか。この文化は、倭文化を重視するという意味ではドメスティックであり、古き唐風文化を重視するという意味ではレトロスペクティヴでもあるという、両面を持っています。ナショナルな文化でもあり、中国から見れば辺境文化でもある。漢語としての「国風」の本来の意味は「国ぶり」、つまり中国で、中央の文化と違っている地方の風俗を指す言葉ですよね。村井康彦さんが早くに論じられたように、それはそれで日本の国風文化の実態に即している。結局、議論はそこに帰着するのではないでしょうか。

河上　もちろん「天平文化」のように時代の区分で取ってもいいのですが、少なくともこの本で議論するのは、国風文化はやっぱり他の国の文化と違っているということですよね。全く違うものだという異質性を特徴と考えるのであれば、「国風」と表現した方がいいのではないかと思います。時代名称でやっても何も明らかにならないし、何の特徴も面白みもない。

吉川　むしろこの語を積極的に使った方がいいということですね。金光さん、どうですか。

金光　「国風」という言葉をこの時代の文化に限定してしまうと、他の時代は国風ではないのかという疑問もあります。この時代に生まれたものがずっと続いていくということで、平安時代に限定されたものではないという但し書きがあれば使ってもいいとは思うのですが。私自身はあまり使わない。

皿井　当たり前だからですか。

金光　はい。むしろ「物語」や「文学」に付けるなら、「王朝」や「平安」などの言葉の方がしっくりきます。

吉川　ただ、「王朝文化」というとまた別の意味も持ってくるんですよね。

川尻　「国風文化」とは、明治の西欧化に当たって中国の影響を少なく見せるために、逆に唐の文化が「日本化」した点を強調した言葉だと思います。だから成り立ちとしてイデオロギー的なところがあるのですが、やはり他の言い方は難しい。「和様化」「日本化」などというと意味が変わってしまうので。今のところは、こういう成り立ちの言葉であるということを知った上で使うということしかないのではないかと思います。

吉川　なんだか議論が落ち着いてきてしまいましたね(笑)。私も実はそう思っていまして。唐風一辺倒から出てきて、「唐」と「和」が両方並んでいる状態になり、しかもそれが古典となっていったという意味合いでは、他の言葉はなかなか難しいですね。

佐藤　ただ、やっぱり「国風文化」への反発は根強いですよ。不用意に口にすると大変なんです(笑)。

吉川　そうなんですか。私、緊張感がなかったのかな(笑)。では最後に、これからこんなことをやってみたら面白いな、やってみたいなということを一言ずつお願いできますか。

金光　私が一番興味を持っているのは転換期の文学なのですが、物語研究では、時代区分、とくに平安期の物語と中世王朝物語と呼ばれているものをどこで区切るかが問題になっています。とくに今回取り上げた『とりかへばや物語』など、これを平安朝の物語とみるか、中世のものと考えるか。私は基本的にはどちらでもいいと思っていて(笑)、区分というよりは、平安朝の物語、鎌倉以降の物語はそれぞれどういうものなのかをもう少し考えてみたいと思っています。本書で扱った『とりかへばや物語』と『浜松中納言物語』の共通点というのは前から考えていたのですが、文化というキーワードを今回いただいたことで、少し考えがまとまった気がしています。これまで当たり前すぎて考えていなかったことだと思うので、そういう視点も加えながら、また作品を読んでいきたいと思います。

河上　私は国風文化が「なぜ女性なのか」というところをもっと掘り下げていきたいですね。今回比較史から出発したので、それをもう少し続けたい。南詔《なんしょう》もやりたいですし、チベットが崩壊した時の周辺のあり方なども、それこそ比較しながらやってみたいなとは思っています。

吉川　本当に比較史はあまりなされていない。河上さんしかできないことですし、楽しみにしています。

河上　多分佐藤さんたちの共同研究でかなりの成果が出ると思うのですが、私一人が見た時にまた違ったものが見えてくるだろうなという予感もあるので、やってみたいと思っています。

佐藤　今後世界的に、ナショナリズムへの欲求がますます強まっていくような気がしております。そういう現実の社会の中で、実証性に危うさを残した議論は、激しい渦に巻き込まれたとき吹き飛ばされてしまうと思うんです。そのためにも、やはりいろいろな分野の研究者が専門性をもちより、自由に議論しながら厳密で実証的な研究を積み重ね、学術的にしっかりした知見を固めていく作業を続けていきたいと思っています。

皿井　今日、女性性が重要であるという話が出ましたが、これは美術史ではずっと言われてきたことなんですね。千野さんが強く主張されました。しかし「国風」という言葉と同じく、ある種の拒否感があったようで、その後、学界でもあまり強調されなくなっていたように思うんです。それが今日の議論をうかがって、女性の価値観がたしかに浮上していたことが、他の国との比較からはっきりした。そうした視点を取り入れた上で、改めて造形的な比較を通じて、実証的に、他の文化との関係性を考えてみたいと思います。あと、単に影響関係があるかどうかではなくて、東アジアでどういう文化的な潮流があって、本当のところ、どの部分を取り入れて、どうして全体として取り入れなかったのかを、各分野で検証してみる必要があると思っています。

川尻　美術史、文学、そして歴史。あとは考古学や建築史も入るかもしれませんが、こういう越境できる環境ができたということは、非常に良かったのではないかと思います。例えば歴史と文学の越境というのは言われて久しいですが、本当の交流はまだまだという気もする。実のある共通した土俵を作っていきたいですね。

吉川　どうもありがとうございました。私自身も皆さんのお仕事に学びながら進んでいきたいと思います。この本がきっかけになって、国風文化論がさらに盛んになり、厳密な、実証的で意味のある研究が進むことを願っています。

（二〇一九年一二月一日、京都大学施設にて）

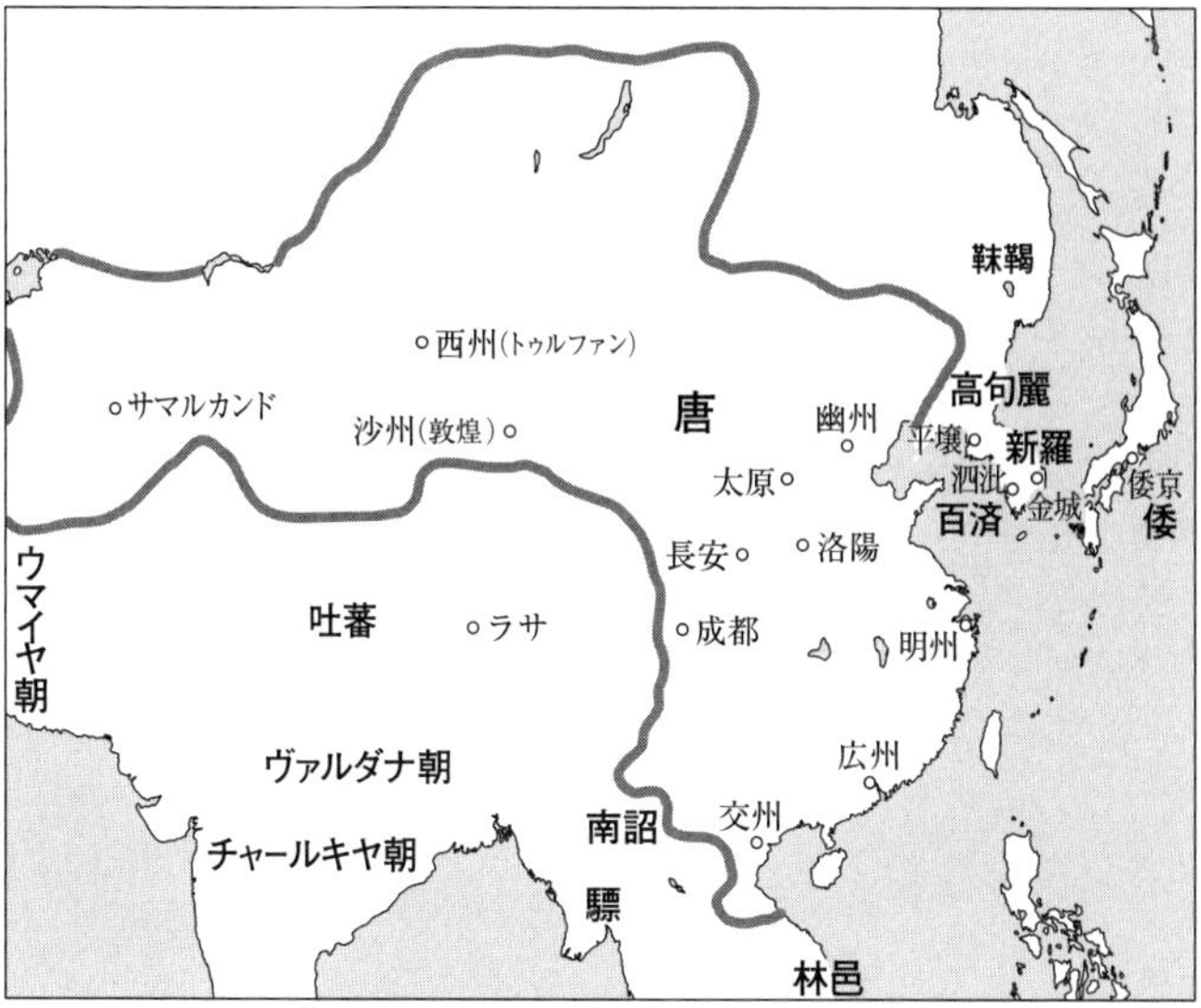

図1　7世紀半ばのユーラシア東方

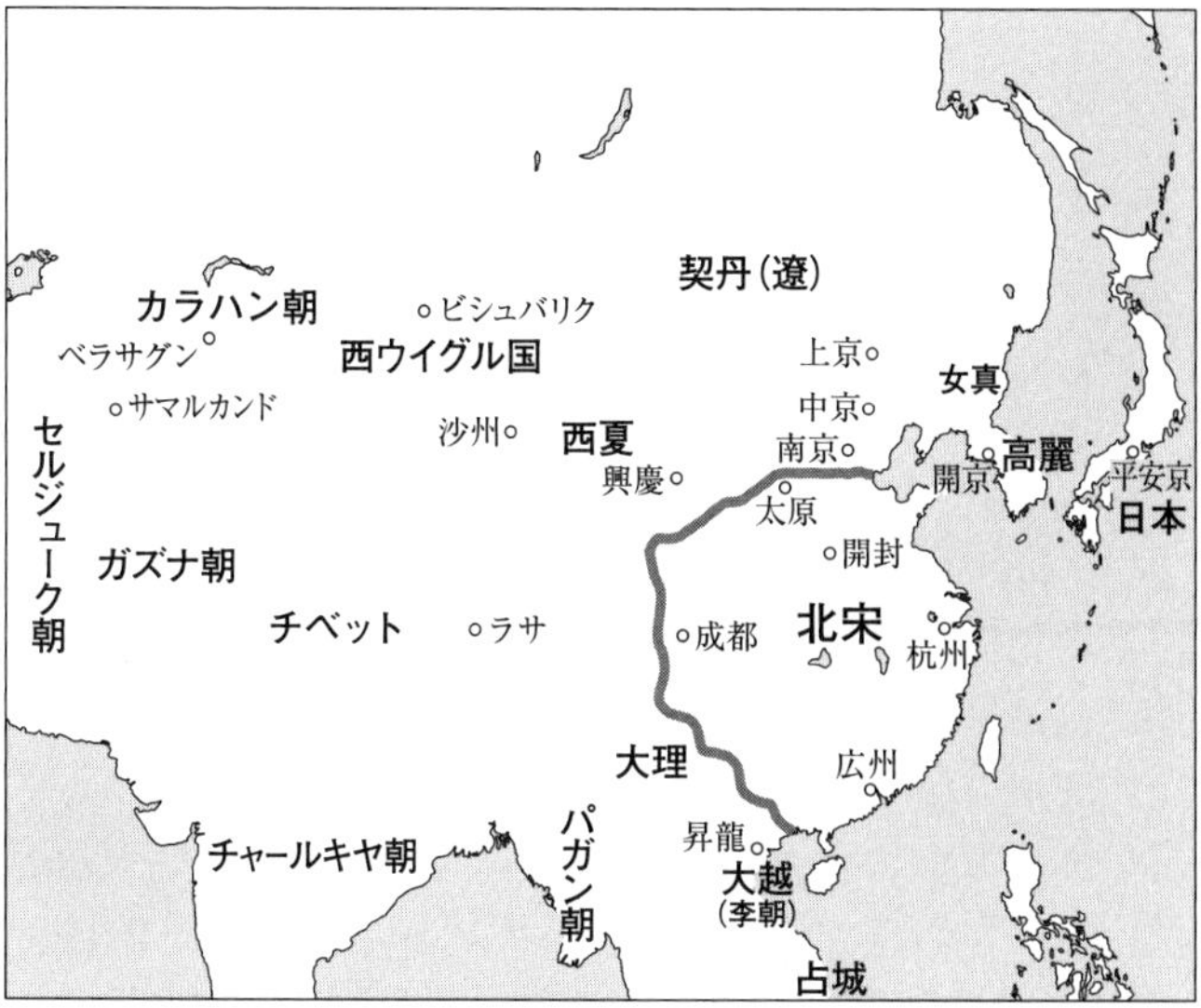

図2　11世紀後半のユーラシア東方

【執筆者】

吉川真司（よしかわ・しんじ）
本書責任編集．【編集委員】紹介参照．

佐藤全敏（さとう・まさとし）
1969年生．東京女子大学教授．日本古代史．著書に『平安時代の天皇と官僚制』(東京大学出版会)，『日本古代交流史入門』(共著，勉誠出版)など．

河上麻由子（かわかみ・まゆこ）
1980年生．大阪大学准教授．東アジア史．著書に『古代日中関係史』(中公新書)，『古代アジア世界の対外交渉と仏教』(山川出版社)など．

皿井　舞（さらい・まい）
1975年生．東京国立博物館学芸研究部平常展調整室長．日本美術史．著書に『天皇の美術史1　古代国家と仏教美術』(共著，吉川弘文館)，『「かたち」再考』(共著，平凡社)など．

金光桂子（かなみつ・けいこ）
1973年生．京都大学教授．日本古代・中世文学．著書に『中世の王朝物語　享受と創造』(臨川書店)，『時雨物語絵巻の研究』(共著，臨川書店)など．

ブライアン・スタイニンガー（Brian Steininger）
1981年生．プリンストン大学准教授．日本漢文学．著書に *Chinese Literary Forms in Heian Japan* (Harvard University Press)など．

【編集委員】

吉村武彦

1945年生. 明治大学名誉教授. 日本古代史. 著書に『日本古代の社会と国家』(岩波書店), 『聖徳太子』『女帝の古代日本』『蘇我氏の古代』『大化改新を考える』(以上, 岩波新書)など.

吉川真司

1960年生. 京都大学教授. 日本古代史. 著書に『律令官僚制の研究』(塙書房), 『聖武天皇と仏都平城京』(講談社), 『飛鳥の都』(岩波新書)など.

川尻秋生

1961年生. 早稲田大学教授. 日本古代史. 著書に『古代東国史の基礎的研究』(塙書房), 『平安京遷都』(岩波新書), 『坂東の成立』(吉川弘文館)など.

シリーズ 古代史をひらく
国風文化 —— 貴族社会のなかの「唐」と「和」

2021年 3月26日 第1刷発行
2021年12月15日 第2刷発行

編　者　吉村武彦《よしむらたけひこ》　吉川真司《よしかわしんじ》　川尻秋生《かわじりあきお》

発行者　坂本政謙

発行所　株式会社 岩波書店
〒101-8002 東京都千代田区一ツ橋 2-5-5
電話案内 03-5210-4000
https://www.iwanami.co.jp/

印刷・三陽社　カバー・半七印刷　製本・松岳社

ISBN 978-4-00-028500-1　　Printed in Japan